深圳律师实务丛书

深圳市土地整备利益统筹法律实务

组　编　深圳市律师协会城市更新法律专业委员会
主　编　叶智锷
副主编　关许娜　张彩媚　沈　媛　靳慧兵　潘　峰

LEGAL PRACTICE FOR OVERALL PLANNING OF SHENZHEN INTERESTS OF LAND PREPARATION

法律出版社
LAW PRESS · CHINA
北京

图书在版编目(CIP)数据

深圳市土地整备利益统筹法律实务 / 深圳市律师协会城市更新法律专业委员会组编 ; 叶智锷主编 ; 关许娜等副主编. -- 北京 : 法律出版社, 2024
(深圳律师实务丛书)
ISBN 978 - 7 - 5197 - 9126 - 1

Ⅰ. ①深… Ⅱ. ①深… ②叶… ③关… Ⅲ. ①土地整理 - 土地法 - 研究 - 深圳 Ⅳ. ①D927.653.230.4

中国国家版本馆 CIP 数据核字(2024)第 095944 号

深圳市土地整备利益统筹法律实务
SHENZHENSHI TUDI ZHENGBEI LIYI TONGCHOU FALÜ SHIWU

深圳市律师协会城市更新法律专业委员会 组编
叶智锷 主编
关许娜 张彩媚 沈 媛 靳慧兵 潘 峰 副主编

策划编辑 朱轶佳
责任编辑 朱轶佳
装帧设计 鲍龙卉

出版发行 法律出版社
编辑统筹 司法实务出版分社
责任校对 王语童
责任印制 胡晓雅
经　　销 新华书店

开本 710 毫米×1000 毫米 1/16
印张 15　**字数** 238 千
版本 2024 年 8 月第 1 版
印次 2024 年 8 月第 1 次印刷
印刷 三河市龙大印装有限公司

地址:北京市丰台区莲花池西里 7 号(100073)
网址:www.lawpress.com.cn
投稿邮箱:info@lawpress.com.cn
举报盗版邮箱:jbwq@lawpress.com.cn
销售电话:010 - 83938349
客服电话:010 - 83938350
咨询电话:010 - 63939796

书号:ISBN 978 - 7 - 5197 - 9126 - 1
定价:58.00 元
凡购买本社图书,如有印装错误,我社负责退换。电话:010 - 83938349

本书编委会

主　　编：叶智锷

副 主 编：关许娜　张彩媚　沈　媛　靳慧兵　潘　峰

编写组成员（按本书撰写章节顺序）：

叶智锷　张彩媚　关许娜　李土炎　潘　峰

彭素球　沈　媛　严俊涛　靳慧兵　任　英

回归专业　潜心钻研
促进高质量发展

斗转星移，继往开来。深圳市律师协会自2012年启动“深圳律师实务丛书”（以下简称丛书）出版工作以来，至今已出版实务专著39部，内容涵盖诸多专业领域，全面展现了深圳律师业务的研究成果和实务经验，已成为深圳市律师协会推进行业专业化建设的品牌项目。

鼓励和引导律师著书立说是深圳市律师协会推动律师专业化的一项长期性的重点工作。丛书旨在充分发挥深圳市律师协会的业务指导作用，通过鼓励深圳律师和深圳市律师协会各专业委员会撰写实务专著，可以有效提升律师业务水平，增强律师业务能力，保证律师服务质量，以专业引领和成果共享助推深圳律师行业高质量发展。

本套丛书凝集着深圳律师的心血与经验，展现了深圳律师的专业水平。本套丛书在律师业务的众多领域，汇集了深圳律师的业务成果，总结了深圳律师的执业经验，体现了深圳律师的专业能力，彰显了深圳律师的职业精神。这一本本专著必将成为深圳律师专业化发展史上一颗颗璀璨的明珠，永远镶嵌在深圳律师专业化发展的史册上。

2023年是全面贯彻落实党的二十大精神的开局之年，深圳律师要深学细悟笃行党的二十大精神，让党的二十大精神在深圳律师行业落地生花，要以习近平法治思想为指引，大兴专业研究之风，切实回归专业，潜心研究，深挖专业和实务问题，以高品质的法律服务保障行业的高质量发展。开展业务和实务研究不能脱离实际，必须密切关注经济社会发展和法治建设，聚焦其中的热点、难点、堵点问题，深入开展有针对性的研究，进而提出应用对策与实践指引，也期待深圳律师能输出更多的法律实务研究成果，并能形成专著与同行共享，这本身也是律师业务领域的一种先行示范。

希望本套丛书成为广大实习人员、执业律师期待、必备的好工具，也希望未来能够出版更多、更好的供律师们学习提高、掌握律师实务知识与技能的好专著！

张　斌

深圳市律师协会会长

2023 年 1 月 9 日

前　言

改革开放四十余年来，国家的经济实力和居民的生活水平不断攀升，城市化规模大幅扩大，城市化进程也不断推进，其中很重要的一个原因是各地区在短时间内增量扩张城市建设用地。但在经济迅猛发展的同时，一系列长时间积累的问题与新出现的矛盾频繁显现，亟待解决。相较于增量用地，存量土地的权属关系更为复杂，在利用过程中会涉及权属调整、用途变化、拆迁、安置补偿等复杂问题，在开发成本与协商成本上也远远高于增量土地的利用。有基于此，伴随城市规模继续扩张，各个城市长期将用地需求的重心落到开发成本低的农用地或未利用地上，而忽略存量土地的再开发，导致我国越来越多的城市面临土地资源短缺的瓶颈，但最终也倒逼一些较大城市不得不通过高效利用与盘活存量空间来满足日益增长的用地需求，为城市的发展赢得空间。目前我国的城市化发展正由空间外延扩张型转向以存量开发为主的阶段，存量土地再利用成为新时代城市追求高质量发展的战略选择。

几十载筚路蓝缕，深圳作为改革开放的“排头兵”，依靠其独有的制度和资源优势乘势而为，从一个边陲小渔村发展为如今的创新之都、科技之都，以及中国特色社会主义先行示范区，取得了一系列重大的经济成就。四十余年间，深圳创造了世界经济史的奇迹，成为中国经济发展对外展示的一张名片。在深圳成为改革开放以来最能集中体现我国快速发展的窗口的背后，是一代代深圳人以不断开拓、不断改革、不断创新的实干精神和脚踏实地的作风开展城市建设的身影。深圳始终秉承敢闯敢试、敢为人先的改革创新精神，不断通过深化体制机构改革推动制度与体系的全方面创新，特别是土地制度的改革，也在这场时代改革的浪潮中留下了不可磨灭的印记。

虽然深圳全市面积不足2000平方公里，但是常住人口已达千万人，是一座名副其实的年轻移民城市。深圳作为我国设立的首个经济特区，同时又赶上了改革开放的好时机，吸引了大批的外来人口和企业来此发展。在较短时间内，深圳已迅速成长为一座超大型城市。但经济发展是一把双刃剑，深圳在获得"深圳速度""深圳经济"等头衔的同时，也面临着诸多问题，如城市建设用地不足、人口密度大、房价不断高涨、公共基础设施不完备以及重大产业项目无处落实等。因此，探索一套能够支持城市化持续发展的土地管理制度成为深圳的城市管理者一直专注的事情。

和深圳"敢为人先""拓荒牛"的精神一脉相承，作为我国高度城镇化城市的深圳，其土地制度变革也始终处于全国先锋的位置，深圳在权属确定、主体协作、利益分配、存量规划等方面都进行了广泛探索。37年前，"中华人民共和国土地拍卖第一槌"的重重落下，掀开了中国土地改革的大幕。1987年9月，深圳率先在全国试行土地使用有偿出让，出让了一块5000多平方米土地的使用权，限期50年，揭开了国有土地使用制度从无偿、无期限、无流动变为有偿、有期限、有流动的改革序幕。同年11月，国务院批准深圳、广州等地进行土地使用制度改革试点；12月1日，深圳举行中华人民共和国第一场土地拍卖会，公开拍卖一宗8588平方米地块的50年使用权。自此，深圳为了满足城市发展对土地日益增长的需求，开启了新一轮的土地制度改革。1992年6月18日，《中共深圳市委　深圳市人民政府印发〈关于深圳经济特区农村城市化的暂行规定〉的通知》发布，对原特区内的土地实施"统征"，将所有未被征用的土地全部征收，依照统一标准执行，并给予村集体一定比例的征地返还地，以保障集体经济的发展。2004年，深圳再次实施"统转"工作，在全域实现土地全部国有化以及农民市民化，按照相关规定给予部分非农建设用地和货币补偿，成为全国第一个没有农村建制的城市。

此后，深圳继续紧锣密鼓地推进开展城市化进程工作，但先前革新的制度已经无法解决深圳快速城市化进程中不断出现的新问题。现有土地资源严重短缺、城市发展空间不足、土地利用效益不高、调控手段匮乏等问题日益凸显，难以满足深圳的高质量发展需求。快速、大规模的城市化也给深圳带来越来越多的土地历史遗留问题，使深圳遭遇城市发展瓶颈，在成为超大型城市的同时面临着严重的空间资源紧约束。至21世纪前10年间，土地资源的刚性约束与城市发展之间的矛盾已经极为突出，土地资源严重匮乏，建设用地资源耗尽，违法建筑众多等城市化带来的土地历史遗留问题制约着深圳的公共基础设施建设与产业的转型升级。因此，如何高效利用有限的土地资源，以满足城市在社会、政治、经济、文化等方面的空间需求，实现更高效率、更高质量、更可持续的发展，是近些年深圳的城市管理者一直在探索和思考的问题。

深圳以高位视野，借鉴其他国家和地区的土地制度模式，逐步探索存量土地开发模式。境外发达国家和地区的城市化进程较快，也较早进入了土地存量开发阶段，它们的存量土地开发模式以土地整理为主。例如，德国作为世界上最早开展土地整理的国家，将土地整理用于农地治理，即通过交换、整合的方式将某一区域内较为杂乱的土地整理为一个完整的大地块，之后再按照一定比例返还给原来的土地使用权人，保护了土地所有者的产权。之后德国为了改善城市化进程中乡村衰败的现象，将土地整理的目标由纯粹提高农用土地生产效率向自然生态、生产效率的乡村可持续发展转变，通过对德国的《土地整理法》进行多次修订与完善，土地整理逐渐成为越来越多乡村实施其发展计划的主要途径。随后，土地整理被引入，用以解决城市的土地问题。国外相关学者认为，城市中的土地整理是将一定区域内归属于不同产权人的土地进行合并、划分，预留出公共设施建设等类型的用地，再按照等价值原则将土地分配给原产权人，从整体上调整土地使用结构与环境的一项制度。德国的土地整理更偏向于一项经济行为，而非以政府主导的行政行为，政府仅在整个土地整理过程中起着监督、引领的作用。日本的土地区划整理在一定程度上源于对德国土地整理的学习，但使用范围已从针对零碎农用土地的整合扩充到对城市建设与开发的项目。土地区划整理主要是为了解决日本灾后重新规划建设居住区域及设置公共基础设施的用地问题，将零碎土地进行规整，由原土地所有者让渡一部分土地所有权，将部分让渡地规划为公共基础设施建设用地，将部分让渡地出让为公共建设筹集资金。从实质上来说，这是一种自我筹资的城市建设方式，日本通过颁发《土地收用法》《城市规划法》《土地基本法》《国土利用计划法》等一系列法律规章完善土地管理制度和土地收用程序，在启动强制征收程序前增设与被征收人斡旋、协商的环节，充分了解各方的诉求，降低了社会风险。同时，为抵消土地价值的变化，日本明确采用高额征收增值税与补贴的方式,在规划变更中也会预留"抵费地"以平衡开发商的成本。我国台湾地区则是以区段征收和市地重划作为主要的土地开发政策工具。其中,区段征收是台湾地区土地制度的创新之处,即是将范围内的土地分为公共用地、租户的安置用地、融资地块与原土地权利人按照原土地价值交换的抵价地四个部分,以涨价归公、等价交换、利益分摊为核心原则,开发公共利益用地后标售给需用地人。我国台湾地区的"市地重划"与德国的"土地整理"、日本的"土地区划整理"相类似,是将零散杂乱的低效用地交换、整合,在兴建公共基础设施后,将剩余土地按原有位次分配给原土地所有权人的一种制度。此种方式灵活运用货币补偿和土地补偿等手段,兼顾效率与公平,在落实公共利益项目、带动城市整体发展水平的同时也保护了原土地权利人的利益。市地重划的实质是土地整备,深圳市的土地整备利益统筹其实就参考了台湾地区的市地重划。上述国家或地区在土地整理制度上存在以下共同点:一是坚持协商规划,土地规划方案需要政府、土地权利人、开发商等各方主体协商确定。二是土地整理工作的开展始终从区域整体发展与公共利益角度出发,以落实与完善公共基础设施及其配套设施为主要目标。深圳借鉴其他国家或地区的土地制度经验,因地制宜地进行了相应的制度改良,在一定区域内,依照城市规划所确定的目标,采取经济、行政、法律等多种手段,对土地利用及土地管理情况进行整治、调整,以提高土地利用率、改善生产生活环境。

土地整备作为土地再开发的一种新兴工具,本质是将土地依照规划要求进行边界的划分与产权的调整,从空间、产权等方面进一步激活土地市场。在空间上,形成更为有序的空间布局,为城市建设腾挪土地;在产权上,通过协议出让的方式为农村集体经济组织安排留用地,使得集体获取土地的门槛大大降低,更通过留用土地完成土地确权,有利于实现同地同权。深圳市政府于 2011 年发布《关于推进土地整备工作的若干意见》,正式启动土地整备工作,首次将推进土地整备工作上升到市级层面的部署,提出综合运用收回土地使用权、房屋征收、土地收购、征(转)地历史问题处理、填海(填江)造地等多种方式,致力于实现城市功能结构和空间布局的优化,挖掘土地潜力,缓解土地供求矛盾,推动农村城市化后原特区外地区由于补偿不到位和手续不完善导致的产权不清,违法建筑交错横生等土地历史遗留问题的解决。2012 年 2 月 29 日,原国土资源部和广东省人民政府联合批复《深圳市土地管理制度改革总体方案》，主张落实科学发展观、推进经济社会发展与土地资源利用相协调，这是深圳开展新一轮土地管理制度改革的重要指导性文件。由于土地整备项目涉及征地拆迁、土地储备、土地融资等众多环节，为整合各个管理环节，使得各个部门形成合力，2012 年 10 月 29 日，在原深圳市征地拆迁办的基础上，深圳市土地整备局挂牌成立，是彼时的深圳市规划和国土资源委员会的直属单位，由政府授权开展土地整备工作并通过整备资金的形式进行财政拨款，以期更好地落实深圳的土地再开发项目。之后的十几年间，深圳不断完善政策，探索与高度城市化地区可持续发展相适应的土地存量开发模式，扩大土地整备试点范围，拓展城市发展空间并加快规划实施，以保障城市基础设施、公共服务设施和重大产业项目的土地供应，促进城市的转型、升级。

经济环境的变化会引起制度的变迁。从深圳的城市化历程来看，深圳在不同的城市发展阶段对土地管理制度不断进行创新，以满足当时特区经济建设的需要。制度的革新对之后深圳继续实施高速、高质量的城市化建设起到了不可忽视的作用。现如今，回顾深圳的土地整备发展历程，大致可以分为三个阶段：第一阶段是 2011 年～2015 年的“整村统筹试点阶段”。2011 年，深圳坪山区的金沙社区、南布社区、沙湖社区启动“整村统筹”土地整备工作。“整村统筹”，是指以政府为主导，对土地、产权、规划等相关的政策法规进行集成与创新，通过权属清理、土地开发整理、规划实施等具体措施，统筹解决社区实际掌握的未完善征（转）地补偿手续用地等土地历史遗留问题。第二阶段是 2015 年～2018 年的“利益统筹试点阶段”。2015 年，深圳市出台《土地整备利益统筹试点项目管理办法（试行）》（深规土〔2015〕721 号，已失效），形成土地整备利益统筹模式，以坪山区整村统筹试点为基础，将土地整备分为整村统筹和利益统筹两种模式，并对补偿方式、留用土地、项目审批流程等内容进行了规定。第三阶段是自 2018 年起至今的“利益统筹全面推行阶段”。2018 年，深圳在总结与借鉴试点政策推行经验的基础上，修订并出台了《深圳市土地整备利益统筹项目管理办法》（深规土规〔2018〕6 号）及一系列配套政策，形成了以项目立项、规划编制、项目审批、项目验收与实施为内容的较为完整的操作章程，这也标志着深圳市全面进入土地整备利益统筹政策实践阶段。2022 年 3 月 29 日，深圳市规划和自然资源局发布《关于公开征求〈深圳市土地整备利益统筹办法〉（征求意见稿）意见的通告》,就《深圳市土地整备利益统筹办法》(征求意见稿)公开征求社会公众意见。2023 年 8 月 9 日,经深圳市人民政府同意,市规划和自然资源局印发《深圳市规划和自然资源局关于发布〈深圳市土地整备利益统筹项目管理办法〉续期的通知》(深规划资源规〔2023〕5 号),《深圳市土地整备利益统筹项目管理办法》(深规土规〔2018〕6 号)续期 3 年。深圳仍沿用《深圳市土地整备利益统筹项目管理办法》(深规土规〔2018〕6 号)中的规定。本书正文部分将对土地整备政策这一演变历程展开详细描述。

2020 年 3 月 30 日,中共中央、国务院联合发布《关于构建更加完善的要素市场化配置体制机制的意见》,明确提出要"鼓励盘活存量建设用地。充分运用市场机制盘活存量土地和低效用地,研究完善促进盘活存量建设用地的税费制度。以多种方式推进国有企业存量用地盘活利用。深化农村宅基地制度改革试点,深入推进建设用地整理,完善城乡建设用地增减挂钩政策,为乡村振兴和城乡融合发展提供土地要素保障"。而今,深圳又再次在新时代被赋予伟大历史使命和机遇,2020 年中共中央办公厅、国务院办公厅印发《深圳建设中国特色社会主义先行示范区综合改革试点实施方案(2020—2025 年)》,赋予深圳综合改革试点权,支持深圳大胆地在土地管理制度的改革中先行先试。同时,党和国家实施了自然资源管理体制改革,党的十九届五中全会提出的"推动绿色发展""优化国土空间布局""促进人与自然和谐共生"等系列部署,为做好新征程自然资源工作指明了方向。习近平总书记也在党的二十大所作《高举中国特色社会主义伟大旗帜　为全面建设社会主义现代化国家而团结奋斗》报告中指出,加快发展方式绿色转型,实施全面节约战略,发展绿色低碳产业。可见,土地整备利益统筹制度顺应了新时代的号召,作为深圳土地管理制度创新的成果,对全国的城市规划、建设、发展均具有重要的参考意义,能够为其他城市提供"深圳样本"。

因此,笔者在本书中,从深圳市土地整备利益统筹的基本介绍(包括背景、概念、流程等)以及土地整备利益统筹与其他开发模式的对比、土地整备利益统筹的实施概要、涉及的重点法律问题、对土地整备利益统筹模式的思考和建议这几个方面进行了相关的研究与阐述,对土地整备利益统筹法律实务进行了整体的介绍,以期为其他城市土地存量开发制度提供一些借鉴。由于精力和时间有限,书中不免存在疏漏纰缪之处,敬请各位读者不吝指正。

目 录

第一章 土地整备制度的背景与历史沿革

人们常说深圳是一座“缺地不缺钱”的城市，由此或许能窥见土地整备制度产生的部分原因。深圳高速的经济发展吸引了大量的外来人口，也使得“人多地少”的问题日益突出，现实呼唤一种更加完善的土地政策。本章将从土地整备制度产生的背景及历史沿革入手，为读者厘清土地整备制度兴起的缘由及政策架构。

第一节　背　　景

深圳市提出土地整备利益统筹制度并非偶然之举，而是顺应时代和城市发展进程中的建设所需。自深圳经济特区成立以来，因城市建设产生的巨大资金压力，使得城市的土地迅速扩张，土地资源也随之出现了供需失衡、利用低质低效的问题。自 2005 年起，深圳的土地收储工作逐渐放缓甚至停滞，出让的项目用地均来自 2004 年之前已收储的土地或其余少量的临时储备土地，许多用地需求较大的产业项目与公共基础设施建设项目都无地可用。深圳土地利用中存在的困境主要可以概括为以下三点：一是土地空间破碎化现象严重。土地利用的不同主体之间缺乏沟通、统筹，尤其在城乡过渡区域，形成了城市住宅和农村住宅、城市工业园区和村级工业园、商业综合建筑和零售摊位等功能相同但形态不同的建筑空间，其中夹杂着耕地、林地、荒地等自然土地空间，呈现一种杂乱无序的景观格局。二是土地权属关系交错复杂。诸如土地征却未转，违法建筑，非法出租，手续不完善等众多历史遗留问题的存在，使得混杂的国有土地和集体土地在权属边界、产权主体上难以区分，利益关系模糊不清。三是土地利用效率低下。农村集体经济组织自主开发、自主经营集体土地的，由于其在管理能力上存在局限，只能通过简单的出租模式从中获益，土地的市场效益无法被充分挖掘利用。且相较于国有土地，集体土地受制于自身的权能属性，要形成完备的产业链与规模效应难度较大。同时，在个体趋利性的影响下，有效的监管手段常常缺位，违法乱建、违法转用、环境污染等问题层出不穷。

2012 年，经国务院批准的《深圳市土地管理制度改革总体方案》，就提出要加强土地节约集约利用，创新土地二次开发利用机制，这是深圳开展新一轮土地管理制度改革的重要指导性文件。同年，中共深圳市委办公厅、深圳市人民政府办公厅印发《〈深圳市土地管理制度改革总体方案〉近期实施方案（2012 ~2015 年）》，提出要完善土地管理制度改革和国有土地产权制度，完善土地收益分配调节机制，建立健全存量土地循环利用机制和配套政策。因此，通过存量土地的开发增加城市发展空间，成为深圳城市化持续发展的必然选择。统筹研究并制定关于城市更新、土地整备等土地二次开发利用机制和配套政策的关键在于对历史遗留问题处理方式、土地供应和征收补偿方式、安置标准及方式、土地收益分配方式等方面进行制度创新。深圳的土地管理制度改革方案立足全局，探索出存量土地再开发问题的关键所在，为后续在试点推行二次开发模式奠定了制度基础。随着存量土地开发政策的推行，存量土地供应逐渐成为深圳市城市发展空间供给的主要途径。

也正是在2012年，深圳的土地开发方式进入转型发展时期，存量土地供应占供地总量的56%，超过新增用地供应的规模，存量用地二次开发随之成为深圳城市空间拓展的主要途径，自此深圳市全面进入存量土地开发时代。但随着存量土地开发工作的深入推进，加之深圳的存量土地本身就存在大量的历史遗留问题，开发过程中逐渐暴露出诸多的问题。如城市更新条件严格、门槛高，以及市场主导引发的一系列乱象，使得许多项目陷入开发僵局。

有学者认为，常规的土地整备工作主要是针对一定区域内的土地实施归并、收购、置换等权属调整及分割，对调整后的土地以规划为依据实施征地拆迁、储备、出让等后续管理。土地整备的目的是解决土地历史遗留问题以及满足落实重点产业项目、公共基础设施建设用地的需求。在这个过程中需要政府投入土地整备资金，但是征收的补偿标准相较于城市更新成本更低。并且由于常规的土地整备工作缺乏强制性手段，民众配合度及参与积极性均不高，在协商过程中被逐渐边缘化，项目后期面临拆迁难问题，造成部分存量土地无法纳入土地整备范围的困境。对于在常规土地整备实施过程中面临的此类特殊情况，深圳的城市管理者亟须总结以往的项目经验，创设新的存量土地开发制度以适应深圳的城市建设需求。

在此背景下，深圳市土地整备利益统筹制度应运而生，该制度的出台大致可以概括为以下几点原因。

一、现有土地管理制度难以为继

就深圳的土地利用现状而言，单纯依靠过去政府主导的征地方式、集体建设用地流转方式、“三旧”（旧城镇、旧厂房、旧村庄）改造的成效并不明显，难以满足新时代背景下深圳的改革需求。加上传统征地模式在征地目的的公益性、征地程序的合法性、征地补偿的合理性、收益分配的公平性等方面，与农民权利意识的提高、制度实施环境的变化不再吻合，在实践中也往往因为实施成本过高而不得不中断。

自 20 世纪 90 年代开始探索的自上而下的集体建设用地流转，最初是为了获得潜在的开发收益，但其制度性质与 1998 年修订的《土地管理法》在审批流程、土地利用总体规划等内容上存在冲突，大多数时候都处于隐形状态，并不能真正发挥制度效用，增加了土地开发难度。

2008 年起，广东省开展“三旧”改造，试图通过协议出让、土地出让利益返还等方式降低交易成本，并通过完善土地手续破除对于集体土地权能的限制。但“三旧”改造实际上避开了土地管理制度的根本，忽略了权属空间、物质空间破碎化的问题，仍然难以有效实现公共利益与片区利益的统一。

二、土地资源匮乏，需要落实公共基础设施

经过几十年的迅猛发展，深圳城市的综合实力不断攀升，经济规模逐步扩大。与此同时，城市包容性也逐渐增强，吸引了更多的人才、企业参与深圳建设，深圳成为具有较大人口密度的城市。一段时间内的人口涌入为深圳的发展注入了“新鲜血液”，但如今人口红利已经不如以往，在地少人多的大城市里，房价也直线高涨，居住舒适度大大降低。如果空间资源与城市需求这一矛盾无法缓解甚至持续加剧，深圳将不堪重负。

同时，与国内其他一线城市相比，深圳已使用的建设用地占市域面积比例最高，是最早面临土地严重短缺问题的城市。早在 2005 年，深圳市委就对深圳作出了“四个难以为继”的论断：一是地少人多，污染严重，难以为继；二是土地、空间有限，难以为继；三是能源、水资源短缺，难以为继；四是环境承载力严重透支，难以为继。其中，土地、空间资源对深圳发展的制约最为严重，稀缺的土地成为削弱深圳经济可持续性增长的重要原因。

更重要的是，住房建设以及公共设施等的建设都需要有足够的发展空间加以保障。特别是相对其他市域，原特区外的公共基础设施较少，部分地区的公共交通设施及文化教育设施等的建设也都不够完善，公共基础设施亟须落实。因此，为推进深圳市低效存量用地土地整备和空间整合，有效地利用稀缺的土地资源以拓展城市发展空间、打破城市空间资源瓶颈、促进城市的高质量发展，需要完备的政策支撑和制度保障。

三、土地历史遗留问题亟待解决

深圳虽然已经进行过农村土地城市化,名义上将全部的土地收为国有,全域已不存在集体用地,但实践过程中仍然存在城市化历史遗留问题。深圳较多地方存在大量房、地在法律与事实上分离的情形,土地在法律上归属国有,但地上的建(构)筑物由原村民实际控制。从政府角度来看,征收土地只需要对地上房屋进行拆迁补偿,不需要对涉征土地再行补偿;而大部分原村民则认为,由于土地还未完善征(转)补偿手续或存在其他遗留问题,土地仍归原村民集体所有,政府只有按市场标准对土地、房屋进行补偿才能将地块收回使用。由村民实际掌握的用地主要有两种类型:一是合法用地,即征收或者补偿过程中预留给村民及村集体的发展用地;二是未完善征(转)地手续用地,即房地分离的土地。

由于大量土地产权不清晰,且土地合法合规开发的代价过高,尤其是原关外地区征(转)地过程中的补偿标准较低且征(转)地政策不完善,导致不少社区不按国土管理规划实施,违法占地建设了大批私宅、厂房等违法建筑,产生了大量存在历史遗留问题的土地。违法建筑虽然在短时间内给原农村集体创造了可观的收益,但随着深圳市开展查处违法建筑的行动以及社区内产业升级转型的迫切需要,这一类违法建筑已经无法再给村集体或个人创造可持续性经济价值,且会阻碍深圳后续城市规划的实施。与此同时,土地利用水平低下的弊端逐渐显现,社区内的安全设施和城市配套设施不完善,严重落后于当下普遍的发展趋势。这种情况不仅不利于原农村集体经济组织继受单位的长远发展,而且由于大量未经规划的违法建筑占据了深圳较大范围的空间资源,挤压着城市建设的可用地,繁复的产权情况成为土地再开发的障碍,造成了“社区用不好、政府也不好用”的尴尬局面。村集体的土地利用方式较为粗放,采取何种有效的土地政策促进城市土地存量问题的解决,是深圳土地管理制度改革的重点内容,政府需要制定有关的政策以消化存量违法建筑,为城市规划争取可供发展的空间资源。

四、落实重大产业项目

“三来一补”贸易、引入外资企业等产业模式,在改革开放初期为深圳带来了巨大的经济收益。但是随着深圳经济的迅猛发展以及国际形势的变化，这些常规的贸易模式已经不足以支撑深圳的高质量、创新发展，新型产业、高新技术产业逐渐成为深圳的经济支柱。特别是当下深圳正处于转型升级关键时期，如何在可建设用地十分稀缺的情况下，推动产业的升级、转型与重大产业项目的落地，是目前深圳市政府的重要工作任务，亟须通过高效的政策支持予以推进。

五、保障社区可持续发展

在经过两次城市化后，深圳由原农村集体经济组织继受单位及其成员实际掌控的土地并不多，加上改革开放之后深圳的经济模式发生变化，依托于土地的农业发展普遍受到限制，原农村集体经济组织继受单位和成员主要依靠土地来获取收入来源这一传统而单调的谋生方式发生了巨大的变化，社区和居民需要寻找获取收益的新途径。因此，在原农村集体经济组织继受单位及其成员实际掌控的土地逐渐减少的情况下，如何保障社区的可持续发展也成为必须要解决的问题。

六、实现多方共赢

前面已经提及深圳快速城市化带来了不少的土地历史遗留问题，违法建筑无法再给原农村集体经济组织继受单位和成员创造可持续性的经济价值，社区的安全设施和城市配套设施不完善，制约了原农村集体经济组织继受单位的长远发展，政府和市场也缺少“名义”介入改变这一僵局。因此，深圳需要深化改革，通过制定新政策、新制度，拆除原农村集体经济组织继受单位及其成员建造的在规划范围外且存在安全隐患、配套不全的私宅等违法建筑，并通过进一步的土地规划促使社区经济可持续发展；同时，为满足城市发展的需要及保证城市产业经济可持续发展，由政府和企业提供资金落实政府公共基础设施、公共服务设施、重大产业项目，以期达到多方共赢的目的。

七、对城市更新进行补充

在 2011 年之前，深圳以城市更新模式作为存量土地开发的主要方式。虽然在城市更新的模式下，深圳的土地再开发利用也取得了一定的效果，但市区级以上的公共服务设施、重大产业项目、大型城市基础设施用地还是难以保障。例如,根据深圳市规划和自然资源局发布的《深圳市拆除重建类城市更新单元计划管理规定》第12条第1款规定:“拆除范围内权属清晰的合法土地面积占拆除范围用地面积的比例(以下简称合法用地比例)应符合以下要求:坪山中心区范围内的更新单元,其合法用地比例应当不低于50%;重点更新单元的合法用地比例应当不低于30%;其他更新单元的合法用地比例应当不低于60%。”而在深圳大多的城中村,需要进行整备的土地的合法用地比例往往无法满足上述规定的要求,在客观上无法采用城市更新这一存量土地开发方式。因此,需要探索新的土地管理模式来对城市更新模式无法覆盖的区域进行有效补充,从而实现土地盘活,为城市提供更多可建设空间资源。

八、时代赋予深圳的改革机会

深圳是我国设立的首个经济特区,坚定不移地深化改革开放,一直是中央赋予深圳的一项重任。深圳在诸多领域都占据先锋位置,特别是在土地制度改革层面,国家同样给予深圳试点机会。1987年,深圳率先在全国试行土地使用有偿出让,揭开了国有土地使用制度从无偿、无期限、无流动变为有偿、有期限、有流动改革的序幕。同年11月,国务院批准深圳、广州等地进行土地使用制度改革试点。自此,深圳开启新一轮土地制度改革。再到1992年“统征”,在深圳原关内实现土地全部国有化和农民市民化;2004年的“统转”,深圳在全域实现土地全部国有化和农民市民化,这都是深圳土地制度变革的标记。这些重要的改革内容都与深圳之后的土地整备工作密切相关。时代赋予了深圳更多的创新可能,给予了深圳更多的革新机会。

出于以上考量,为了抓住城市高质量发展的机会,深圳积极探索存量土地开发模式,以促进存量用地的再利用。常规的房屋征收模式基于等价值原则实施补偿,补偿标准较低,在实践中实施阻力较大,为城市拓展空间资源所取得的成效甚微。于是,2011年深圳市人民政府发布《关于推进土地整备工作的若干意见》(深府〔2011〕102号),启动对土地整备的探索,之后又基于实践需要探索出土地整备利益统筹制度。

第二节　历史沿革

一、土地整备政策的演进

2011年深圳市人民政府发布《关于推进土地整备工作的若干意见》，标志着深圳的土地整备工作正式启动。依照"个案实践探索、政策封闭试点、政策全面推广"的逻辑，深圳的土地整备政策的演进过程大致可以分为以下三个重要阶段。

（一）整村统筹试点阶段（2011年～2015年）

2011年，深圳市坪山区的金沙社区、南布社区和沙湖社区启动"整村统筹"土地整备试点工作。深圳市人民政府于同年7月发布《关于推进土地整备工作的若干意见》，希望采取土地整备的方式来解决社区实际掌握的未完善征（转）地补偿手续用地等土地历史遗留问题，在编制2011年的土地整备计划后，全面启动了深圳市的土地整备工作。首先，土地整备整村统筹试点把社区内未完善征（转）地补偿手续用地纳入土地整备实施范围，对范围内的土地采取"整体算账，分步实施"的方式进行整体统筹与利益核算；其次，土地整备整村统筹试点还探索出政府与社区"算大账"、社区与相关权益人"算细账"的路径，创新地运用留用土地、资金补偿、规划调整、优惠地价等方式整合土地资源；最后，这也是首次引入"留用土地"的概念，后续土地整备利益统筹政策的设计在用地安排、规划调整等方面均借鉴了土地整备整村统筹的试点经验。

2012年5月，标志着第二轮土地管理制度改革开启的深圳市土地管理制度改革综合试点工作正式启动。其中，坪山新区是深圳两个改革综合试点区之一，肩负创新土地整备、城市发展单元等土地二次开发统筹制度与经验的重任。2012年10月，深圳成立中国首个土地整备机构——深圳市土地整备局，直属于原市规划和国土资源委员会，与陆续成立的各区土地整备中心一同负责具体组织全市、各区的土地整备工作。此阶段对于核算规则还并无统一规定。

（二）利益统筹试点阶段（2015 年～2018 年）

随着改革开放的推进，深圳土地价值日益提升，传统的房屋征收模式难以满足快速的城市化对公共服务设施、重大产业项目、大型城市基础设施用地需求，需要对土地制度进一步改革创新。坪山区的南布社区和沙湖社区的“整村统筹”改革试点方案于 2015 年 8 月获得深圳市政府常务会议的顺利通过并得到了社区的广泛支持与认可。同年 9 月，深圳市人民政府印发了《关于征地安置补偿和土地置换的若干规定（试行）》，对于土地整备过程中可能会涉及的合法土地的置换问题作出了明确的规定，提供了具体的操作依据。《土地整备利益统筹试点项目管理办法（试行）》（深规土〔2015〕721 号）也于当年颁布，形成了土地整备利益统筹模式的总体思路，主要以深圳坪山区的整村统筹试点经验为基础，没有延续整村统筹将原农村社区范围内所有未完善征（转）地补偿手续用地纳入土地整备实施范围的方式，而是将土地整备分为整村统筹和利益统筹两种模式，并对留用土地核算规则与项目审批流程等进行了规定。为大力开展土地整备利益统筹工作，深圳政府在全市选取了 40 个项目作为试点，但由于彼时的政策无法覆盖适用于所有个案项目的实际情况，因而在该阶段成功过审的项目屈指可数。2016 年，深圳市原规划和国土资源委员会发布了一系列土地整备配套政策，其中以《〈关于征地安置补偿和土地置换的若干规定（试行）〉实施细则》（深规土规〔2016〕1 号）与《土地整备留用地规划研究审查技术指引（试行）》（深规土〔2016〕65 号）最为关键，对于土地安置标准、留用地的用途与容积率作了细化规定。2017 年 8 月，深圳市人民政府发布了《关于深化规划国土体制机制改革的决定》（已失效），下调部分土地整备项目法定图则的规划报审职权至区政府及其职能部门，同时精简了土地整备项目的审批流程，缩短了项目周期。

此阶段仍然延续“整村统筹”下的“算大账、算细账”的利益分配方式，通过资金补偿、留用地补偿、留用地规划、留用地地价规则“算大账”，通过允许原农村集体经济组织继受单位的深度介入与积极动员“算细账”，实现土地整备范围内的土地的全面确权。

（三）利益统筹全面推行阶段（2018年至今）

随着土地整备推进工作的火热进行，深圳能够实施土地整备的地块越来越少。同时由于《土地整备利益统筹试点项目管理办法（试行）》的部分规定无法满足实际需求，2018年深圳在总结试点经验的基础上，修订并出台《深圳市土地整备利益统筹项目管理办法》（深规土规〔2018〕6号，以下简称6号文），全面推广土地整备政策。相比前期的政策规定，6号文在以下几个方面进行了优化：一是放宽准入门槛（第2条），将土地整备政策全面推广。《深圳市土地整备利益统筹项目管理办法》将整村统筹和片区统筹合并为利益统筹，取消了5万平方米的项目门槛，规定不少于3000平方米的土地地块即可以作为利益统筹项目立项。二是细化利益统筹共享用地核算规则（第6条），根据现状容积率分段核算利益共享用地规模。三是拓宽留用土地的安排渠道（第8条），即本项目范围内无法安排留用土地的，可将留用土地指标落在项目范围外本街道经济关系未理顺的建成区域，这大大增加了项目操作的灵活性。四是细化了留用土地规划建筑面积核算规则（第9条第2款）。五是增加在留用土地中安排60%的比例用于公共租赁住房、人才公寓或创新型产业用房并由政府回购的规定（第9条第5款），这有利于社会稳定和引进人才参与建设。六是完善项目审批和管理流程（第三章第12～17条），强化了政府对项目事前、事中、事后的监管。七是明确了原农村集体经济组织继受单位可以依据留用土地审批及集体资产处理规定，通过合作开发、作价入股等方式引入留用土地的开发主体（第13条第2款）。

虽然深圳市人民政府在实施土地整备政策前，已经预先作出了全面考量，制定了较为完善的政策制度，但在实际操作中既有的现实难题以及纷繁复杂的利益纠纷，使得土地整备推进困难。首先，在改革开放初期广东省放权、增长导向的政策背景下，深圳市土地在空间形态、权属关系、发展需求上呈现大量碎片化的问题；与此同时，在快速工业化、城镇化浪潮下催生的土地违规利用等历史遗留问题，导致大规模的集体土地违法建设、土地手续不完善、非法出租的现象出现，并且碎片化土地的不确定性成本较高，较大程度影响项目的推进速度。其次，由于欠缺项目具体操作的评判标准与依据细则，特别是不同地区之间的经济发展水平、历史遗留问题、居民以及基层领导干部对于项目的理解程度等方面存在较大的差异，政府的土地整备工作极易面临障碍。再次，由于推行土地整备政策的周期较长，容易导致前期通过多方谈判达成的利益共识可能因为时间推移以及客观情况的变化而被打破，需要再次进行协商，甚至引发失信的风险；此外，多个部门间冗长的沟通流程也耗费了大量的协商成本、时间成本、财力成本，深圳市人民政府《关于推进土地整备工作的若干意见》中“土地整备项目实施方案中应当按相关标准确定土地整备的包干价。土地整备项目资金中应安排相当于包干价20%的资金额度拨付给各区政府，作为实施土地整备的不可预见费”的规定也印证了这个实施现状。最后，长期以来原村民或者居民基于村规民约或者“宗族纽带联系”所形成的确权规则自成体系，具有一定的稳定性，房屋和土地对其具有较为强烈的情感属性，加之前文所提到的，土地整备政策的补偿标准相对刚性，相较于城市更新的补偿标准更低，众多权利主体间在利益诉求问题上常常会陷入谈判僵局，这也在一定程度上阻碍了土地整备政策的落实。

同时，中共中央办公厅、国务院办公厅印发了《深圳建设中国特色社会主义先行示范区综合改革试点实施方案（2020－2025年）》，连同《深圳市国土空间总体规划（2020－2035年）》在新形势下对于土地整备利益统筹政策作出了新的要求，提出需要继续深化土地管理制度改革探索，全市以城市更新、土地整备、旧住宅区改造为主导的存量用地再开发规模不少于170平方公里，以及解决6号文未将国有已出让用地纳入利益统筹政策范围等问题。2022年，深圳市规划和自然资源局发布《关于公开征求〈深圳市土地整备利益统筹办法〉（征求意见稿）意见的通告》，虽然该征求意见稿因《深圳市规划和自然资源局关于发布〈深圳市土地整备利益统筹项目管理办法〉续期的通知》（深规划资源规〔2023〕5号）延续6号文的规定而失效，但征求意见稿在适用范围、规划容积算法及土地出让等方面均作出了创新，在保持对重大产业、城市基础设施和公共服务设施等项目实施的重视的前提之下，又根据现阶段的发展需求，强调推进存量低效用地盘活及国土空间提质增效，保障重大产业、城市基础设施和公共服务设施等项目实施，给予市场主体容积保障，加大居住用地供应，增强其参与利益统筹的积极性。笔者认为征求意见稿的创新部分对土地整备利益统筹项目往后的政策制定仍有参考意义。

二、土地整备政策体系

自2018年开始，深圳市的土地整备利益统筹工作进入了蓬勃发展阶段。此后的十余年间，深圳立足于实践颁布多项政策用于满足深圳有序推进土地整备工作的需求，从而形成完备的土地整备政策体系。以土地整备政策的制定目的为划分标准，深圳土地整备政策大致可分为四类文件，具体如表1－1所示。

表1－1　深圳土地整备政策相关文件

性质	作用	相关文件
纲领性文件	对统领土地整备工作以及配套性、操作性政策具有指导、规范的作用	(1)深圳市人民政府《关于推进土地整备工作的若干意见》(深府〔2011〕102号)； (2)《土地整备利益统筹试点项目管理办法(试行)》(深规土〔2015〕721号)； (3)《深圳市土地整备利益统筹项目管理办法》(深规土规〔2018〕6号)； (4)《深圳市土地整备利益统筹办法》(征求意见稿)； (5)深圳市规划和自然资源局《关于发布〈深圳市土地整备利益统筹项目管理办法〉续期的通知》(深规划资源规〔2023〕5号)*
技术指引文件	主要围绕实施方案的编制和规划研究的编制所形成的统一的技术标准与技术依据，用以指导土地整备项目实施	(1)《土地整备留用地规划研究审查技术指引(试行)》(深规土〔2016〕65号)； (2)《深圳市土地整备规划编制技术指引(试行)》(深规土〔2016〕891号)； (3)《土地整备利益统筹试点项目实施方案编制技术指引(试行)》(深规土〔2016〕890号)
审批流程文件	明确土地整备项目在管理上所涉及的审批主体、审批环节和具体流程等相关内容的程序性文件	(1)原深圳市规划和国土资源委员会《关于印发土地整备项目审批工作规程的通知》(深规土〔2017〕720号)； (2)原深圳市规划和国土资源委员会《关于规范土地整备规划审批有关事项的通知》(深规土〔2018〕805号)

续表

性质	作用	相关文件
项目管理文件	指导项目管理的相应操作性文件,用以指导包括容积率核查、地价测算、计划管理和资金管理等在内的相关工作	(1)《关于明确土地整备利益统筹试点项目地价测算有关事项的通知》(深规土〔2016〕683号); (2)深圳市人民政府办公厅《印发关于进一步优化土地整备项目管理工作机制的若干措施的通知》(深府办函〔2018〕281号); (3)原深圳市规划和国土资源委员会《关于规范土地整备土地信息核查及现状容积率核算工作的通知》(深规土〔2018〕859号)

* 因本通知延续了6号文的有效期限,其内容与6号文无异,为方便后文的阐述,笔者将本通知与6号文统称为6号文。

上述关于土地整备政策的指导性文件,是推进深圳市土地整备工作的重要纲领,在保障民生、保护生态、促进城市发展等方面都发挥着不可替代的作用,主要具有以下意义:(1)宏观与微观相结合,明确土地整备工作的重点。政策体系中宏观尺度上的规划通过明确整备工作的规模、对象、主要方向、空间布局等内容,奠定了深圳市土地整备工作推进的总体基调。而有关审批事项、地价测算、容积率核算等微观尺度下关于土地再开发的操作性文件,将土地整备工作的内容与任务进行分解,细化了宏观规划中的总体要求,有利于确保城市发展目标的实现。(2)发挥公共政策属性,引导土地二次开发。为了解决深圳城市空间资源紧缺问题所采取的土地整备策略制定了丰富且完备的管理措施、工作机制,有利于确保土地整备项目二次开发的规范性与标准性,发挥该项目在维护公共利益上的作用。(3)明确整备的时间序列,有序推进整备实施。在对土地整备工作进行宏观、微观尺度的具体划分的基础上,进一步完善整备项目推进过程中各环节的具体时间序列,作为年度土地整备计划实施的具体依据,保证工作推进的合理性与可行性。

三、土地整备政策的主要内容

现行的土地整备政策体系包含了对项目范围的划定、项目审批流程的规定及规划编制管理等内容,主要在土地、规划、资金、地价几个方面细化规定,以完成土地规划和土地收储工作。

（一）留用土地核算

留用土地主要是政府基于协议赋予农村集体对一部分土地享有的土地开发权，将存在历史遗留问题的集体土地转换为产权清晰的国有土地。留用土地的规模是利益分配的关键，留用土地核算包括项目范围内已批合法用地、项目范围外调入合法用地以及本项目核定利益共享用地，具体规模按以下方式核算：

1. 项目范围内已批合法用地，是指原农村集体经济组织继受单位已落地确权的合法用地，此类用地按照等土地面积在项目范围内安排。

2. 项目范围外调入合法用地，包括非农建设用地和征地返还用地，以及其他土地整备留用土地。此类用地按照相关规定核准后，可在项目范围内安排落实。

3. 本项目核定利益共享用地，是指项目内上述第 1 项用地范围外的未完善征（转）补偿手续的规划建设用地，在扣除上述第 2 项用地中非农建设用地指标和征地返还用地指标后的剩余土地。根据项目范围内现状容积率，按照比例核算留用土地规模。

（二）规划编制

规划编制，主要是指以经批准的城市总体规划、土地利用总体规划、土地整备专项规划和法定图则等规划为依据，在协调各方利益的基础上，提出土地整备项目的规划发展目标定位，明确土地分配方案及留用土地选址，重点对留用土地提出控制性规划要求，并落实土地整备目标和各方责任。《深圳市土地整备规划编制技术指引（试行）》规定，规划编制的具体任务包括：确定实施范围内政府储备用地、留用土地的规模及范围；对留用土地的主导功能、开发强度、配套设施、空间控制以及分期实施等作出细化规定；根据留用土地规划对周边环境承载力的影响，提出实施范围总体控制要求，确定需优化调整的城市“五线”及各项配套设施。

规划编制以遵循多方参与、协商谈判、面向实施为原则，并满足以下几个技术要求：

1. 划定项目边界原则上以规划道路、自然山体、河道等为边界，并综合考虑片区功能完整性、系统性和项目可实施性。

2. 留用土地规划用途应以生效规划的主导功能为依据,结合项目实施要求等因素确定。

3. 项目实施范围内生效规划确定的公共服务设施、城市基础设施、城市绿地等公共利益用地总量不得减少。

4. 规划应符合基本生态控制线、城市蓝线、城市橙线、城市黄线、城市紫线的相关管理要求。

（三）资金补偿

资金补偿,是指政府给予农村集体一定的资金以保障其顺利开展前期工作与项目。依据6 号文的规定,原农村集体经济组织继受单位负责理顺项目范围内的土地经济利益关系,包括地上建(构)筑物、青苗和附着物等的补偿、拆除、清理和移交工作。关于资金的补偿安排,6 号文第 5 条第 1 款作出了规定:“利益统筹项目中资金安排按照以下方式核算:项目范围内的建(构)筑物按照重置价核算;未完善征(转)地补偿手续土地按照所在区域工业基准地价的 50% 核算;青苗和附着物等按照相关标准核算;项目涉及的技术支持费、不可预见费及业务费参照相关规定执行。”规定中使用重置价,主要是由于大部分原农村集体经济组织继受单位掌握的土地经济关系并未理顺,地上建筑物产权复杂,采用重置价补偿标准可以简化土地整备资金的计算方法,减少土地整备的资金压力;加之土地整备资金采取“算大账”的方式由政府拨付给原农村集体经济组织继受单位,以重置价核算有助于降低行政成本。

（四）地价计收

地价计收,是指农村集体经济组织获得留用土地需要支付一定的政策性地价,通过该地价将农村集体土地转变为国有土地。相比深圳市人民政府《关于推进土地整备工作的若干意见》,6 号文简化了地价测算规则,使原农村集体经济组织继受单位能够更便捷地按照规则补缴地价以获得留用土地,有助于土地整备利益统筹项目的顺利推进。主要调整如下:(1)整合整村统筹地价规则和片区统筹地价规则;(2)地价的计收标准与城市更新、征返用地地价等政策衔接;(3)计价规则与留用土地规划建筑面积核算规则衔接。

具体而言,6 号文第 10 条规定:“留用土地的土地使用年期按照法律规定土地用途的最高年限确定。留用土地由原农村集体经济组织继受单位自用的,免交地价,用地为非市场商品性质;留用土地按照本办法缴交地价的,用地为市场商品性质。按照本办法第八条安排落实的留用土地指标,与城市更新项目统筹处理的,留用土地指标的使用、审批、产权属性及地价测算根据城市更新相关政策执行,其中利益共享用地地价按照城市更新历史用地处置部分的地价标准计收;在建成区安排并由原农村集体经济组织继受单位拆除重建的,按项目范围内留用土地办理相关规划、用地手续;与其他利益统筹项目统筹处理的,留用土地指标按照项目外调入的合法指标类型使用。”该文第 11 条规定:“留用土地规划为工业用地的,按照现行公告基准地价的 10% 缴交地价。留用土地规划为居住用地、商业服务业用地的,结合本办法所附《留用土地规划建筑面积核算规则》,按照基础建筑面积和共享建筑面积分段计收地价,其中基础建筑面积部分按照现行公告基准地价的 10% 缴交地价,共享建筑面积中归属于原农村集体经济组织继受单位的部分按照现行公告基准地价的 100% 缴交地价。移交政府或政府回购的人才住房、公共租赁住房、创新型产业用房、社区级公共设施免缴地价。”

(五)土地整备政策的意义

基于深圳市域空间狭小的地理特性,加之快速城市化进程中积累了大量土地、房屋的历史遗留问题,采用土地整备模式对于深圳后续的城市发展具有重要意义。

1. 解决城市发展的关键问题

现阶段深圳发展的关键问题在于土地资源的严重不足制约了新兴生产力的入驻。而深圳作为高度城市化的地区,在受制于土地刚性约束的困境下要实现城市空间的释放与扩充,土地整备毫无疑问是当前的不二选择。土地整备的推进,一方面盘活了城市土地存量满足了城市发展的需求;另一方面也调整了城市土地的结构布局,提升了土地利用的效率,为落实公共基础设施建设提供条件。

2. 提供新型城镇化的具体路径

面对存量用地二次开发问题,深圳通过在坪山新区等试点推行“整村统筹”“片区统筹”等方式,在完成土地整备的同时,亦助推了相关区域的城市化进程。土地整备政策强调对公共利益需求的满足，在逐步改变过去土地管理与开发过程中过度依赖市场路径而产生的房地产倾向方面发挥着重要的作用，走出了一条不同于以往的，能够最大限度利用土地效益，并且能够与社会资源有效衔接的土地体制机制改革之路，推动土地的二次开发与城市开发朝着科学化、公平化、内涵化的方向发展，为全国推进新型城镇化提供了可借鉴、可推广的经验与范本，为中国特色社会主义背景下的城市发展道路发挥先锋作用。

3. 推进构建共建共治共享的社会治理新格局

土地整备不仅涉及土地问题，而且是一场集经济结构、城市空间、社会形态于一体的综合性变革。深圳通过土地整备实践，协调好政府、社区居民、市场三方主体间的利益关系，响应了中央关于“打造共建共治共享的社会治理格局”“完善党委领导、政府负责、社会协同、公众参与、法治保障的社会治理体制”“以更大的力度、更实的措施保障和改善民生，加强和创新社会治理”“政府部门应加快转变职能……引导社会组织、群团组织、人民群众等社会力量广泛参与社会治理。注重社会组织的培育与引导，促进社会组织明确权责、规范自律、依法自治、发挥作用，激发社会组织活力”的倡议。

第二章 土地整备利益统筹理论

初次接触“土地整备利益统筹”这个名词的从业人员想必会有疑问：什么是土地整备利益统筹？归根结底，就是探究土地整备利益统筹的概念。笔者将在本章由制度的概念切入，循序渐进介绍利益统筹的特征、性质以及流程，以期能对读者了解这一制度有所助益。

第一节　土地整备利益统筹的概念、特征及性质

一、土地整备利益统筹的基本概念

土地整备利益统筹是深圳在土地整备制度下衍生出的一种存量用地开发模式。根据6号文的规定，土地整备利益统筹以原农村集体经济组织继受单位及其成员实际使用的土地为对象，按照政府主导、社区主体及引入市场主体、社会资金原则下，统筹考虑项目范围内的未完善征（转）地补偿手续用地及原农村集体经济组织继受单位合法用地的区域，解决历史遗留问题并进行土地确权，进而实现政府、原农村集体经济组织继受单位及成员和市场主体在内的各方主体利益共赢，共享存量土地再开发所带来的增值利益，并明确了项目开发过程中各方应当承担的相应义务。深圳市土地整备利益统筹模式，实现了政府、原农村集体经济组织继受单位及相关权益人的多方共赢，在同一社区范围内实现了政策、规划、项目、风险、利益等面向的统筹，促进了城市发展和社区转型，为优化土地资源配置、推动城市可持续发展提供了更多的可能。

在现有的土地整备政策体系制度中，针对土地整备利益统筹并没有一个具体的概念。深圳市规划和国土资源委员会印发的6号文第2条第1款规定："本办法适用于以原农村集体经济组织继受单位及其成员实际掌控用地为主要实施对象的土地整备利益统筹项目（以下简称'利益统筹项目'）。利益统筹项目以街道为界限（大鹏新区以新区为界限），项目范围内至少有一块3000平方米以上集中成片的未完善征（转）地补偿手续规划建设用地。利益统筹项目应纳入全市土地整备年度计划的利益统筹项目目录，并报市政府批准。"但这是关于申报利益统筹项目基本条件的规定，并非对土地整备利益统筹概念作出的规定。结合6号文的其他条款规定，笔者认为，土地整备利益统筹是指为解决历史遗留问题和实现特定利益，由原农村集体经济组织继受单位申请以原农村集体经济组织继受单位及其成员实际掌控用地为主要实施对象，通过政府与原农村集体经济组织继受单位"算大账"，原农村集体经济组织继受单位与相关权益人"算细账"的方式厘清土地经济利

益关系，通过综合运用土地确权、用地规划、地价规则和补偿资金等政策手段，以实现整备范围内全面征拆的活动。

二、土地整备利益统筹项目的特征

土地整备利益统筹采取“政府主导、社区主体、市场参与”的方式，以社区主动申报为前提，综合运用货币征收、留用土地、规划调整等多种手段，对零散、闲置、低效的土地进行整理，从而形成一个有序的有利于城市发展的空间布局。利益统筹项目还通过解决土地历史遗留问题、将部分土地纳入政府储备的方式助推各个相关主体的利益达到共享与共赢，其主要具有以下几个特征。

（一）土地整备利益统筹项目的实施目的更为具体

6号文第1条规定利益统筹是为了“保障城市基础设施、公共服务设施和重大产业项目土地供应，加强规划实施，推动土地集约节约利用，促进城市发展和社区转型”，体现了实施土地整备利益统筹的目的。而深圳市人民政府《关于推进土地整备工作的若干意见》第一部分“土地整备的总体要求”下“（一）指导思想和工作目标”规定，“通过实施土地整备工作，最终实现优化城市功能结构和空间布局，解决历史遗留问题，提高政府工作效能，以城市发展引领经济发展，推动经济社会可持续发展”。可见土地整备的实施目的较广，土地整备利益统筹则具体地指向城市基础设施、公共服务设施和重大产业项目中的土地供应、存量低效用地盘活及国土空间提质增效等方面的内容，包含在土地整备的实施目的范围之内。

（二）土地整备利益统筹通过建立双层、多向制度架构开展实施

原有的常规的土地整备项目是政府与权利人之间订立搬迁补偿安置合同，并通过搬迁补偿安置厘清经济利益补偿关系，形成单层、双向的制度架构。而6号文则提出建构起政府与继受单位“算大账”，继受单位或继受单位及其引进的开发主体与相关权益人“算细账”的双层、多向的制度架构。其中，政府与继受单位“算大账”，是指在政府主导、社区集体参与下，针对纳入土地整备范围内的土地及地上建（构）筑物编制关于“资金、土地、规划”的实施方案，算清大账，给予社区一定规模的留用土地和一定数额的货币补

偿;由继受单位或继受单位及其引进的开发主体与相关权益人“算细账”,是指在“大账”范围内具备资格的搬迁人与项目范围内的全部权益人,通过搬迁补偿安置的方式理顺经济利益关系,通过货币、实物等方式进行补偿安置,完成整备范围内房屋及土地的确权工作,自主开展房屋的补偿、拆除、安置以及拟收回土地的清理、移交等工作。这种既“算大账”,又“算细账”的双层、多向制度架构,搭建起一个政府、原农村集体经济组织继受单位及相关权益人的多方协商平台,对于充分调动各方主体参与土地整备利益统筹项目的积极性和主动性,解决产权不清晰的土地补偿问题、发挥基层群众自治力量、实现政府职能转变都起着至关重要的作用。政府在全面释放土地的情况下获得了更多的城市发展空间,社区集体在厘清土地遗留问题的情况下增强了自治能力、获得了资金补偿,相关权益人在项目优势下进一步降低了拿地成本,增加了市场收益。

(三)政策实现统筹联动

相较于深圳市人民政府《关于推进土地整备工作的若干意见》(深府〔2011〕102 号),6 号文拓宽了对于留用土地的安排方式,规定留用土地指标可在利益统筹项目范围外安排,而且与城市更新统筹处理的方式,解决了城市更新项目合法用地指标不足的问题,实现土地整备与城市更新的政策统筹联动。同时,深圳市在土地整备利益统筹项目的实施过程中,强调盘活原农村未征(转)土地的重要性,在“整村统筹”“片区统筹”等试点项目的推进中,逐步确立了原农村留用土地和政府收储土地的计算规则,形成土地分配、容积率的分配、资金投入等相互协调的政策体系。

(四)市场与政府有效融合

通过对我国过去的城市二次开发过程的分析与思考,城市管理者发现仅依靠个体难以实现城市发展的健康推进,因为利益个体不可避免存在趋利本性,城中村就是城市化进程中缺乏政府规划与管制并放任利益个体逐利的产物。加上纯粹依靠市场作用难以解决公共设施、违法建筑、历史遗留等基于城市发展的外部成本与外部效应而产生的问题。因此,在解决城市发展所面临难题的过程中,应当适当发挥政府的引导作用,进行有效且适当的干预,并通过发挥政府强制性驱动力的作用,有效保障公共秩序与公共利益维护的正当性与约束性。深圳市土地整备利益统筹项目即是将市场与政府有效融合、有效协同的典型模式，合理地平衡了政府力量与市场投入的关系。政府在土地整备利益统筹项目中的作用主要在于防范市场作用下的潜在风险，在城市土地管理中居于全面领导的位置，通过提供制度环境、制定相关的政策规定与管理要求，处理在其治理范围内因落实基础设施建设等公共利益事务所衍生的问题以及历史遗留问题，再将具体的开发建设任务转交给市场，由市场介入进行合理的资源配置，包括前期服务、合作开发、集中代建等。在这个过程中，通过政府向项目开发主体让渡部分土地增值收益的方式，来确保权益相关者能够实现利益的平衡与产权的重构。

（五）强调公众的广泛参与

土地整备利益统筹项目的编制整备方案、整备规划过程，是在权利主体以及各方广泛参与、深度协商下推进的，一方面，为城市居民提供了参与城市建设、建言献策的平台，提升了社区的自治能力与居民的自觉意识；另一方面，通过引导公众广泛参与，在一定程度上清扫了土地整备利益统筹项目推进过程中的社会面障碍。

三、土地整备利益统筹的性质

对于土地整备利益统筹项目是否属于行政活动的问题，笔者认为，其并非一项纯粹的行政活动。虽然 6 号文规定了利益统筹项目由“政府主导”，但这并不意味着土地整备利益统筹项目就属于行政行为。常规的土地整备活动由政府单方面根据行政管理需要申报立项并开展实施，属于行政活动。而土地整备利益统筹项目的特色之一就是以原农村集体经济组织继受单位自愿、主动申报为前提，并且由原农村集体经济组织继受单位或原农村集体经济组织继受单位和其引进的开发主体负责与相关权益人自由协商搬迁补偿安置事宜，可见其并非纯粹的行政活动。但必须明确的是，土地整备利益统筹项目也不是纯粹的民事活动，原因在于虽然土地整备利益统筹项目由原农村集体经济组织继受单位申报并且可以自行引进开发主体与相关权益人自行协商完成搬迁补偿安置事宜，但是在整个土地整备利益统筹项目实施过程中，还是需要由政府主导编制、审批并落实实施方案，政府与原农村集体经济组织继受单位通过签订项目实施协议书、补偿协议书等落实“算大账”工作，在“算细账”后还需政府对搬迁补偿安置协议进行备案及监管，这一系列行为均属于行政主体基于行政职权、履行行政职能而作出的能够引发法律效果并受行政法规制的行政行为。结合6号文第3条“利益统筹项目按照政府主导、社区主体、社会参与的原则，综合考虑项目范围内未完善征（转）地补偿手续用地和原农村集体经济组织继受单位合法用地，通过规划、土地、资金、产权等统筹手段，完成整备范围内土地确权，一揽子解决历史遗留问题，实现政府、原农村集体经济组织继受单位及相关权益人多方共赢，促进社区转型发展”的规定来看，土地整备利益统筹项目是由一系列行政行为、民事行为组成的国有土地开发活动。因此，对于项目中相关主体之间的法律关系及行为性质需具体分析，不能简单而笼统地认为其属于行政法律关系、行政行为或民事法律关系、民事行为。

值得注意的是，土地整备利益统筹项目不似土地整备那样具备公益性。从6号文的制定目的来看，土地整备利益统筹项目不必然具有公益性，如前文背景部分所述，为了解决落实重大产业项目的土地供应问题探索出土地整备利益统筹制度，就难以定义土地整备利益统筹项目具有公益性。

第二节　土地整备利益统筹的流程

天下之事，不难于立法，而难于法之必行。深圳市探索出了一条全新的存量土地开发道路并为此制定、发布一系列完备的政策法规，如何消除推进过程中的盲点和漏洞，真正落实土地整备利益统筹项目，是当前深圳政府在土地体制机制改革中的破题关键。下文将具体梳理土地整备利益统筹项目的实施流程、各方在实施过程中的权利义务关系及利益实现方式、项目的内在逻辑、推进过程中需要注意的事项等问题，以期对实施流程中的部分问题作出解释。

一、项目实施流程

笔者查找了现行的土地整备利益统筹政策，发现并没有一套关于土地整备利益统筹项目的具体操作流程图。现笔者结合6号文的规定以及各阶段启动及实施的先后顺序，大致将土地整备利益统筹项目的运作过程分为以下步骤：

（1）项目审批程序：依据实际情况拟定土地整备利益统筹项目的申报范围后，原农村集体经济组织继受单位在征集意愿后向所辖街道办事处提出立项申请，由政府部门组织实施可行性研究，经同意后纳入深圳市年度土地整备计划。

（2）方案编制和批准实施：各区街道办事处和区城建整备局应分别编制实施方案，并按程序报批。

（3）项目组织与实施：土地整备事务机构、辖区街道办事处、规划和自然资源主管部门、原农村集体经济组织继受单位签订四方框架协议，依照协议规定，原农村集体经济组织继受单位主要负责补偿、拆迁、清理和移交工程范围内的经济利益等工作。

（4）留用土地合作开发：原农村集体经济组织继受单位提出留用土地申请，在取得区政府的留用土地批复后，按照集体资产处置相关规定作价入股或者以引进开发主体合作的方式开发留用土地。（详细流程如图2－1所示）

从图2－1及6号文的其他相关规定来看，土地整备利益统筹项目还有以下几个方面值得注意。

（一）土地整备利益统筹项目程序

在程序操作上，土地整备利益统筹项目相较于其他的项目来说，具有较强的灵活性。虽然土地整备利益统筹项目的主要程序存在必然的先后顺序，如6号文就规定了原农村集体经济组织继受单位在取得留用土地批复后才能引入合作开发主体。但是实践中的一些操作表明，土地整备利益统筹项目的整个过程不像城市更新项目有那么强的程序性。前文已经提及，土地整备利益统筹项目由一系列行政行为、民事行为组成，因此同时具有行政性和市场性。很多时候基于公共利益需要或者其他特殊需要，有些程序可能会出现前置或者后置，所以在实际操作过程中呈现的个别流程的时间节点可能与图2－1存在差异。实践中常常存在以下几类现象：为了加快公共基础设施建设，政府要求提前拆除并移交土地；或者在土地整备利益统筹项目尚未立项纳入土地整备年度计划前，就开展前期测绘、摸底调查等工作；在尚未按程序引进合作开发主体时，就由意向合作开发主体开展签约补偿工作。这里就涉及一个问题:意向合作开发主体与被拆迁人协商签订的搬迁补偿协议是否有效? 笔者的观点是,由此签订的搬迁安置补偿协议应为合法有效,只是意向合作开发主体最终如无法被原农村集体经济组织继受单位按照法定程序选定成为合作开发主体,会影响协议的履行。

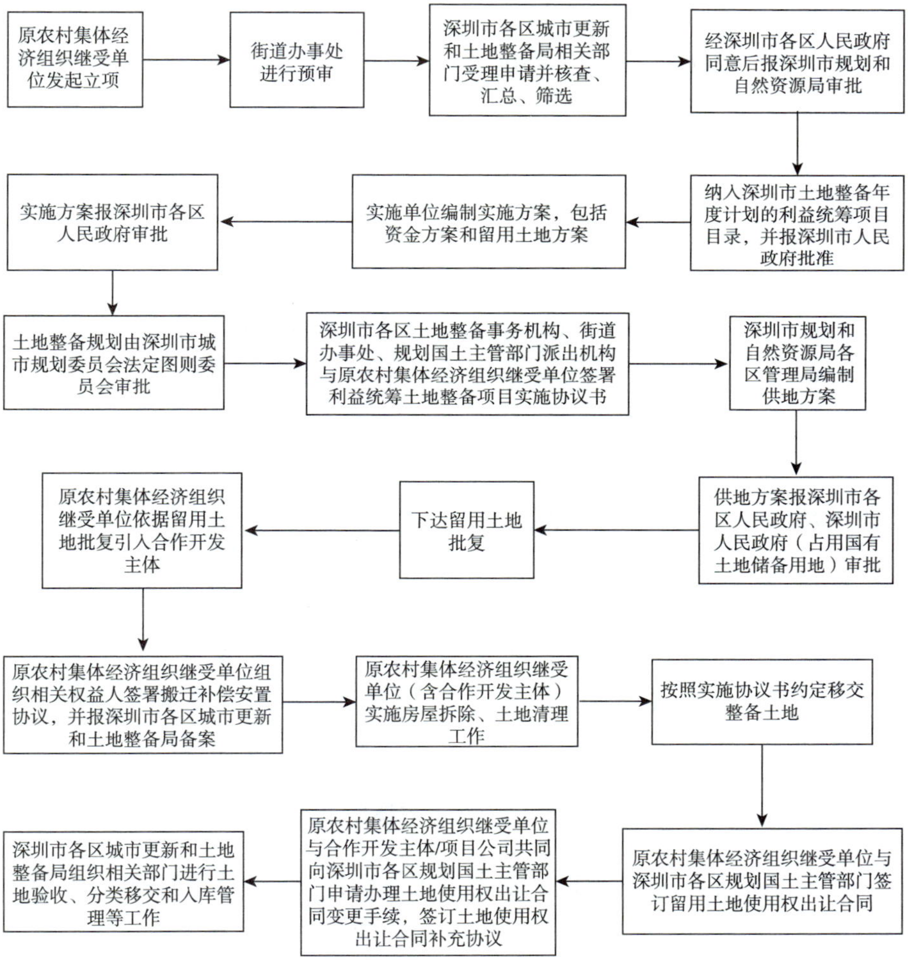

图 2－1　土地整备利益统筹项目实施流程

(二)市场主体的引入

土地整备利益统筹项目以“政府主导、社区主体、社会参与”为原则,这就决定了市场主体是无法单独开展项目实施的,而需要与原农村集体经济组织继受单位合作完成。市场主体依公开择优方式被选择并引入,进而参与土地整备利益统筹项目实施过程。有的项目采用将市场主体以意向合作方的身份加入,签署前期服务合同的方式,以便市场主体率先开展前期工作。市场主体参与项目主要有合作开发方式与作价入股方式。其中,采用合作开发方式参与项目的,市场主体可以与原农村集体经济组织继受单位共同申请办理土地出让手续;采用作价入股方式参与项目的,市场主体可以与原农村集体经济组织继受单位共同成立房地产项目公司,再申请办理土地出让手续。在深圳现有的产业优势下,可以通过政企联合、校企联合、区域共建等方式,吸引优质企业加入。

(三)项目实施方案及土地整备规划

根据6号文第12条的规定,利益统筹项目应编制实施方案并报区政府(含新区管委会)审批,实施方案包括留用土地方案及资金方案。留用土地安排涉及法定图则不覆盖或法定图则未制定地区的,以及需要对法定图则强制性内容进行调整的,必须开展土地整备规划研究,并纳入实施方案。土地整备规划研究以深圳市城市规划委员会法定图则委员会审批结果为准。

(四)搬迁补偿安置协议签署主体

原农村集体经济组织继受单位具有签订搬迁补偿安置协议的主体资格。除此之外,市场主体在被原农村集体经济组织继受单位按程序选定成为合作开发主体之后也具备签订搬迁补偿安置协议的主体资格。

二、土地整备利益统筹流程中各方主体的权利义务关系

正如前文所提到的,土地整备利益统筹在性质上并非纯粹的行政行为或者民事行为。以政府为主导、原农村集体经济组织继受单位为参与主体的整个土地整备利益统筹流程,不但内含了行政控制以实现政府规划,而且吸收了“社会自治”“协商谈判”等民主方式。原农村集体经济组织继受单位作为政府与农民个体、相关权益人间的枢纽,使政府不需要直接面对农民个体,减少了集体行动的不确定性,降低了纾解矛盾的成本。同时,通过原农村集体经济组织继受单位这个整体来为相关权益人争取利益,能够在最大程度上保障农民利益。笔者将土地整备利益统筹项目流程中各方主体的权

利义务关系归纳如下。

（一）政府的权利与义务

在项目立项阶段，政府需要审核由原农村集体经济组织继受单位提出的立项申请，将项目纳入全市土地整备年度计划；在方案编制与审批阶段，街道办事处负责对包括留用土地、资金等在内的实施方案进行编制，由区政府负责审批；在项目组织实施阶段，区土地整备事务机构、街道办事处、规划和自然资源主管部门派出机构应当与原农村集体经济组织继受单位签订土地整备利益统筹项目实施协议书，并由区政府下达留用土地批复。

（二）原农村集体经济组织继受单位的权利与义务

原农村集体经济组织继受单位通过与政府“算大账”、与相关权益人“算细账”的方式，起着连接政府与相关权益人关系的桥梁作用。在留用土地的使用权、处置权以及收益权问题上，充分发挥农村集体经济组织的自治能力。原农村集体经济组织继受单位在与政府签订利益统筹项目实施协议书后，需自行理顺项目范围内的经济关系，并负责拆除、清理、移交建（构）筑物、青苗、附着物等的工作；也需要自行与相关权益人协商补偿金额、回迁等事宜，并与权益人签订搬迁补偿安置协议。

（三）市场主体的权利与义务

在原农村集体经济组织继受单位选择与市场主体共同开发的情况下，市场主体可以参与对项目范围内建（构）筑物、附着物的清理等工作。因此市场主体也可以作为搬迁人，与原农村集体经济组织继受单位、相关权益人一同签订搬迁补偿安置协议。市场主体获得对被搬迁的建（构）筑物进行管理、拆除、利用、改造等处理的权利，但同时也需履行提供建设资金、搬迁补偿安置等义务，承担对安置房的质量瑕疵担保责任。

从总体上来看，目前深圳的土地整备利益统筹工作以“规划统筹计划、计划引导方案、方案指导实施”为管理宗旨。规划统筹计划，是指依照土地整备专项规划合理安排土地整备的任务、时序以安排全年的土地整备工作；计划引导方案，是指根据土地整备的年度计划，由实施单位编制土地整备实施方案，确定实施项目的规模、资金、工作重点；方案指导实施，是指以土地整备实施方案为基础,明确政府、居民、相关权益人等各个主体各自的任务,指导房屋拆除、土地清理等工作。从政府主导的纵向机制来看,市政府、区政府、街道办事处等行政部门权责清晰,有序高效推进土地整备工作;从政府主导的横向机制来看,由于土地整备项目涉及国土、财政、经济、城市建设、公共事业等多方面内容,需要市、区的规划和自然资源局、城市更新和土地整备局、发展和改革委员会、审计局、司法局、财政局协力开展合作,统筹协调管理范围内的土地整备利益统筹项目,开展计划编制、协议签订、补偿安置等工作。

三、各方利益统筹的实现方式

利益统筹作为土地体制机制改革过程中的重点与难点,如何协调并平衡好政府、社区、居民等各方主体间的关系,是土地整备利益统筹项目的核心问题与创新之处。笔者将土地整备利益统筹项目流程中对各方利益统筹的实现方式归纳如下。

(一)政府与社区

政府与社区间的利益协调问题,关键在于如何确定社区可以留用的土地、开发建设的规模、能获取的补偿资金。协调这一利益的方式即为前文提到的,在"算大账"的基础上,由政府给予社区对应的留用土地以满足其发展需求,给予土地整备范围内的建(构)筑物、青苗和附着物、未征转的集体土地等以资金补偿。

(二)社区与居民

社区与居民间的利益统筹主要集中在对两者间内部利益的分配比例。其统筹路径与政府和社区的统筹路径相对应,采用"算细账"的方式,依照社区"自主开展""自主完成"的原则开展房屋补偿、拆除、安置工作,在保障各个相关权利人权益的基础上在土地整备范围内实现全面有序征转清拆。

利益统筹的实现方法所带来的巨大价值可以从政府、社区、居民等主体面向来展开。在政府层面上,土地产权清晰是资源优化配置的前提条件,利益统筹通过盘活土地空间的方式确权赋能,激活了集体土地的价值,保证了土地权能的完整,提供了集中连片土地支持城市发展。在社区层面上,在获得土地整备补偿资金与一定体量的可开发建设留用土地后，社区经济增长模式得以从单一的租赁经济向物业持有投资增长的模式转变，为集体经济的长期可持续发展奠定物质基础。从居民角度来看，通过置换所获得的物业资源相较于之前的物业价值有所增加、质量有所提升，居住环境也有了明显的改善，一定程度上也增加了居民能够获得的集体经济分红。

四、土地整备利益统筹的内在逻辑

通过上文对土地整备利益统筹流程的详细介绍，笔者对利益统筹项目的内在逻辑进行了梳理，其核心主要在于"规划引领—土地重划—平等协商—增值共享"，在顺应深圳市场经济发展需求的前提下，不仅考虑了规划的合理性与科学性，还尽可能地保证了规划实施的可行性。

（一）规划引领，科学合理

土地整备利益统筹凭借"政府主导"这一首要特征，以存量开发政策为框架，对法定规划进行优化调整，使其与规划意图相一致。通过规划引领土地整备利益统筹项目，对确保项目实施体系的合理性、科学性，以及对于推进城市基础设施、公共服务设施和重大产业项目落地均具有极为重要的意义。

（二）土地重划，高效利用

在 1992 年、2004 年对原特区外的农村土地实施"统征""统转"后，由于补偿标准过低、村民自主意识觉醒等原因，大部分土地并没有完成收储和补偿手续，深圳市内仍然存在合法土地和未完善征（转）地补偿手续的用地等由原村集体实际掌握的情况，城中村土地、房产与其他国有土地、房产仍然存在本质上的差异。这些土地在利用上极为低效，处于"政府拿不走、村民用不好、市场难作为"的困境。正如前文所提到的，土地整备利益统筹与土地重划在实质上一脉相承，通过对现实中杂乱细碎的土地进行交换、整理，促进土地产权明晰化，实现产权界限与规划界限的高度统一。

（三）尊重意愿，平等协商

相较于传统的强制征地模式，土地整备利益统筹的一大创新在于，其是以充分尊重各方主体意愿,并在规划、留用土地、容积率等方面最大限度达成共识为基础的。这对于增进居民的共识、充分调动居民的积极性与自主性、一揽子解决土地历史遗留问题具有重大的社会效益。

(四)利益平衡,增值共享

土地整备利益统筹应以土地发展权为载体,通过留用土地、规划指标、货币补偿等利益分配方式实现居民与政府的利益协调与平衡。增值收益的分配是决定整个土地整备项目成败的关键,土地的增值收益包括人工增值与自然增值两类。其中,人工增值是土地使用权益人自身对土地追加的投资,而自然增值是外部投资者对周边土地投资、规划调整、社会经济水平提高等行为产生的价值增加。土地整备利益统筹通过对土地的用途、权属、基础设施等方面进行改善,提升深圳的土地价值,而这些利益由政府与个体按照一定份额共享。片区土地的利益共享主要包含两个方面:一是城市公共利益的共享,城市基础设施、公共服务设施、道路交通设施等片区土地价值的提升为居民带来更高质量的公共服务;二是价值增量的共享,政府在收储公共用地利益的同时,也需要投入一定的土地整备资金以实现经济平衡。

五、土地整备利益统筹项目需注意的事项

(一)前期摸底调查阶段

土地整备利益统筹项目的前期摸底调查主要是对项目的基本情况进行详细的调查,包括但不限于:核查项目用地是否与城市更新范围冲突;项目范围内的土地性质;项目中存在的历史违法建筑情况;是否占用国有储备用地;土地的权属,是否存在外卖地、“以租代售”等。在前期摸底调查过程中还需注意,项目范围内地块是否存在法定图则未覆盖、未制定法定图则或者需要对法定图则内容进行修订的情形;项目地块是否涉及城市总体规划、土地利用总体规划或生态控制线等。对于地块碎片化的情况,需要通过数据校核、管控对照等方式,结合土地的利用潜力、实施难度等要素进行系统化的评估调查。其中,潜力评估包括但不限于:经济发展维度、环境优化维度、社会进步维度等城市综合发展趋势。实施难度评估包括但不限于:用地破碎度、产权复杂度、开发强度等土地建设状态与历史文化保护限定、生态保

护限定、空间规划限定等实施要求。在潜力评估下选择土地潜力较大的区域为重点推进区域；根据实施难度评估，结合政府工作计划，依据难易程度调整实施时序，将土地开发计划与建设时序紧密衔接，或者选择改造难度相对较小、成功率较高的地块制定后续方案。在界定项目范围时，必须协调好经济开发与原权利主体利益保障之间的关系，不但要保证原权利主体的利益，还要确保主体开发经济的合理性。对于包括但不限于“一户多宅”等违法建筑、未办理农转用和报建手续、留用地落实不到位、侵占生态用地的历史遗留问题，还需要灵活确定其范围与边界，提前评估解决问题的难易程度，通过先厘清土地、建筑物等各项产权关系，再一步步解决难点问题的方式，联合多个部门高效处理历史遗留问题。在前期摸底评估过程中，不能忽略项目所在区域的实际情况，要对项目实施过程中可能对居民造成的生产、生活、精神影响等社会稳定风险，以及房地产市场波动、银行信贷紧缩等可能影响安置补偿工作的政策风险进行全面评估，提前做好应急预案，确保整个土地整备利益统筹项目的风险处于可控范围内。

（二）立项申报阶段

土地整备利益统筹的项目申报方式包括“自下而上”与“自上而下”两种。其中，“自下而上”是指由原农村集体经济组织继受单位主动提出申请，在街道办事处确认符合申报的条件后由区整备机构进行内部审议。“自上而下”是指市政府因项目开展需要进行土地整备的情况下，先与区土地整备机构进行沟通，后以区土地整备竞购作为媒介，与原农村集体经济组织继受单位协商沟通，在土地整备年度计划得到市政府批准后，最终立项。协调好居民“自下而上”的诉求表达与政府“自上而下”的规划衔接，也是该阶段的重要问题。关于前期垫付资金的问题，由于实践中的特殊原因，常常会提前引入开发商，但是在未经过规定程序选定前，开发商其实不具备正式身份，只是意向合作开发主体。为了确保意向合作开发主体前期垫付的资金可以收回，其须与原农村集体经济组织继受单位签订类似前期服务框架协议的文本，由原农村集体经济组织继受单位认定前期垫付的资金。后期如果该开发商不能成为项目的合作开发主体，原农村集体经济组织继受单位需要支付开发商提供前期服务的相关费用。

（三）方案编制阶段

编制方案与规划的阶段，涉及协商谈判、可行性研究、规划方案与实施方案的编制及报批等环节，其中需要优先关注的是建设用地的规模，保障已建成用地的土地规划规模，积极对接国土空间规划，以满足项目建设的用地需求，优化空间建设方案；积极开展土地规模整合、腾挪工作，以满足重大项目的用地需求，结合调整与改造工作中的实际情况与先进经验，合理引导项目落地。在本阶段，还需要重点关注土地整备利益统筹项目与法定规划的协调问题。“蓝图式”的总体规划强调对土地管理项目的控制与统领，对于具体项目推进过程中极易出现的利益博弈并不会过多关注，缺乏对土地开发弹性空间的考量。原则上，土地整备利益统筹规划必须在法定规划经过详尽细化后才能够施行，但在实际工作中，经常会出现在土地整备利益统筹专项规划完成编制并通过审批后，再对具体规划进行细化、补充的现象，导致土地整备利益统筹项目的推进与总体规划进度错位，滋生项目推进的不确定性，这需要政府预先考虑项目编制与推进过程中的程序性、规范性问题，同时注意土地整备利益统筹项目与国土空间规划、国民经济和社会发展规划、城市更新专项规划的协同对接。

（四）项目实施阶段

土地整备利益统筹项目的实施对象包括未理顺经济利益关系的土地，如项目实施过程中出现多方权利人主张权属，可能阻碍项目的顺利开展。加上由于利益统筹项目的补偿标准并不一定能满足所有被拆迁人的要求，土地整备利益统筹项目也与常规的土地整备项目一样存在签约难的问题，亦会导致项目推进受阻。原农村集体经济组织继受单位获得留用地批复而引入开发主体后，需要厘清相关经济利益关系，即与项目内的建（构）筑物、青苗、地上附着物等的权利人进行签约确权，以便地上物及时拆除、移交；另外，前文也有提及，在实际操作中，政府可能存在为尽快落实公共基础设施而提前移交地块的需要，这就需要原农村集体经济组织继受单位提前做好应对的措施。

前期工作中的疏漏往往会在项目实施阶段集中爆发出来，长期以来，我国公众对于公共建设与管理的参与比较少，加之对土地管理政策缺乏全面理解,居民、开发商、政府之间缺乏信任,各方之间的矛盾与冲突难以避免,在很大程度上影响了项目的进度。这就需要在项目实施过程中进行有效的政策宣传与舆论引导,通过将土地整备利益统筹项目中可公布的范围、方式、规模、图示、程序、补偿标准等政策内容透明化的方式,保障居民的知情权、参与权、表决权、监督权,帮助居民以及基层工作人员全面理解项目的方案、信息、流程及意义,强化社区共识与良性互动。同时,也需要事先针对可能阻碍项目进展的信任问题做好完备的解决预案,尽可能消除内部分歧,减少项目“停摆”的可能性。

第三章 土地整备利益统筹与其他土地二次开发模式对比

目前，在深圳的土地二次开发市场上，存在土地整备利益统筹（或简称利益统筹）、土地整备、棚改、城市更新以及其他多种二次开发方式。为突出本书的主题，下文将对市场上易于混淆的几种常见土地二次开发方式与土地整备利益统筹进行对比，以更好地引导各类参与主体充分认识土地二次开发，并以此为基础更理性地看待土地二次开发，进而选择合适的土地二次开发方式推进项目。

第一节　土地整备利益统筹与土地整备

土地整备利益统筹与土地整备是被包含和包含的关系，即后者包含了前者，土地整备利益统筹是土地整备中一种比较特殊而且又在当前发挥着重要作用的方式或模式。

关于土地整备，已经出台的政策文件并未给出明确的界定和定义。结合深圳市人民政府《关于推进土地整备工作的若干意见》等相关规定，笔者认为，土地整备是政府以落实城市规划、完善城市基础服务设施，促进产业发展为目的取得土地资源的重要方式，它综合了征收、收回、填海等各类手段，具有公共利益属性，因此带有较强的行政色彩，并具有强制性。

关于土地整备利益统筹，如前所述，其本质就是土地整备，只不过它是在土地整备框架下经过试点探索、实践摸索并有效借鉴城市更新而逐步发展出的适应社会经济发展需求的一种新的土地二次开发类型。区别于以往土地整备只注重政府主导的特点，土地整备利益统筹是以政府主导为基础，更注重对社会资金和市场作用的强调，认可并鼓励市场主体在土地整备中发挥积极作用。

正是考虑到土地整备利益统筹的特殊性，笔者认为，将土地整备区分为土地整备利益统筹和传统土地整备两种方式，更有利于突出本书主题。同时，也为了与实践中的描述习惯保持一致、便于理解，前述传统土地整备仍称为土地整备。本书中如无特别说明，均为此意。

根据前文所述，土地整备利益统筹与土地整备同属土地整备这一大概念，因此必然具有较多的共性；与此同时，由于两者对市场的态度具有根本性区别，因此也必然存在差异性。下文将从实施主体、实施对象、实施方式、实施结果四个方面重点论述其共同点和不同点。

一、实施主体

土地整备利益统筹和土地整备的实施主体均为政府，都属于由政府主导实施的土地二次开发类型，但又存在一定的区别。

(一)土地整备利益统筹

一方面,土地整备利益统筹主要由政府主导实施,但会辅以前期服务商、原农村集体经济组织继受单位以及市场主体等参与实施。其政府主导性主要体现在以下三点:

(1)土地二次开发项目是否作为土地整备利益统筹项目立项,由政府确定。

(2)土地整备利益统筹项目范围内如何划定留用土地范围以及政府收回土地的范围,即原农村集体经济组织继受单位的部分和明确属于政府的部分,上述相应的范围由政府确定,而且政府对相应土地的收回具有强制性。

(3)土地整备利益统筹项目对项目范围物业的搬迁补偿标准、内容等由政府确定。

另一方面,虽然土地整备利益统筹在以上方面的政府主导性显而易见,但也应当注意到政府主导与市场的互动作用,即对市场作用的强调,主要体现在以下两个方面:

(1)在土地整备利益统筹项目立项问题上,虽然政府有审批和指导功能,但在项目前期一般仍由原农村集体经济组织继受单位或者其委托的前期服务商先行开展工作,并以原农村集体经济组织继受单位的申请为基础。这是因为在项目立项之前,需要按照土地整备利益统筹政策确定的相关规则进行测算,并综合判断通过土地整备利益统筹方式实施项目的经济可行性。

(2)在土地整备利益统筹的补偿问题上,政府与原农村集体经济组织继受单位是“算大账”的概念,即政府与原农村集体经济组织继受单位就项目范围涉及的补偿按照相关标准进行确定和留用土地的核算。政府与原农村集体经济组织继受单位以外的其他小业主不进行具体的、直接的补偿。针对小业主的补偿以及项目中其他相关经济关系的厘清主要由原农村集体经济组织继受单位负责,在实践中这一工作主要由前期服务商或市场主体负责。因此可以说,在补偿方面政府承担了其中的一部分,剩下的部分实际由市场主体承担。通过这种处理方式,即政府通过政策,强调原农村集体经济组织继受单位以及市场主体对其他小业主搬迁补偿安置事宜处理及土地的移交责任,政府事实上将搬迁补偿等重要事项转移给了原农村集体经济组织继受单位以及市场主体负担,从而降低了政府可能承担的此类事务带来的复杂的对抗性事件数量。但此举并非意味着政府在此类事项中的缺位;相反,政府自身的主导性和公益性等特点,为政府采用强制性手段提供了可能。

综上所述,土地整备利益统筹的政府主导性和市场参与性是两个比较突出的特点,两者的融合使用,为土地整备利益统筹项目的实施提供了有效的保障,这也是当前此类项目数量增加的主要原因。

(二)土地整备

土地整备则主要由政府主导实施,具体体现在以下四点:

(1)土地整备项目立项问题由政府确定。项目范围内的物业权利人或其他相关权利主体的主动参与性较弱。

(2)土地整备项目范围的土地,基本上均由政府收回。在极个别情况下,才会出现为被搬迁人在本项目提供安置土地或异地安置土地的情形。

(3)土地整备项目的搬迁补偿标准、补偿内容等由政府确定并予以实施,而且搬迁补偿方式以货币补偿为主。

(4)土地整备项目具有强制性实施的特点,即土地整备项目一旦确定,很难因为被搬迁人的不配合等原因而终止实施。这是因为土地整备项目往往都具有公共利益属性,遇有被搬迁人不配合的情形,可以采用行政征收等强制性手段干预。

综上所述,土地整备利益统筹政策下政府主导与市场手段的综合运用,即刚柔并济的策略,与土地整备中由政府主导但缺乏弹性和缓冲机制的情形,两者相较,前者的优势非常明显。尤其是土地整备利益统筹中搬迁补偿等具体工作由市场主体或者原农村集体经济组织继受单位承担的优势性,是当前土地整备利益统筹备受政府青睐的重要原因。其不仅缓和了土地整备的刚性造成的对立的矛盾,也满足了补偿标准相对刚性造成的对补偿问题多样化解决方式的需求。

二、实施对象

土地整备利益统筹和土地整备虽然均由政府主导实施,但其适用的范围或者实施对象存在一定的差异。

(一)土地整备利益统筹

土地整备利益统筹主要以原农村集体经济组织继受单位或者其成员实际掌握的土地为实施对象。土地整备利益统筹意在解决深圳市征地和城市化转地过程中的历史遗留问题,将历史遗留问题土地纳入政府的有效管理范围。2022 年 3 月 29 日深圳市规划和自然资源局发布的《深圳市土地整备利益统筹办法》(征求意见稿)对土地整备利益统筹的实施对象有较大调整,即调整为“未完善征(转)地补偿手续用地、已征未完善出让手续用地、国有已出让用地等存量低效用地”。虽然上述征求意见稿因 6 号文续期而不再适用,但该征求意见稿的这一调整,想必也是政策制定者结合土地整备利益统筹实施的有效性所做的制度呈现,笔者认为,该征求意见稿对多方面了解土地整备利益统筹制度仍具有参考意义。

(二)土地整备

土地整备不限于原农村集体经济组织继受单位的土地以及历史遗留问题的解决,还包括国有已出让用地的收回、征收等。对于因建设公共服务设施和基础设施,如地铁、市政道路、教育设施等施工建设需要使用的土地,无论是否属于原农村集体经济组织继受单位的土地,即便是国有已出让且未到期的土地,也可以根据公共利益需求开展土地整备,而且主要予以货币补偿。

综上所述,土地整备利益统筹和土地整备的实施对象在现阶段仍有一定的差异性,但在将来可能趋同。

三、实施方式

土地整备利益统筹与土地整备在实施方式上存在重大不同。

(一)土地整备利益统筹

土地整备利益统筹既要满足政府对土地的需求,又要满足市场主体对原农村集体经济组织和物业权利人(回迁方)在项目中的利益需求。前者的利益需求是刚性的,后者的利益需求主要以留用土地的形式予以实现。政府与市场的利益，主要通过土地整备利益统筹项目实施方案（含土地整备规划）来平衡，进而促进市场主体推动项目实施。对于市场主体而言，主要也是通过留用土地的合作开发建设来实现收益。

实际上，土地整备利益统筹存在政府与原农村集体经济组织继受单位、原农村集体经济组织继受单位与权利主体两层搬迁补偿关系。政府与原农村集体经济组织继受单位之间的货币补偿主要根据征收标准确定。与此同时，根据6号文的规定，原农村集体经济组织继受单位可以获得政府允许的留用土地，该方式改变了土地整备方式以货币补偿为主的态势，从而满足了原农村集体经济组织继受单位以及其他权利主体对土地更高价值的主观认知和客观需求。在原农村集体经济组织继受单位与权利主体之间，主要采用协商手段解决搬迁补偿问题，由于市场主体与原农村集体经济组织继受单位可以在留用土地上获得较多的利益，因此在对权利主体的补偿方面具有较大的灵活性。可以说，市场主体主要通过留用土地来实现参与土地整备利益统筹项目的收益。虽然土地整备利益统筹并未排除采用行政征收这一强制手段，但实践中较少使用，主要通过市场手段予以解决。

（二）土地整备

土地整备主要以满足政府对土地的需求为目的，获得土地过程中，政府需要对物业权利人进行搬迁补偿。政府既可以采用协商方式，也可以采用行政征收方式，在实践中两者往往结合使用，即采用在征收基础上的搬迁补偿协商，由于搬迁补偿以征收标准为基础，因此弹性较小，难以适应补偿情形的多样化需求。

综上所述，土地整备利益统筹采用“政府＋市场”的方式实施，通过留用土地不仅满足原农村集体经济组织继受单位、物业权利人和市场的利益需求，也保证了政府的土地需求。在这一方式中，市场主体最大限度解决了土地二次开发项目中遭遇到的搬迁补偿难题。土地整备项目采用政府开展搬迁谈判的方式实现土地需求，虽然可以采用行政征收，但是行政征收补偿标准的弹性较小，难以适应补偿要求多样化的现实需求。

四、实施结果

土地整备利益统筹和土地整备实施的主要目的是通过取得完善征（转）

地手续并获取土地资源，进而满足公共设施以及产业发展等对土地的需求。从实施结果来看，二者存在较大的不同。

（一）土地整备利益统筹

在土地整备利益统筹模式下，项目中的大部分土地收归政府，剩余部分作为留用土地补偿给原农村集体经济组织继受单位。其中，收归国有部分土地由政府按照规划落实公共配套、市政配套等设施或通过公开出让方式进行开发建设；留用土地部分，则由原农村集体经济组织继受单位通过公开方式选择市场主体对留用土地进行合作开发，并以此满足原农村集体经济组织继受单位、合作市场主体以及物业权利人等多方主体的利益，从而实现多方共赢。

（二）土地整备

在土地整备模式下，对被搬迁人完成货币补偿后，项目中的全部土地收归国有，并由政府按照规划落实公共配套设施或其他公益性项目。除早期项目外，现在较少存在对被搬迁人进行土地置换或补偿土地的情形。

综上所述，在实施结果上，两者的重大区别在于，土地整备利益统筹模式下原农村集体经济组织继受单位可以获得土地，即留用土地并进行开发建设。也正是由于土地整备利益统筹设置了留用土地，从而极大地激发了原农村集体经济组织继受单位以及市场主体实施和开展土地整备利益统筹的积极性，促成了当前利益统筹项目快速发展的态势。

第二节　土地整备利益统筹与棚改

土地整备利益统筹与棚改都属于政府主导实施的，以公共利益为目的的土地二次开发模式。关于土地整备利益统筹，鉴于上文已有分析，此处不再重复。

棚改，即棚户区改造，根据深圳市人民政府《关于加强棚户区改造工作的实施意见》对棚户区改造政策的适用范围进行了界定，即“本实施意见适用于我市范围内使用年限 20 年以上，且符合下列条件之一的老旧住宅区：

1. 存在住房质量、消防等安全隐患；2. 使用功能不齐全；3. 配套设施不完善。使用年限不足 20 年，且按照《危险房屋鉴定标准》（JGJ125－2016）鉴定危房等级为 D 级的住宅区，经区政府（含新区管理机构，下同）批准可以纳入棚户区改造政策适用范围。符合《关于加强和改进城市更新实施工作的暂行措施》（深府办〔2016〕38 号）第六条规定，无法独立进行改造的零散旧住宅区可以不纳入棚户区改造政策适用范围。鼓励各区政府根据实际情况，探索将辖区内具备改造条件的城中村、旧屋村有序纳入棚户区改造政策适用范围”。根据上述内容可知，棚户区主要适用于旧住宅区。

根据深圳市人民政府《关于加强棚户区改造工作的实施意见》的规定，在满足回迁需求的前提下，棚户区改造主要是为了开展保障性住房建设，解决特定人群的居住需求。

目前，由于棚改政策到期，除了已开展的棚改项目，已经全部暂停棚改项目。针对旧住宅区将采用何种模式进行土地开发，还要看后续出台的政策。根据 2023 年 9 月 21 日深圳市规划和自然资源局发布的《关于公开征求〈关于加强旧住宅区拆除重建类城市更新工作的实施意见（征求意见稿）〉意见的通告》，旧住宅区改造意在再次回归到城市更新的范畴。鉴于当前仍有项目适用棚改政策，本书保留相关论述。

土地整备利益统筹与棚改在适用范围、解决问题等方面各有侧重，因此存在诸多不同。下文将从实施主体、实施对象、实施方式、实施结果四个方面重点论述其共同点和不同点。

一、实施主体

如前文所述，土地整备利益统筹与棚改都属于政府主导实施的项目，在项目列入计划、规划审批、搬迁补偿、土地收回等方面均具有主动性。

（一）土地整备利益统筹

对土地整备利益统筹实施主体的具体介绍，参见本章第一节对应内容，此处不再重复。

（二）棚改

棚改项目主要由政府主导实施，市场主体起重要的辅助作用。主要体现在如下三点：

（1）旧住宅区是否可以通过棚改立项由政府确定。实践中，一般由街道办事处主动开展改造意愿征集或者结合辖区内旧住宅区物业权利人的主动改造意愿来初步筛选项目。达到棚改立项要求的，由街道办事处按照政策规定的程序开展后续相关立项申请等工作。在立项前，一般会引入市场主体，开展前期的意愿征集、测绘、评估等工作。这类似于土地整备利益统筹中的前期服务商，两者高度相似。

（2）棚改项目的搬迁补偿标准由政府确定。这与利益统筹项目中，政府与原农村集体经济组织继受单位"算大账"时搬迁补偿标准由政府确定是相同的。

（3）棚改项目中的土地全部收回政府，除基础设施、公共服务配套设施用地外，其余开发建设用地按照规定，由政府全部出让给市场主体（一般为市区国有安居企业）进行开发建设。开发建设的房屋，除了满足回迁需求的那部分以外，其余均为保障性住房。而土地整备利益统筹项目中的土地包含政府收回土地和留用土地，政府对收回的土地及其建设具有主导性；但土地整备利益统筹项目中的留用土地，由于其使用权属于原农村集体经济组织继受单位，因此留用土地的开发建设由原农村集体经济组织继受单位自行开展或通过公开引入市场主体进行合作开发。可以说，土地整备利益统筹项目借由对土地的分配，实现了对政府与原农村集体经济组织继受单位各自利益的保障，但市场主体主要是参与留用土地开发，而且是按照规划进行建设，与棚改项目有较大不同。

综上所述，土地整备利益统筹的两个比较突出的特点，为土地整备利益统筹项目的实施提供了有效的保障。而棚改项目在其土地用途、建成物业的目的以及市场主体的选择方面，都受到较多的约束，这也造成了市场主体参与度较低的现状。

二、实施对象

土地整备利益统筹和棚改虽然均由政府主导实施，但其适用范围或者实施对象的差异是显而易见的。

(一)土地整备利益统筹

对土地整备利益统筹实施对象的具体介绍,参见本章第一节对应内容,此处不再重复。

(二)棚改

棚改主要以国有已出让土地上的旧住宅区为实施对象,是对国有已出让土地的二次开发。

三、实施方式

(一)土地整备利益统筹

对土地整备利益统筹实施方式的具体介绍,参见本章第一节对应内容,此处不再重复。

(二)棚改

棚改主要通过对已出让建设的土地建筑物等的拆除和二次建设,来满足原物业权利人改善居住现状的需求,以及建设保障性住房来满足特定居民的住房需求。棚改以建设保障性住房为目的的特性决定了项目收益的微利性,因此很难广泛地吸引市场主体参与,实际上也确实主要由政府设立的市区所属安居企业实施。棚改项目的搬迁补偿缺少灵活性。以上各种因素叠加,导致棚改存在困难。虽然棚改可以采用征收方式,但实践中,征收程序的运用也会造成项目过渡期成本高企的结果,从这个角度来说,棚改是否具有强有力的可行性存在疑问。据悉,某些项目因为补偿问题停滞已经推高了项目成本,其收益性进一步降低,如果这一现实问题无法得到有效解决,该种运作模式的可实施性或可持续性会存在较大的问题。

综上所述,土地整备利益统筹和棚改在实施方式上,前者由于引入市场主体满足了搬迁补偿灵活性而具有较大的吸引力,而后者由于搬迁补偿方式灵活性较低、主体的相对特定性且项目本身的微利性,对市场的吸引力不足,其实施也存在较多的难点。

四、实施结果

土地整备利益统筹和棚改虽然都以公共利益为目的，但其侧重点不同。土地整备利益统筹以落实重大基础设施或者重大产业项目为目的；留用土地部分则由原农村集体经济组织或者原农村集体经济组织与其引入的市场主体进行开发建设，在优先满足回迁的基础上，对于开发收益进行分配，从而使各方实现项目收益。而棚改明确以建设保障性住房，解决特定城市群体的居住问题为导向，因此两者存在较大的不同。

（一）土地整备利益统筹

对土地整备利益统筹实施结果的具体介绍，参见本章第一节对应内容，此处不再重复。

（二）棚改

在棚改模式下，项目土地全部收归政府，开发建设用地明确以建设保障性住房为目的，以解决特定群体居住保障问题为导向，其项目建成后为回迁房和保障性住房。

综上所述，土地整备利益统筹实际上是通过政府收回的土地实现了包括住房保障、公共服务配套设施等需求，与棚改收回土地进行保障性住房建设在宏观目的上是一致的，但前者在保障政府利益的前提下，同时关注了原农村集体经济组织继受单位的发展权利，通过设定留用土地的方式保障了各参与主体的利益需求，因此对于市场主体而言更具有吸引力。

第三节　土地整备利益统筹与城市更新

土地整备利益统筹与城市更新（此处特指拆除重建类城市更新，下同）相比，虽然前者由政府主导实施，后者由市场主体组织实施，但是土地整备利益统筹的留用土地设计为市场主体参与土地整备利益统筹项目提供了契机。实践中，我们也可以发现，市场主体在两种模式中发挥的作用逐渐趋同。下文将从实施主体、实施对象、实施方式、实施结果四个方面重点论述其共同点和不同点。

一、实施主体

土地整备利益统筹与城市更新相比,前者由政府主导实施,后者主要由市场主体组织实施。由于土地整备利益统筹项目中有留用土地,而留用土地又可以引入市场主体进行合作开发,可以视为土地整备利益统筹融合了政府和市场主体两种手段予以实施,也正是两种手段的融合,更好地促进了土地整备利益统筹项目的开展。

(一)土地整备利益统筹

对土地整备利益统筹实施主体的具体介绍,参见本章第一节对应内容,此处不再重复。

(二)城市更新

城市更新目前主要由市场主体组织实施。虽然根据《深圳经济特区城市更新条例》第7条的规定,城市更新项目由物业权利人、具有房地产开发资质的企业(以下简称市场主体)或者市、区人民政府组织实施。但在实践中,除重点城市更新项目外,其他项目一般均由市场主体实施。这里的市场主体为统称,既包括物业权利人(自改项目),也包括上述条例中的市场主体。如无特别说明,本书中城市更新的市场主体是广义的概念。市场主体组织实施城市更新主要体现在以下四点:

(1)市场主体自行选定改造区域,当然前提是需要符合城市更新政策的要求。

(2)市场主体自行计划立项申报、规划申报等工作,包括测绘、评估、意愿征集、立项报批、城市更新单元规划编制以及申报工作。

(3)市场主体自行厘清经济利益关系,通俗地讲就是自行搞定搬迁补偿事宜,包括补偿标准、补偿内容、补偿方式等。

(4)市场主体在完成按照规划需要移交的土地以外,剩余土地经政府出让后,可以自行开发建设(包含需要配建的保障性住房、新型产业用房),并完成回迁和销售等工作。

除前述土地整备利益统筹由政府和市场主体融合实施,而城市更新由市场主体实施的不同以外，土地整备利益统筹与城市更新的另一重大不同在于，前者在于政府自身对土地的大量需求，后者在满足政府在上层规划的公共配套设施等用地需求之外，其余的国有建设用地可以出让给市场主体。通俗地理解是后者可以获得较多的土地，当然这里的“多”是一个相对概念。两者比较相似的地方是均有市场主体参与土地开发，只不过前者是在留用土地上实现。当然在这两种方式中，市场主体在搬迁补偿问题上都发挥了关键的作用。

还需要注意的是，土地整备利益统筹政府主导的特点，造成了城市更新需要“让位”土地整备利益统筹的效果。也就是说，如果某一范围纳入了土地整备利益统筹的范围，则不可以按照城市更新实施；反之则可以。

二、实施对象

土地整备利益统筹和城市更新的实施对象，存在很大的不同。每一种土地二次开发模式都有其需要侧重解决的问题。土地整备利益统筹意在解决深圳市征（转）地过程中的历史遗留问题，完善土地征转手续。城市更新则是通过允许对符合条件的建成区进行开发建设，满足城市规划要求的同时，以保障开发利益吸引市场主体参与。

（一）土地整备利益统筹

对土地整备利益统筹实施对象的具体介绍，参见本章第一节对应内容，此处不再重复。

特别需要注意的是，土地整备利益统筹不要求必须是建成区，甚至更欢迎非建成区，这样在实施层面更具有可行性，成本也会降低。

（二）城市更新

城市更新的实施对象主要是符合政策要求的特定建成区，涵盖了城中村、旧屋村、旧工业区、旧商业区、零星的旧住宅区等几乎所有的物业类型。

综上所述，城市更新针对的是符合条件的城市建成区，而土地整备利益统筹并不强调建成区，后者实践中也更倾向于非建成区，以提高收储土地的效果并减少搬迁补偿的阻力。

三、实施方式

土地整备利益统筹以公共利益为目的(除部分重点产业项目外)的特性决定了其必然首先满足政府的需求。城市更新更强调市场性,因此在保障公共利益要求的基础上,也会更强调对市场主体利益的保障。

(一)土地整备利益统筹

对土地整备利益统筹实施方式的具体介绍,参见本章第一节相关内容,此处不再重复。

(二)城市更新

城市更新主要通过市场谈判的方式,由市场主体与物业权利人达成搬迁补偿安置协议,从而厘清原有的经济利益关系,再通过城市更新单元规划留足上层规划要求的公共服务配套设施以及政策要求的配建物业后取得剩余建设用地和规划指标,并在扣除物业权利人的补偿或回迁权益后,实现市场主体自身的利益。

相对于土地整备利益统筹在政府与原农村集体经济组织继受单位"算大账"时,政府补偿标准的强制性。城市更新一直都强调补偿的市场性以及物业权利人的自愿属性,因此城市更新项目的启动往往不具有强制性,必须以物业权利人的城市更新意愿为基础。在后期搬迁补偿阶段,一般也不会直接采用行政征收等强制性手段,但根据《深圳经济特区城市更新条例》确立的个别征收制度,针对旧住宅区或者类旧住宅区,在搬迁补偿协议达到一定比例后,允许采用行政征收手段。与此不同的是,虽然土地整备利益统筹不强调甚至较少采用行政征收手段,但是行政征收手段是土地整备利益统筹中天然具备的强制性手段,这是由土地整备利益统筹项目的公共利益属性决定的,只是土地整备利益统筹启动征收手段仍然要按照《深圳市房屋征收与补偿实施办法(试行)》的规定程序开展。另外,实践中,对于以落实产业项目为目的的土地整备利益统筹项目的公共利益属性仍存有争议。

四、实施结果

土地整备利益统筹以公共利益为目的(除部分产业项目外),而城市更新则更强调多种主体共赢的效果。前者以政府收回较多的土地满足公共利益项目为目的;后者则是在完善项目区域公共设施、市政设施后,强调将剩余的可建设开发土地出让给市场主体进行开发建设。

(一)土地整备利益统筹

对土地整备利益统筹实施结果的具体介绍,参见本章第一节相关内容,此处不再重复。

(二)城市更新

在城市更新中,市场主体经过实施主体确认程序,成为项目实施主体。在向政府无偿移交公共用地后,再申请以协议方式取得更新单元规划确定的开发建设用地使用权,并签订国有建设用地使用权出让合同,进行土地开发,从而获取物业或其他开发收益。

土地整备利益统筹与城市更新实施目的的不同,造成实施结果的不同。简单而言,前者中政府拿走的较多,后者则更尊重市场的利益。但是前者通过留用土地满足了项目中各类主体的利益诉求,虽然不及城市更新,但是相较于土地整备模式仍然是更优的选择。

第四节　土地二次开发模式对比总结

土地整备利益统筹、土地整备、棚改、城市更新等作为深圳市的主要土地二次开发方式,在实施主体、实施对象、实施方式、实施结果方面存在一定的差异,当然相互之间也具有一定的相似性。差异性是为了适应不同需求,这种需求既有政府方面的,也有市场方面的。也正是这种差异性,为各参与主体提供了可选择适用的手段,从而更好地适应了当前深圳市自身多样化的需求。

一、当前需关注如何引导和利用市场及市场主体

除土地整备外,其余土地二次开发方式对社会资金投入和市场都有非常强劲的需求。土地二次开发实质上是土地权益重构和利益调整的过程,

然而，项目自身经济利益可得性的大小又往往是市场主体考虑是否介入的重要因素，但不同开发方式对同一项目的经济利益核算又有重大影响，市场面对项目和方式如何选择？在普遍认可市场在土地二次开发中的不可或缺性，特别是在当前房地产市场如此低迷的状况下，如何更好地引导和利用市场、市场主体就是正当其时的问题。

二、土地整备利益统筹应有适应性调整

回到土地整备利益统筹模式自身，其可以有效地结合土地整备和城市更新两种模式的优势并适用于自身。有基于此，土地整备利益统筹政策是否可以作出更多的适应性调整，更有利地激发市场的热情，是政策制定和制度设计中都需要充分关注和考虑的问题。特别是在国务院办公厅发布《关于在超大特大城市积极稳步推进城中村改造的指导意见》的情况下，可能会对当前深圳的城中村城市更新改造模式产生较大的影响。在此情形下，与上述指导意见较为一致的土地整备利益统筹模式或许可以发挥更重要的作用。

笔者认为，土地整备利益统筹政策应兼顾政府、土地权利人及开发主体等多方权益。首先，在通过留用居住用地以保障住房需求的同时，释放更多的土地给予政府，以保障产业、重大基础设施及公共配套等落地。其次，要以土地权益为核心，有效保障权利人合法权益。且还需注意项目应释放红利给市场主体，实现一二级联动，以增加市场主体参与土地整备利益统筹项目的信心。

第四章　土地整备利益统筹的实施概要

为更好地理解并适用土地整备利益统筹，本章将从立项准备阶段（包括前期主体、权属初步核查）、立项阶段、留用地合作阶段、回迁物业整体租赁的管理和风险防控（包括租赁的特殊规定、合同签订阶段的风险防控、合同履行过程中的风险控制、争议阶段的处理要点）等方面对土地整备利益统筹的实施作出全面的梳理。

第一节　立项准备阶段

一、前期主体

（一）前期主体的范围

前期主体，是指在利益统筹项目立项之前，即项目正式纳入年度计划之前，参与项目工作且在项目后期开发中存在重大利益关联的主体，也就是实践中常说的项目合作方。项目前期涉及的测绘、评估、法律等提供专业服务的主体，不属于此处所述的前期主体范围。

从实践角度来看，前期主体主要包括政府引入的大型企业（国企居多）、村集体引入的市场主体，以及村集体引入的市场主体又引入的合作方。

（二）前期主体存在的法律风险

前述的各类主体，实际上在被引入之前就开始通过签订各类协议的方式确立合作关系。前期主体介入主要通过委托协议、合作协议两种方式实现。其中，合作协议是目前较为常见的方式，包括以下几种情形：第一种是村集体经过决策程序正式确定主体后，与合作主体签订合作协议；第二种是村集体引入的主体与其他主体签订合作协议；第三种是尚未与村集体签订合作协议的主体与其他主体签订合作协议。

上述第三种情形是下文论述的重点。我们知道，市场主体拥有最为敏锐的商业嗅觉。土地整备利益统筹项目往往在立项之前就伴随着市场主体的身影。虽然土地整备利益统筹项目在政策层面是由政府主导，但实际上一部分项目首先是由市场主体以其对市场情况的判断为基础，进而与原农村集体经济组织继受单位建立链接并发起的。在这一阶段，虽然项目能否通过政府立项是个未知数，但市场主体的介入为那些符合政策要求的项目高效地完成立项提供了可能。但市场主体在此时介入的风险也是巨大的，因此市场主体对未来市场的预测、对政策的把握、对项目的综合性判断，以及与原农村集体经济组织继受单位关系的稳固性等是制约市场主体后期实现其预期利益的重要因素。与此同时，在与农村集体经济组织有密切关系的市场主体的合作方身份尚未被认可的情况下,其他市场主体仍愿意与该市场主体合作,其风险将进一步加剧。就法律风险而言,主要表现在以下几点:

(1)合同标的即目标项目真实性问题。在土地二次开发项目中,由于项目在前期不具有公开性,持续的时间较长,且不确定性大,给此类项目蒙上了一层神秘的面纱。再加上此类项目涉及的权益金额巨大,想要介入的主体也非常多,如何擦亮眼睛,识别项目的真实性,是介入此类项目的工作重点。此时介入此类项目更多地体现了人合性特点。在协议层面,为了避免损失,主要采用抵押担保、保证的方式来提高资金的安全性。

(2)合作方投入资金保障问题。如前段对于土地二次开发项目特点的介绍对于项目是否能在特定范围内取得某种效果,很难确定。以出资为主的市场主体作为合作方必须提前预防,在项目推进滞后或者项目最终落空的情况下,保障自身资金安全。在协议层面,主要通过对利益统筹项目实施过程中的核心节点设置对应的资金支付节奏和比例,来避免后期的损失。

(三)案例分析

A 公司与股份合作公司 B 存在早期买地协议,部分已建并卖出,部分尚未实际建设,故 A 公司拟以此为契机,与 B 公司合作,对 B 公司所在农村集体经济组织土地范围内开展土地整备利益统筹。A 公司及其实际控制人甲因缺乏资金,拟与 D 公司合作,约定由 D 公司提供资金,A 公司和甲负责办理前期服务商、立项、实施方案及留用土地划定、获得项目留用土地合作开发权等事项。D 公司的实际控制人乙基于对甲的个人信赖,促成 D 公司与 A 公司及甲签订了针对该项目的合作开发协议。该协议对 A 公司应当完成的重要事项节点进行了明确,并对留用土地的规模进行了约定,同时为了保证投入资金的安全,要求甲签订借款合同、房屋抵押合同等。

合作协议签订一年后,A 公司和甲未能按照约定取得项目前期服务商资格等,D 公司向甲主张返还投入资金。A 公司和甲以无资金为由拒绝返还。后乙以与甲之间的借款协议及抵押协议为由,向甲主张归还借款及其利息。该案最终以和解结案,确认了乙对甲的借款及利息等权益内容。

该案核心就在于 A 公司和甲未能按照合作协议约定落实利益统筹项目事项推进的节点事务。为了避免资金损失,乙增加了借款协议和抵押协议作为“防火墙”，最终虽未获得项目权益，但实际避免了投入损失风险。在利益统筹项目中，有资源链接的一方往往承担推进项目重要节点的义务，但一般又缺乏资金支撑，因此资金方的引入就非常必要。而资金方基于必要的信赖进行投入，当然也需要保障自身资金安全。

二、权属初步核查

（一）权属核查

1. 核查资料

（1）土地相关：房地产权证、国有土地使用证、土地使用权出让合同、深圳市各区历史用地遗留问题处理决定，历史遗留违法建筑用地认定文件，非农建设用地批复，征地返还用地批复，旧屋村认定文件，房地产登记历史遗留问题处理意见书，土地征（转）情况证明材料等其他必要材料。

（2）物业相关：房产证（包括房地产权证、房屋所有权证、房屋共有权保持证、国有土地使用证）、建设工程规划许可证、建设用地规划许可证、历史遗留申报回执、历史遗留违法私房申报收件回执、房屋转让合同/协议、继承/遗嘱公证文书、司法裁判文书等。

2. 核查流程

综合《光明新区土地整备项目权属核查工作指引（试行）》《坪山区房屋补偿权属核查工作指引（试行）》《龙岗区关于开展城市更新拆除范围内无产权登记记录的土地房屋权利人认定核查工作的通知》《福田区房屋征收和土地整备工作实施细则》等资料，具体如下：

（1）申报阶段：权利人向街道办事处土地整备中心进行权属申报。

（2）核查认定阶段：社区居委会核查意见，相关单位进行权属核查，综合分析后认定权属，街道办事处土地整备中心汇总各部门及单位核查意见，形成权属认定公示信息。由属地街道办事处调查出具意见后，区主管部门根据相关资料，进一步向其他相关单位进行核实。

（3）公示阶段：区主管部门将核实结果在土地整备项目现场、房屋征收范围进行公示，不少于5个工作日。公示期间有异议的，组织复核。

（4）告知申请人：公示期满后，将相关核实结果告知申请人。

3. 核查结果

核查结果公示完成后，区城市更新和土地整备部门应在区政府网站将核实情况汇总表予以公布。

（二）权属核查中的法律问题

1. 登记权利人与实际权利人不一致

实务中，存在将禁止转让的商品房（“绿本房”）进行买卖的情况，登记的权利人与实际的权利人不一致，会给核实物业权利人带来很大的困难。同时，在处理上述问题时，房屋交付及房产证注销需不同的主体配合，给后面的拆迁补偿带来很大的不确定性。甚至有些登记的权利人以“绿本房”买卖合同无效为由，向法院提起诉讼，请求返还房屋，这无疑会给物业权利人核实工作造成严重阻碍。

2. 无产权登记房屋转让

实务中，存在大量合作建房、房屋转让中，转让的建筑物均没有进行产权登记，但是存在多次转让的情况，房屋占有人与原房屋出让人均主张房屋权利，核实存在困难。

3. 权利救济

涉及核查并进行公示，街道办事处、区土地规划监察局均在职能范围内履行职责。如对公示信息有异议，按程序提出异议，但是对于街道办事处处理公示异议的行为，一般认为只是过程性行为，不具有可诉性。对于核查结果，权利人可以就权属情况提起民事诉讼，通过民事判决推翻核查结果，以维护合法权益。但是，对于一些建筑物（如无产权的建筑物、未完成房改的房产），法院可能以需要行政机关确定权属等理由，裁定驳回起诉，此时权利人无法通过民事诉讼获得救济。

三、特殊搬迁补偿安置方式处理

（一）现实性和复杂性

按照规定，搬迁补偿安置协议协商及签订等工作一般要在旧改项目（含城市更新、土地整备利益统筹等）立项甚至项目实施方案确定以后开展，但在实践中，搬迁补偿安置协议（以下统称前期搬迁补偿安置协议）提前签订的情况并不鲜见。这也在一定程度上反映了搬迁补偿安置的现实性和复杂性。前期搬迁补偿安置往往重点针对较大的业主。需要说明的是，由于旧改项目大小不一，在此无法精准界定何为较大的业主，所以在本部分内容中较大的业主只是一个通俗意义上的理解。

前期搬迁补偿安置协议的形式和内容多样化。从形式上来讲，既可能是意向性的，也可能是正式性的。从内容上来讲，既可能是补偿性的，也可能是转让性质的。至于最终呈现为何种形式和内容，与协议主体的意图及自身具体情况、项目自身的具体情况息息相关，因此协议不具有大众期待的统一、有效的范式，最终将由主体自身具体情况以及对项目认知的专业程度所决定。从这个角度来说，作为被搬迁人的业主，面对专业和强大的搬迁人，即市场主体时，需要具备相当专业度的服务团体给予辅助，以便作出最适当的决策。因为旧改政策的复杂程度、不动产自身因历史原因造成的各种遗留问题，将进一步强化项目问题处置的深度和难度，在此种情况下，没有专业力量的介入，业主将很难在博弈中获得满意的效果。

（二）主体因素

在旧改项目中，除去政府因素，市场主体和业主（或称权利主体）是两个非常重要和核心的主体。它们所处的地位、发挥的功能以及促成的效用皆不相同，但在项目实施中具有的利益诉求促使两者最终走到谈判桌前，并达成一致的约定，即搬迁补偿安置协议。

1. 市场主体

市场主体的触角最为敏锐和灵活，扮演着开拓者和先锋者的角色。在开拓项目时，特别是在当前多种旧改模式并存的情况下，选择何种模式，并非纯粹的主观愿望，还要受到政策规则的约束、政府的约束以及业主意愿的制约等。那么，如何在项目前期阶段做相对的万全之策，即在多个模式中做相对灵活的应对和切换，这是对市场主体综合能力最严峻的考验。众所周知，在任何旧改模式中，搬迁补偿问题的重要性都不言而喻，它将影响项目的实施周期甚至成败，因此尽早确定搬迁补偿安置事项也是有效控制旧改项目改造成本和预判项目未来走向的重要手段。搬迁补偿安置是旧改项目中的核心问题之一，特别是在相对确定能够实施旧改的前提下，搬迁补偿安置问题的适时解决显得更加重要，如果通过搬迁补偿安置能够顺带解决合法用地等问题，对于市场主体而言就更是锦上添花。

前期确定搬迁补偿安置对于市场主体来说优势是很明显的，主要体现在以下四个方面：

(1)锁定旧改意愿。业主同意签订搬迁补偿安置协议，实质上表明了其强烈的参与改造的意愿，从而提前解决了所谓意愿问题。

(2)确定搬迁补偿方式和内容等。在前期签订搬迁补偿安置协议，让市场主体能够尽早地预判项目的成本，可以更加理性地把握和推进项目。

(3)合理安排项目实施时序。对于较大的项目，特别是分期实施的项目，可以进行较为灵活的处置和安排。

(4)特殊问题的提前处理。旧改项目存在这样或那样的棘手问题，通过搬迁补偿安置可以将某些重要问题提前处理，既可以支撑项目，又可以减少后期的纠纷。

2. 业主

业主是旧改项目中重要的权益享有主体。由于实力、专业度和资源等方面的匮乏，一般来说，业主在旧改项目中属于相对被动的参与主体（自改等项目除外）。业主在旧改项目中享有权益的这一相对确定的预期，也引导了业主对于旧改项目的赞同态度，同时又由于自身的局限性，业主只能在搬迁补偿安置中争取自身权益优势，因此搬迁补偿安置就成为重要的角力阶段。特别是在旧改项目前期，在市场主体和业主对交易价值判断和预期较为一致的前提下，如何做出最优选择是最考验业主的。

(三)补偿方式

一般而言，补偿方式分为货币补偿、回迁房屋补偿及两者的混合，在特殊情况下，还存在异地安置补偿，或者上述三者的混合。不同的主体，其选择往往存在较大的差别，在双方达成协议意愿强烈的情况下，如何弥合和缩小差距，显得非常重要。由于主体需求不同，现状价值不同、物业现状功能与未来规划功能不同，这些都是制约市场主体和业主的主要因素，因此本部分对于补偿方式只能做一般性表述，无法作为具体项目的参考。

从市场主体的角度来说，在价值相当的情况下，最好的补偿方式当然是回迁房屋。这样市场主体可以承担较低的资金成本，并延缓项目前期的资金压力。从业主的角度来说，则是异地安置为首选，因为其安全和保值。至于货币补偿和回迁房屋补偿，从长期角度来看回迁房屋较为合适，货币补偿则视业主的现实需求来决定。

从整体上来说，补偿方式的选择是一个极为个体和具体的选择，事实上很难对其优劣势进行统一评价。

（四）案例解析

某市场主体（以下称A企业或搬迁人）开展某旧改项目（前期尚未明确旧改模式），对拟划定的项目范围内的深圳早期外资企业即业主（以下称B企业或被搬迁人）所属旧工业区（属农村城市化历史遗留产业类范畴）开展前期搬迁补偿协议签订，双方最终达成并履行了该协议。

在该案例中，笔者团队是B企业的受托人，对项目全程进行了指导，故下文主要从B企业的角度开展论述，但会兼顾A企业以及项目所在原村集体组织（以下称C企业）。

从整体上来看，上述旧改项目实施，对于上述三方都是有利的，从宏观上来看也是一个共赢的局面。其中，对于A企业而言，其可以获得土地合作开发权甚至土地使用权，通过开发该项目获取收益；对于B企业而言，随着社会经济发展的变迁，原来的企业生产已经停滞，甚至已将工业区做出租之用，其企业收益和效益已大打折扣，因此通过其他路径提高工业区收益成为当务之急，所以当出现旧改端倪之时，B企业有强烈的参与愿望。对于C企业而言，通过市场主体即B企业的专业化运作以及资金投入，可以降低由其自身实施旧改项目的各种难度，而且可以让集体资产保值增值，让集体成员自身的物业获得加倍的收益。

从B企业角度出发，由于旧改项目未立项，在决策之初尚无法预计其权益实现的有效路径，因此有必要按照一定的步骤，循序渐进地推进谈判事项。具体过程详述如下：

（1）研判项目的真实性。项目真实存在是实现搬迁补偿安置协议目的的前提和基础。经过初步调查，该项目并未在政府相关部门正式立项或申请立项。对于旧改项目而言，政府是否立项并不构成项目真实性的判断依据，有时候只能作为补强依据。因此，对项目真实性的判断还有赖于市场主体与其他权利主体是否已经达成相关协议（涉及村集体物业的，则取决于与原村集体经济组织继受单位是否达成相关协议）。该项目虽涉及村集体物业，但受政策限制，A企业当时已不可能通过与C企业签订所谓合作协议的方式确定其对项目的主体地位，因此可以判断该项目处于极其前期的阶段。

项目的真实性，只能有赖于A企业自身的职业操守。结合A企业提供的初步项目资料，笔者团队分析认为，该项目实施城市更新存在较大的障碍，因此A企业以城市更新为由开展前期搬迁补偿谈判显然是站不住脚的。在笔者团队的指导下，B企业与A企业进行了多轮深入沟通，并对项目进行了较为深入的了解。事实上，A企业对于旧改实施方式尚未确定，因为无论是选择城市更新模式还是土地整备利益统筹模式，该项目在当时均存在一定难度，而且实施方式的优劣也在一定程度上影响着市场主体的最终选择。但可以明确的是，A企业开展该项目的意图是真实的，而且与C企业存在项目合作方面的深度交流，因此可以初步确定项目的真实性。当然，实施方式的选择是一个两难的选择，是所有旧改项目在前期阶段必须面临的困境。作为专业的团队，将在事项后续进展方面做进一步的防范。

(2)判断项目的一般可行性。如前所述，该项目处于前期阶段，A企业最初以开展城市更新为由开展项目，并以回迁房屋作为主要补偿方式。笔者团队依据A企业提供的项目资料，明确认为该项目通过城市更新模式实施的可行性极低，因此提醒和建议B企业应进一步了解项目情况并摸清A企业的真实意图。可见，对项目一般可行性的判断，既可以反映项目的真实性，也可以暴露交易对手想要隐藏的真实意图。这为笔者团队指导和引导B企业开展前期沟通谈判起到了非常关键的作用。

(3)摸清交易对手的真实意图。在市场上，交易对手总是希望通过最低的代价获取最大的收益。结合本案，在B企业提出的旧改路径存在较大难度或者可行性极低的情况下，A企业仍然愿意进行交易，这个时候就要注意可能存在低估B企业物业价值的情形。在笔者团队的指导下，经过多轮交流和谈判，A企业最终展露了其真实意图，即要根据深圳市人民政府《关于农村城市化历史遗留产业类和公共配套类违法建筑的处理办法》等规定（以下简称《历史违法建筑处理规定》）对B企业地块开展确权，获取合法用地指标。

(4)明确签署意愿。在弄清A企业真实意图后，交易双方需要在此基础上衡量交易对价和补偿方式等内容，即双方合意内容的相对一致性。如果双方的诉求不一致，即便补偿方案具有可行性，也将不符合交易主体的预期，这其实就是搬迁补偿安置协议签订过程中的难点所在。你给鱼，但是对方想要熊掌，即使双方提供的都是好东西，也无法达成合意。因此，此处所称的明确签署意愿，是指在确定了补偿的基本方式、内容、对 B 企业地块开展确权的基本路径等重大事项的前提下，双方还有明确的签署意愿。在充分尊重和考虑 B 企业实际需求的情况下，笔者团队对补偿方式和内容，以及确权基本事项等进行了综合性考量，形成了基本框架方案。这个方案是极其有利于 B 企业的，而且 A 企业也同意了。

（5）拟定和签署搬迁补偿安置协议。在明确补偿的基本框架方案、确定了签署搬迁补偿安置协议意愿的前提下，细化补偿的内容和方式，以及履约的步骤，就成为搬迁补偿安置协议需要重点关注的内容。

首先，在补偿方式方面，笔者建议 B 企业选择现金补偿或者异地物业置换。考虑到支付和交易的实际情况，双方最终选择了现金补偿和异地物业置换相结合的方式。作为对价，B 企业将配合 A 企业和 C 企业按照《历史违法建筑处理规定》的要求落实确权事宜，并将 B 企业的旧工业区确权至 C 企业名下。这里的安排比较复杂，不再详述。

实际上，该搬迁补偿协议起到了物业转让的作用，但由于旧工业区因自身产权条件的限制未能符合转让的条件，再加上通过 B 企业股权转让的方式也较难以达到理想的效果，因此搬迁补偿协议起到了“一箭双雕”的功能和效果。

其次，在履约步骤方面，强调了 A 企业按节点进行货币支付、异地物业交付等责任和义务以及清租责任等，特别是由于涉及 B 企业对原有权利的放弃安排，因此相关时间节点必须与《历史违法建筑处理规定》要求的处理程序和步骤密切衔接，在此也不再详述。

（6）结合协议履行步骤和实际情况，跟进并落实履约进程，对搬迁补偿安置协议即主协议进行调整，并确保相关事项交割完成。

需要特别注意的是除了自身义务，业主要注意降低对项目推动的责任承担。如果有熟稔的资源关系，需要另行约定，避免混淆，造成麻烦。

（五）实务提示

从上述案例可以看出，搬迁补偿安置协议的签订阶段并不存在严格的时间先后要求。在交易主体确定自身目标要求以后，按照该要求确定交易的条件，实际上可以实现多重效果，既可以保障业主的权益，也可以保障市场主体的权益。

对于市场主体而言，本案的特殊性，即对旧工业区确权的实际需求，根据当前政策，留用土地的规模与合法用地规模相关（城市更新项目也有类似需求），因此在旧改前期，符合《历史违法建筑处理规定》的物业一般会成为市场主体重点考量的对象。对于初步划定的项目范围，无论是采用土地整备利益统筹模式还是城市更新模式，对合法用地都有一定程度的需求，因此提前锁定具有此类物业的大业主非常有必要。只不过，市场主体，其既要保障自身交易安全，又要确保项目的权益归属问题，因此各方在达成交易时，需要考虑的内容和重点防范的内容各不相同。

对于业主而言，在本案中存在两种主要的选择路径：在旧工业区确权给自己的前提下，无论是货币补偿还是回迁房屋补偿抑或是异地物业安置补偿，都是可以的；在旧工业区确权给原农村集体经济组织继受单位的前提下，选择货币补偿、异地物业安置补偿则是较好的处理方式。可以说，在前期签订搬迁补偿安置协议，业主需要注意的事项是较多的。总的来说，除本案的具体情形外，搬迁补偿安置方式对于大业主而言，并非简单的货币补偿或者回迁房屋补偿等选项，实际的选择更具有多样性。如何在多样性的选择中，找到最适合和最有利于自身的方式，需要专业的判断和指导，不是一般业主所能够把握的。

对于原农村集体经济组织继受单位而言，市场主体承担了项目前期的成本和风险，原农村集体经济组织继受单位主要是按照相关决策程序落实土地合作开发主体选择等必要程序，因此在项目开展过程中，对于涉及原农村集体经济组织继受单位的项目，其主要身份是因土地管理问题造成的其对集体资产的权益而形成的一个特别的权利和权益主体，

结合本案的处理方式，通过搬迁补偿安置协议不但解决了 B 企业的问题，实际上也间接解决了 A 企业和 C 企业的问题。仅就合同的相对性而言，搬迁人与被搬迁人均实现了合同的目的，而且在最大程度上避免了利益损失的风险。在本案中，对于被搬迁人而言，最好的方式当然是将旧工业区确权给自身，以及选择回迁房屋补偿，但是这将拉长被搬迁人获得收益的时间。本案搬迁人对于时间极其敏感，因此不具有个体的适用性。同时，该种方式也将加大搬迁人后期对项目的把握和主导性风险。对于搬迁人而言，最好的方式是确权给农村集体经济组织，以及采用回迁房屋补偿，但该种方式对被搬迁人而言风险极大，意味着权益的丧失，因此被搬迁人无论如何都

不会在这个问题上作出妥协。

总的来说，本案中搬迁人承担的风险是较大的，但其风险不在于被搬迁人，而在于农村集体经济组织或者项目本身是否具有可行性，这是搬迁人即市场主体在开拓项目时需要重点把握的问题，是项目自身以及合作层面的相关问题。当然，在实践中，搬迁人需要承担更多项目流失的风险，这涉及搬迁人与农村集体经济组织之间的博弈，不在本处讨论之列。

从这个案例中也可以看出，市场主体需要有足够的担当，必须对自己的预判承担后果，可以说，市场主体起到了一个“领头羊”的作用，催化和促成被搁置的或者不可能的事情走向可能，它在不可能与不可能之间架起了一座可能的桥梁。“不入虎穴，焉得虎子。”因此，在旧改领域，市场主体是一切不可能或者搁置资源成为可能或者发挥积极作用的关键因素。

当然，任何一个问题的叙述都不可能是孤立的，但此部分为了强调和集中讨论前期搬迁补偿安置问题，不得不舍弃其他相关的重要问题。这是论述中不得已的选择，笔者将在其他专题论述中予以展开。

第二节　留用地合作阶段

留用地合作阶段涉及土地整备利益统筹项目参与的各方主体，包含的权利义务关系较为烦琐，是决定项目成功与否的关键一环。本节将从实施方案的编制及内容、搬迁主体与搬迁补偿安置协议的签订、留用土地的出让、实施监管、清拆和土地移交等方面对留用地合作阶段的具体流程与注意事项进行全面的梳理。

一、实施方案的编制及内容

（一）实施方案编制的相关规定

实施方案编制涉及土地信息核查与现状容积率核算、实施方案编制与审批、土地整备规划编制与审核、审批。笔者将所涉及的相关规定进行了汇总，详见表4－1。

表 4-1 实施方案编制的相关规定

项目	规定
土地信息核查与现状容积率核算	原深圳市规划和国土资源委员会《关于规范土地整备土地信息核查及现状容积率核算工作的通知》(深规土〔2018〕859 号)
实施方案编制与审批	(1)《土地整备利益统筹试点项目实施方案编制技术指引(试行)》(深规土〔2016〕890 号); (2)原深圳市规划和国土资源委员会《关于印发土地整备项目审批工作规程的通知》(深规土〔2017〕720 号)
土地整备规划编制与审查、审批	(1)《深圳市土地整备规划编制技术指引(试行)》(深规土〔2016〕891 号); (2)原深圳市规划和国土资源委员会《关于规范土地整备规划审批有关事项的通知》(深规土〔2018〕805 号); (3)《关于进一步规范土地整备规划编制和审查等有关事项等通知》(深规划资源〔2020〕2 号)

(二)土地信息核查与现状容积率核算

实施方案编制前需开展土地信息核查及现状容积率核算工作,土地信息核查及现状容积率核算是土地整备项目实施方案的重要组成部分,直接影响土地整备项目留用土地规模。在此笔者将结合个人的理解,对土地信息核查、现状容积率核算分别展开分析。

1. 土地信息核查

在前期,土地信息核查工作主要包括两个方面的内容:一是确定土地的权属情况以及对应的面积,如未完善征(转)补偿手续用地、合法用地(包括已取得房地产权证、土地使用权出让合同、非农建设用地批复、征地返还用地批复、农村城市化历史遗留违法建筑处理证明书、旧屋村范围认定批复的用地等),用于后续核算留用土地规模。二是确定土地整备规划建设用地。根据原深圳市规划和国土资源委员会《关于规范土地整备土地信息核查及现状容积率核算工作的通知》(深规土〔2018〕859 号,以下简称 859 号文)的规定,土地整备项目范围内满足以下条件之一的土地,可认定为土地整备规划建设用地:

(1)位于经批准的城市总体规划内,确定为居住用地(R)、商业服务业用地(C)、政府社团用地(GIC)、工业用地(M)、仓储用地(W)、对外交通用

地(T)、道路广场用地(S)、市政公用设施用地(U)、绿地(G)及特殊用地(D)的土地;

(2)位于土地利用总体规划确定的允许建设区或有条件建设区范围内的土地;

(3)位于生效法定图则范围内,确定为居住用地(R)、商业服务业用地(C)、公共管理与服务设施用地(GIC)、工业用地(M)、物流仓储用地(W)、交通设施用地(S)、公用设施用地(U)、绿地与广场用地(G)及发展备用地(E9)的土地;

(4)位于上述用地之外,作为市级以上公共管理与服务设施用地(GIC)、交通设施用地(S)、公用设施用地(U)选址的土地,具体范围以规划选址意见书为准;

(5)位于违法建筑空间管控专项行动图斑内的土地。

2. 现状容积率核算

859 号文中关于现状容积率核算的规定,主要是为了解决 6 号文中确定利益共享用地核算比例的问题。现状容积率为现状建筑面积与规划建设用地面积的比值,为了让读者有更深刻的理解,下面笔者将对现状建筑面积、规划建设用地面积的计算进行解析。

(1)现状建筑面积

859 号文从正反两个方面规定了现状建筑面积的计算方式:第一,可计入现状建筑面积的范围。土地整备利益统筹项目中扣除合法用地后的未完善征(转)地补偿手续用地范围内的建筑物,其根据深圳市房屋建筑面积测绘技术相关规范计算的建筑面积计入现状建筑面积,具体数值应以测绘查丈报告为准。第二,不计入现状建筑面积的范围。项目实施范围内已作出行政处罚决定但尚未执行的建筑,其建筑面积不作为现状建筑面积计算。按《深圳市临时用地和临时建筑管理规定》批准的建筑面积不作为现状建筑面积计算。构筑物不计算现状建筑面积。第三,撤销行政处罚决定的建筑是否可参与土地整备资金以及现状建筑面积的核算。

因已作出行政处罚决定但尚未执行的建筑不能参与现状建筑面积的核算,很大程度上会影响项目规划编制,从而影响项目经济可行性,故不少开发主体以事实不清、适用法律错误、程序违法等理由申请撤销行政处罚决定。若行政处罚决定被撤销,笔者认为在法理上是可以参与土地整备资金以及现状建筑面积的核算的,理由如下:首先,根据6号文第4条第1、2款的规定,土地整备利益统筹项目的具体实施,是由政府与原农村集体经济组织继受单位通过资金安排、土地确权、用地规划等手段“算大账”,集约节约安排土地,保障城市建设与社区发展空间需求;由原农村集体经济组织继受单位与相关权益人通过货币、股权和实物安置等手段“算细账”,确保权益人相关权益,实现整备范围内全面征转清拆。不同于政府主导的土地整备或房屋征收项目那般严格认定对违法建筑不予补偿。其次,根据6号文第5条“利益统筹项目中资金安排按照以下方式核算:项目范围内的建(构)筑物按照重置价核算……”之规定,从文义解释的角度来说,上述规定对于项目范围内的建(构)筑物均按照重置价核算资金,不区分建(构)筑物是否系合法建筑。退一步说,在区规划土地监察机构撤销项目范围内涉及的行政处罚决定后,行政处罚决定一经撤销即失去法律效力,非经具有违法建筑认定职权的行政主管部门作出违法建筑的认定前,不应将相关建(构)筑物视为违法建筑而不予核算资金。最后,859号文第三部分“关于现状容积率的核算”规定:“项目实施范围内已做出行政处罚决定但尚未执行的建筑,其建筑面积不作为现状建筑面积计算。”可见859号文仅针对已作出行政处罚决定但尚未执行的建筑不予核算现状建筑面积,而不区分该建筑是否为违法建筑。区规划土地监察机构撤销项目范围内涉及的行政处罚决定后,即使相对人的违法行为仍客观存在,对应的建筑物不再属于859号文所规定的已作出行政处罚决定但尚未执行的建筑。

综上所述,笔者认为,区规划土地监察机构撤销项目范围内涉及的行政处罚决定后,对应建筑应参与核算现状建筑面积。但需要进一步说明的是,现有的土地整备利益统筹项目中给予撤销行政处罚决定的很少,深圳市不少区都认为,即便行政处罚决定存在撤销可行性,因项目正在实施中而不再对已作出的行政处罚决定进行撤销,即便撤销了行政处罚决定,各个区对于可以参与土地整备资金以及现状建筑面积的核算也是慎之又慎,都不愿意成为第一个“吃螃蟹的人”。

(2)规划建设用地

根据859号文的规定,土地整备利益统筹项目中扣除合法用地后的规划建设用地,其土地面积作为计算现状容积率的规划建设用地面积。

（三）实施方案的编制与审批

1. 实施方案的编制主体

根据原深圳市规划和国土资源委员会《关于印发土地整备项目审批工作规程的通知》的规定，土地整备项目实施方案由区政府指定的实施单位组织编制，项目实施单位一般为街道办事处。

2. 实施方案的内容

根据《土地整备利益统筹试点项目实施方案编制技术指引（试行）》的规定，土地整备利益统筹项目实施方案内容包括：项目概况、实施方式、土地分配预案、留用土地规划方案、货币补偿方案、效益分析与风险评估、土地验收与移交方案、职责分工、其他内容及附件。上述内容可分为两个核心部分：一是资金预算方案；二是留用土地方案（含留用土地规模、留用土地规划）。

3. 实施方案的审批

根据《关于进一步优化土地整备项目管理工作机制的若干措施》（深府办函〔2018〕281 号，以下简称 281 号文）的规定，实施方案的审批权限在各区政府，但是实施方案涉及土地整备规划研究的，土地整备规划研究由深圳市城市规划委员会法定图则委员会（以下简称图则委）审批。另外，还需要看留用土地占用国有储备土地是否超过 3000 平方米，由不同单位向图则委提请审批。占用国有储备土地超过 3000 平方米的，由市规划和自然资源主管部门提请图则委审批；占用国有储备土地不超过 3000 平方米的，由区政府直接提请图则委审批。

（四）关于实施方案中资金与留用土地的核算问题

如前所述，实施方案的两个核心内容为资金预算方案与留用土地方案，土地整备利益统筹项目资金、留用土地的核算将直接影响原农村集体经济组织继受单位及其引进的合作开发主体的切实利益，因此项目资金、留用土地核算也是原农村集体经济组织继受单位与项目合作开发主体重点关注的问题。

1. 资金核算

在资金核算方面，土地整备利益统筹项目与常规整备项目一样，均适用 281 号文关于资金核算的相关规定，包括直接补偿费、技术支持费、不可预见费、业务费。不同的是,土地整备利益统筹项目中关于直接补偿费核算的问题,适用6号文的相关规定。

(1)直接补偿费。需支付给补偿对象的土地整备补偿费用。在土地整备利益统筹项目中,由政府部门按照6号文的相关规定进行核算,并在“算大账”阶段补偿给股份合作公司,具体补偿标准如下:根据6号文第5条的规定,项目范围内的建(构)筑物按照重置价进行核算;未完善征(转)地补偿手续土地按照所在区域工业基准地价的50%进行核算;青苗和附着物等按照相关标准核算[这里的相关标准主要包括《深圳市征用土地实施办法》《深圳市宝安龙岗两区城市化土地管理办法》(深府〔2004〕102号)以及第三方评估]。

(2)技术支持费。政府部门支付给第三方技术服务机构而产生的专业服务费用,具体包括勘探、测绘、评估、督导、复核、法律、审计、招标、规划设计、社会风险评估、拆除和清理清运服务等服务费用。

(3)不可预见费。根据281号文的规定,不可预见费是指在土地整备项目实施过程中,因事实、技术等不可控因素导致无法在土地整备项目实施方案中预见,但在土地整备项目实施过程中确需支付的费用。不可预见费只可用于支付补偿利益相关方。在土地整备利益统筹项目中,一般按照直接补偿费20%核算不可预见费。

(4)土地整备业务费。主要为开展土地整备工作所需的相关费用,按项目实际支付补偿对象费用的2%计提。但是笔者在实务工作中发现,各区对业务费的计算存在理解上的偏差,有的区按照直接补偿费的2%计提业务费,有的区按照直接补偿费与不可预见费之和的2%计提业务费,笔者更倾向于选择第二种计算方式,因为不可预见费只可用于补偿利益相关方,即实际支付给补偿对象的费用包括了直接补偿费与不可预见费。

2. 留用土地(指标)核算

在土地信息核查阶段,根据6号文第6条的规定,留用土地(指标)的核算涉及项目范围内已批合法用地、项目范围外调入合法指标、本项目核定利益共享用地三个方面。

(1)项目范围内已批合法用地

是指原农村集体经济组织继受单位及其成员已落地确权的合法用地(包括已取得房地产权证、土地使用权出让合同、非农建设用地批复、征地返还用地批复、农村城市化历史遗留违法建筑处理证明书、旧屋村范围认定批复的用地等），此类用地按照等土地面积核算留用土地规模。

目前在深圳市土地整备利益统筹实务中，对于项目范围内的非原农村集体经济组织继受单位的合法用地如何核算留用土地的问题，各区的处理方式不一。据笔者了解，光明区对于上述用地按照等土地面积核算留用土地，龙华区则统一按照1∶0.2的比例核算留用土地，有的区对于上述用地甚至不予核算留用土地。笔者更倾向于认同光明区的做法，理由如下：第一，6号文第2条第1款明确规定土地整备利益统筹项目以原农村集体经济组织继受单位及其成员实际掌控用地为主要实施对象，因此6号文第6条主要也是针对原农村集体经济组织继受单位的实际掌控用地进行规定。虽然6号文对于将非原农村集体经济组织继受单位的合法用地纳入利益统筹项目没有作出否定性规定，但是对非原农村集体经济组织继受单位的合法用地纳入利益统筹项目后该如何核算留用土地的问题也没有进行规定，出现了政策空白。第二，从合理行政的角度来看，根据国务院印发的《全面推进依法行政实施纲要》第三部分"依法行政的基本原则和基本要求"[1]之规定，行政机关实施行政管理，应当遵循公平、公正的原则。要平等对待行政管理相对人，不偏私、不歧视。6号文虽然未对非原农村集体经济组织继受单位

---

〔1〕 国务院《全面推进依法行政实施纲要》第5条规定："依法行政的基本要求。——合法行政。行政机关实施行政管理，应当依照法律、法规、规章的规定进行；没有法律、法规、规章的规定，行政机关不得作出影响公民、法人和其他组织合法权益或者增加公民、法人和其他组织义务的决定。——合理行政。行政机关实施行政管理，应当遵循公平、公正的原则。要平等对待行政管理相对人，不偏私、不歧视。行使自由裁量权应当符合法律目的，排除不相关因素的干扰；所采取的措施和手段应当必要、适当；行政机关实施行政管理可以采用多种方式实现行政目的的，应当避免采用损害当事人权益的方式。——程序正当。行政机关实施行政管理，除涉及国家秘密和依法受到保护的商业秘密、个人隐私的外，应当公开，注意听取公民、法人和其他组织的意见；要严格遵循法定程序，依法保障行政管理相对人、利害关系人的知情权、参与权和救济权。行政机关工作人员履行职责，与行政管理相对人存在利害关系时，应当回避。——高效便民。行政机关实施行政管理，应当遵守法定时限，积极履行法定职责，提高办事效率，提供优质服务，方便公民、法人和其他组织。——诚实守信。行政机关公布的信息应当全面、准确、真实。非因法定事由并经法定程序，行政机关不得撤销、变更已经生效的行政决定；因国家利益、公共利益或者其他法定事由需要撤回或者变更行政决定的，应当依照法定权限和程序进行，并对行政管理相对人因此而受到的财产损失依法予以补偿。——权责统一。行政机关依法履行经济、社会和文化事务管理职责，要由法律、法规赋予其相应的执法手段。行政机关违法或者不当行使职权，应当依法承担法律责任，实现权力和责任的统一。依法做到执法有保障、有权必有责、用权受监督、违法受追究、侵权须赔偿。"

的合法用地纳入利益统筹项目后该如何核算留用土地予以规定，但是基于合理行政的要求，上述用地纳入利益统筹项目后，同样应当参照6号文关于原农村集体经济组织继受单位及其成员已落地确权的合法用地的标准核算留用土地，仅因合法用地的权益人并非原农村集体经济组织继受单位而采取不同的留用土地核算标准，明显有违合理行政的要求。第三，按照有的区的做法，土地权益人在完善征(转)地补偿手续获得合法土地使用权后，往往比未按照规定完善征(转)地补偿手续的用地可核算的留用土地规模还低。举例来说，经核算A项目的现状容积率为1.5，则A项目核算利益共享用地的比例为≤20% +20% ×1.5，即≤50%，远远高出了龙华区20%的比例。另外，利益统筹项目范围内的未完善征(转)地补偿手续用地是参与核算土地整备资金的，而非原农村集体经济组织继受单位的合法用地不参与土地整备资金核算，因此其他区的做法将导致完善征(转)地补偿手续的合法用地比未完善征(转)地补偿手续的用地可获得的利益低很多，严重缺乏合理性。

(2)项目范围外调入合法指标

包括非农建设用地指标、征地返还用地指标，以及其他土地整备项目留用土地指标。此类用地指标按照相关规定核准后，可在项目范围内安排落实。

(3)利益共享用地

简单来说，指的是在扣除项目范围内已批合法用地后的未完善征(转)地补偿手续规划建设用地(关于土地整备规划建设用地的认定问题，笔者已在土地信息核查部分予以讲解，在此不再赘述)，再扣除项目范围外调入的合法指标中的非农建设用地指标、征地返还用地指标后的剩余土地。特别需要注意的是，扣除项目范围外调入的合法指标，不包括留用土地指标。可以这样理解，留用土地指标是需要政府在原本的利益统筹项目中安排落实的，政府无法在原本的项目中落实的情况下，才调入其他利益统筹项目中予以落实，如果调入其他利益统筹项目中还需占用原本可核算利益共享用地的土地，最终核算出来原农村集体经济组织继受单位的留用土地规模就减少了。

利益共享用地的核算分为以下三种情况：

①现状容积率 =0 时，核算比例为≤20%；

②0 < 现状容积率 ≤ 1.5 时，核算比例为 ≤ 20% + 20% × 现状容积率；

③现状容积率 > 1.5 时，核算比例为 ≤ 50%。

现状容积率为现状建筑面积与规划建设用地面积的比值，关于现状容积率核算，笔者已在前文进行讲述，在此不再赘述，在核算出现状容积率后直接按照上述公式计算即可。例如，经核算 A 项目的现状容积率为 1.4，在扣除项目范围内已批合法用地、项目范围外调入的合法指标（不含留用土地指标）后的未完善征（转）地补偿手续规划建设用地面积为 10 万平方米，那么 A 项目可核算的利益共享用地面积为 ≤ 10 ×（20% + 20% × 1.4），即 ≤ 4.8 万平方米。

（五）原农村经济组织继受单位或前期服务单位（或意向合作单位，下同）在实施方案编制阶段可开展的工作

1. 参与项目测绘工作

土地整备利益统筹项目"算大账"阶段的测绘工作系由项目实施单位（一般为街道办事处）委托第三方具有相应资质的测绘机构进行，为避免出现错误、徇私舞弊等情况，一般可由原农村经济组织继受单位委托的前期服务单位到项目现场协同参与，因为测绘报告中的测绘数据不仅直接影响土地整备资金、留用土地核算的问题，后续在"算细账"阶段还是厘清经济关系的重要证明材料。

2. 参与土地信息核查工作

从留用土地核算不难看出，项目最终可获得的留用土地规模与项目范围内原农村集体经济组织继受单位享有的已批合法用地成正比，前期服务单位通过参与土地信息核查相关工作增加项目范围内已批合法用地面积（如申报旧屋村范围），来增加可获得留用土地的面积。

（六）留用土地的安排、落实

笔者之前所论述的留用土地核算规则，是核算出的项目范围内原农村集体经济组织继受单位可获得的留用土地规模（含指标），但不一定全部在本项目范围内予以安排、落实。最终能在本项目范围内落实多少面积，需要结合选定的留用土地位置的相关规划情况予以确定。

1. 在本项目范围内安排、落实的留用土地

根据6号文第7条的规定，首先，利益统筹项目留用土地应优先在本项目范围内安排，按照利益共享用地、项目范围内已批合法用地、项目范围外调入合法指标的顺序落实。其次，留用土地位于利益统筹项目范围内工业区块线且规划为工业用地的，利益共享用地部分可上浮50%。最后，在利益统筹项目范围内安排的留用土地规模，原则上不得超过项目规划建设用地面积的55%。需要注意的是，这里说的是规划建设用地面积，而非利益统筹项目实施范围的用地面积。

2. 在项目范围外予以安排、落实的留用土地

(1)与城市更新项目统筹处理

本项目范围内无法安排留用土地的，留用土地指标中的利益共享用地和合法用地可与本街道城市更新项目统筹处理。

(2)在经济关系未理顺的已建成区予以落实

本项目范围内无法安排留用土地的，可落在本街道经济关系未理顺的已建成区并由原农村集体经济组织继受单位拆除重建。

按照前两种方式安排的留用土地指标，其合法用地部分按照等土地面积核算，利益共享用地部分上浮50%。

(3)与本街道其他利益统筹项目统筹处理

留用土地指标也可与本街道其他利益统筹项目统筹处理，其合法用地部分和利益共享用地部分按照等土地面积核算。

需要注意的是，留用土地指标可以跨街道予以落实、安排，但是也受到双重限制。第一，需要按照两地现行工业用地基准地价的比值进行折算；第二，不得大于在原街道核算的留用土地指标。

(七)留用土地规划建筑面积

留用土地规划建筑面积由基础建筑面积、配套建筑面积和共享建筑面积三部分构成。

1. 基础建筑面积

基础建筑面积归属于原农村集体经济组织继受单位及其引进的合作开发主体，用于社区发展和搬迁安置。

(1)留用土地在项目范围内安排的，按照以下公式计算基础建筑面积：

基础建筑面积 = 项目内留用面积 × 地块容积率

项目内留用面积:按照 6 号文第 6 条和第 7 条核算拟在项目范围内安排的留用土地面积。

地块容积率:按照《深圳市城市规划标准与准则》相关规定取值、计算。

(2)留用土地落在项目范围外经济关系未理顺的已建成区域并由原农村集体经济组织继受单位拆除重建的,按照以下公式计算基础建筑面积:

基础建筑面积 = 拆除重建面积 × 地块容积率 + 利益统筹项目中现状建筑面积 ×1.5

拆除重建面积:由原农村集体经济组织继受单位拆除重建的土地面积。

地块容积率:按照《深圳市城市规划标准与准则》相关规定取值、计算。

2. 配套建筑面积

配套建筑面积为留用土地中依据《深圳市城市规划标准与准则》、法定图则及相关规划要求配建的社区级公共设施。社区级公共设施的类别、规模在土地整备规划中确定。

3. 共享建筑面积

共享建筑面积,是指在规划允许的条件下,可在基础建筑面积的基础上增加的建筑面积,共享建筑面积原则上不超过基础建筑面积的 30% 。

共享建筑面积的 60% 用于人才住房、公共租赁住房或创新型产业用房,由政府或政府指定机构回购,其余 40% 的建筑面积通过利益共享归属于原农村集体经济组织继受单位。

二、搬迁主体与搬迁补偿安置协议的签订

(一)搬迁主体的概念

根据深圳市规划和自然资源局《关于规范土地整备利益统筹项目补偿安置有关事项的通知》(深规划资源〔2019〕255 号,以下简称 255 号文)"利益统筹项目的搬迁人为原农村集体经济组织继受单位,或原农村集体经济组织继受单位及按照相关规定确定的开发主体"之规定,土地整备利益统筹项目搬迁主体包括原农村集体经济组织继受单位或者原农村集体经济组织继受单位及其引进的合作开发主体。由此可见,原农村集体经济组织继受单位必定作为土地整备利益统筹项目搬迁主体一方。

而对于引入合作开发主体时点的问题，根据6号文第13条第2款“留用土地审批主体审批并核发留用土地批复后，原农村集体经济组织继受单位可以依据留用土地批复，按照集体资产处置相关规定，通过合作开发或作价入股等方式引入留用土地的开发主体”之规定，可知原农村集体经济组织继受单位在核发留用土地批复后方能按照集体资产处置相关规定引入合作开发主体。但是，各区对此规定均有所变通或突破。以龙华区为例，《龙华区股份合作公司集体用地土地使用权合作开发交易操作规程（试行）》第12条第1款规定：“股份合作公司集体用地合作开发项目必须符合城市规划并满足下列条件，方可进入公共资源交易平台进行交易：……（三）土地整备利益统筹项目留用地（含指标）进场交易的，须已取得留用土地批复。尚未取得留用土地批复，但实施方案已经区政府审批通过、留用土地或指标已安排落实并经街道办、区集资部门审查同意的，可进入平台交易。”可见，龙华区的土地整备利益统筹项目在实施方案经区政府审批通过后，且留用土地或指标已安排落实的，即可按照集体资产处置相关规定选定合作开发主体。因此，在考虑引入合作开发主体时点的问题，特别需要注意各区出台的关于集体资产处置的相关政策。

（二）搬迁补偿安置协议签订

1. 关于搬迁补偿安置协议中约定的补偿内容

搬迁主体在土地整备利益统筹“算细账”阶段需对项目范围内相关权益人进行安置补偿，签订搬迁补偿协议，厘清项目范围内经济利益关系，最常见的补偿方式为货币补偿及回迁物业。土地整备利益统筹“算细账”阶段的搬迁补偿与城市更新项目搬迁补偿的性质相同，属于民事行为（行业中通常称为“市场行为”），因此相关法规、政策对于搬迁补偿内容、标准未作明确规定，通常由搬迁主体制定项目搬迁补偿安置方案来确定项目范围内的补偿内容、标准。

实务中，土地整备利益统筹项目主要包括以下补偿内容：（1）对永久性建筑物主体部分的补偿，通常采用回迁物业、货币补偿或者回迁物业与货币补偿相结合的方式；（2）对临时建筑物、构筑物、其他附着物等的补偿，基本上采用货币补偿的方式；（3）装修装饰补偿费；（4）搬迁费；（5）临时安置费；（6）停产停业补偿费；（7）擅自改为经营性用途的适当补偿；（8）按期签约、腾空交房等奖励;(9)产权注销。如前所述,深圳市土地整备利益统筹相关政策对于“算细账”阶段的补偿内容未作强制规定,属于民事主体间的市场行为,因此不同项目的补偿内容可能会有所差异。

2. 搬迁补偿标准

深圳市土地整备利益统筹相关法规、政策对于“算细账”阶段的搬迁补偿标准亦未作规定,实践中可由搬迁主体与相关权益人自行协商确定。在实务中,为统一确定项目范围内的搬迁补偿标准,搬迁主体在开展拆迁谈判工作前会制定搬迁补偿安置方案。搬迁补偿安置方案中的补偿标准受市场行情、项目本身情况等多重因素影响。例如,在龙华区政府主导、国企实施的土地整备利益统筹项目中,搬迁主体系根据深圳市房屋征收相关法规、政策来制定项目搬迁补偿安置方案。

3. 搬迁补偿安置方案

无论是土地整备利益统筹还是城市更新,相关法律法规、政策均没有制定搬迁补偿安置方案的规定,即制定搬迁补偿安置方案并非“法定要求”,但实践中无论是城市更新项目还是土地整备利益统筹项目,搬迁主体均会制定相应的搬迁补偿安置方案抑或是类似于搬迁补偿安置方案的相关文件来确定项目范围内的搬迁补偿标准。毫无疑问,制定合理的搬迁补偿安置方案更有利于项目的实施。

4. 搬迁补偿安置协议的签订主体

根据255号文的规定,由搬迁主体负责与项目范围内相关权益人签订搬迁补偿安置协议。如前所述,搬迁主体包括原农村集体经济组织继受单位或者原农村集体经济组织继受单位及其引进的合作开发主体,可见原则上原农村集体经济组织继受单位必定作为签订搬迁补偿安置协议的一方主体。但笔者认为,原农村集体经济组织继受单位是否必须作为搬迁补偿安置协议的签订主体,具体仍需要结合项目的合作开发模式确定。

(1)成立项目公司型的合作开发模式(实务中通常称为“单抬头”开发模式):在此模式下,原农村集体经济组织继受单位通过留用土地作价入股的方式与开发主体共同成立房地产项目公司,由项目公司负责留用土地的开发,后续通过签订土地使用权出让合同补充协议的方式将留用土地出让给项目公司。在这种模式下,笔者认为,搬迁主体应变更为原农村集体经济组织继受单位及其引进的开发主体共同投资设立的项目公司,此时应由项目公司与项目范围内相关权益人签订搬迁补偿安置协议，厘清项目范围内经济利益关系。

（2）契约型合作开发模式：契约型合作开发模式，是指原农村集体经济组织继受单位与开发主体通过签订合作协议的方式，由原农村集体经济组织继受单位提供留用土地，开发主体负责留用土地开发建设过程中的资金投入，后续通过签订土地使用权出让合同补充协议的方式将留用土地出让给农村集体经济组织继受单位及开发主体，该模式即为实务中所称的“双抬头”合作开发模式。在这种模式下，原农村集体经济组织继受单位与开发主体共同作为土地整备利益统筹项目的搬迁主体，应由原农村集体经济组织继受单位及开发主体作为搬迁人共同与相关权益人签订搬迁补偿安置协议。

值得特别关注的是，实务中开发主体应如何选择合作开发模式？两种不同的合作开发模式又有何利弊？具体说明如下。

第一，“双抬头”合作开发模式相较于“单抬头”合作开发模式，所需缴纳的税费更低，站在开发主体的角度，可以减少项目的开发成本。在“双抬头”模式下，原农村集体经济组织继受单位系通过合作分成的方式取得物业，在分房过程中并未发生物业权属转移，原农村集体经济组织继受单位及开发主体均无须缴纳增值税、土地增值税、企业所得税、契税和印花税等。开发主体分房后直接对外销售，该部分税金不重复缴纳。

第二，在“单抬头”合作开发模式中，因留用土地直接出让给项目公司，在后续项目报批报建过程中由项目公司进行申报即可。但是“双抬头”合作开发模式需由原农村集体经济组织继受单位及开发主体共同申报，即后续项目报批报建过程中还需依赖原农村集体经济组织继受单位。

出于节约成本的考虑，目前实务中大部分土地整备利益统筹项目均采用“双抬头”合作开发模式。

5. 搬迁补偿安置协议的主要内容

深圳市层面并未针对土地整备利益统筹出台相应的搬迁补偿安置协议的示范文本，但深圳市规划和自然资源局于 2023 年 4 月 25 日印发了《深圳市城市更新项目搬迁补偿协议》（示范文本），且土地整备利益统筹项目“算细账”阶段的搬迁补偿安置协议与城市更新项目的搬迁补偿协议基本上可以通用，因此土地整备利益统筹项目在签订搬迁补偿安置协议时可以参考

《深圳市城市更新项目搬迁补偿协议》(示范文本),具体内容如下:

(1)协议签订主体的基本信息,包括搬迁主体名称、法定代表人、通信方式等,被搬迁人的姓名(名称)、身份证号码、通信方式等。

(2)被搬迁物业的基本情况,包括被搬迁物业的位置、权属情况、房地产权属证书名称及证号(如有)、证载权利人及证载面积(如有)测绘信息[永久性建筑物建筑面积及水平投影面积、构(筑)物及其他附着物的水平投影面积、空地面积(如有)]、抵押以及查封、租赁等其他权属争议情况。

(3)搬迁补偿安置方式及标准,包括搬迁补偿的方式及标准、过渡期安置费的支付方式、期限、各类补偿款项的金额及支付方式。

(4)被搬迁物业的移交、拆除与权属注销相关约定,包括被搬迁物业交付的期限、交付方式、交付标准;被搬迁物业拆除、产权注销的权利义务。

(5)回迁物业情况及相关约定,包括回迁物业所在地块、类型、建筑面积;回迁物业选房时间和规则、面积差异处理方式、回迁物业交付的标准、期限;办理产权登记的权利义务等。

(6)搬迁人与被搬迁人之间的权利义务,包括搬迁人权利义务、被搬迁人的权利义务,以及对被搬迁物业权属瑕疵的担保。

(7)违约责任及救济方式,包括搬迁人未按约定如期支付相应补偿款项的违约责任、未按约定交付回迁物业的违约责任;被搬迁人未按约定腾空、交付房屋的违约责任;被搬迁物业存在权属瑕疵时的违约责任;被搬迁人不予配合办理房屋拆除、产权注销的违约责任。

(8)保密条款及其他条款。

6. 签约时应注意的事项

(1)做好权利人再次核查工作。若部分项目仍未做权利人核查工作,则可按本章第一节“立项准备阶段”标题二“权属初步核查”流程办理权利人核查工作;若已办理好权利人核查工作,则还需注意再次做好权利人核查工作,预防如下几种情形:①市场商品房性质的房屋发生权利人变更,如已通过买卖、赠与、置换等方式发生权利人的变动;②已办理产权登记房屋发生法定变动情形,如继承、离婚分割房屋(具有法律效力的离婚证明文件及离婚协议书)、法院或者仲裁机构的生效裁判文书变更权利人的;③非市场商品房性质的房屋未通过诉讼等方式解决实际权利人和证载权利人不一致的问题;④未办理产权登记证房屋现有的实际控制主体已经发生变动;⑤已办理产权登记证房屋存在抵押、查封、设定预告登记、涉及居住权等情形。

(2)签约前,提前告知项目范围内被搬迁人签约时所需材料,具体包括:①身份证明材料原件;②房地产权属证书或其他权属证明材料;③涉及委托他人代为签订的,需提供经公证的授权委托材料(相关授权委托材料在此不再赘述);④涉及境外组织的,需提供由所在国公证机关公证+中国使领馆认证或者办理双边条约规定的证明手续[若是我国香港、澳门特别行政区居民,则提供由香港、澳门律师(也称中国委托公证人)出具的,并加盖中华人民共和国司法部转递专用章的公证文书]。

(3)搬迁补偿安置协议中关于被搬迁物业的基本情况(被搬迁标的)尤为重要,将直接影响搬迁补偿协议通过城市更新和土地整备部门备案。在签订搬迁补偿协议时,一定要保证被搬迁物业的基本信息[物业权利人信息、测绘编号、测绘建筑面积、水平投影面积、构(筑)物及其他附着物的水平投影面积]与测绘报告、权益人核实表保持一致并且一一对应,否则将面临无法通过城市更新和土地整备部门备案的风险。

(4)对于已办理产权登记证的房屋,若发生继承、离婚分割等权利人变更情况,应及时在签约时办理产权变更手续,这是因为在办理产权注销时,不动产登记部门可能会要求先行办理产权变更。

(5)对于已办理产权登记证的房屋,同时还需要办理委托注销公证(不设时限,避免后续因委托期限届满而再次委托),预防后续因注销难而无法完成项目土地入库的手续。

(6)及时办理房屋移交工作。合作开发主体往往会考虑项目成本(支付过渡期租金/补偿)需要,将房屋移交工作安排至较后的阶段,而此时很容易出现清租难、清租成本高的问题,尤其是商业、厂房类的清租,不光涉及搬迁费,更涉及特殊企业迁移、劳资纠纷处理等事宜,故建议在签约时及时安排房屋移交工作,包括到期后租户清退、用水用地、网线迁移等工作。

三、留用土地的出让

(一)留用土地出让的时间节点

根据255号文第4条“补偿安置房屋规模等相关内容应纳入土地使用权出让合同……”之规定可知,在签订留用土地使用权出让合同时,需要锁定回迁物业的规模。但是回迁物业的规模需要城市更新和土地整备部门完成协议备案后才能确定，因此留用土地出让的时间节点必定在协议备案之后。

（二）留用土地使用权出让合同签订主体

根据6号文第15条第2款的规定，留用土地使用权出让合同签订主体只能是原农村集体经济组织继受单位与规划和自然资源主管部门，并不包括原农村集体经济组织继受单位引进的开发主体。

（三）留用土地使用权出让合同补充协议的签订主体

原农村集体经济组织继受单位引入开发主体共同对留用土地开发建设的，双方可向规划国土部门派出机构申请办理土地使用权出让合同变更手续，变更留用土地的土地使用权受让主体。如前文所述，不同类型的留用土地开发模式最终留用土地的土地使用权受让主体会有所不同，此处不再赘述。

四、实施监管

（一）总规定

2019年，深圳市规划和自然资源局出台255号文。该文对搬迁人主体、补偿安置协议的内容、补偿安置协议备案和公示以及签署项目实施监管协议的主体和项目实施监管协议的内容进行规定。该文的出台，使得土地整备利益统筹项目的实施监管和协议备案在市一级层面上有了政策依据，各区也开始根据该文并结合本区实际情况，细化规定项目补偿安置协议备案及实施监管的相关内容。

（二）各区规定及对比

目前，龙华区出台了《龙华区土地整备利益统筹项目补偿安置协议备案及项目监管操作规程》（深龙华更新整备〔2022〕175号，以下简称龙华区175号文）、龙岗区出台了《龙岗区土地整备利益统筹项目实施监管办法（试行）》（深龙更新整备规〔2023〕1号，以下简称龙岗区1号文）、宝安区出台了《宝安区土地整备利益统筹项目补偿安置协议备案及项目监管工作指引（试行)》(深宝更新整备函〔2022〕46号,以下简称宝安区46号文)。其他各区暂时没有关于项目补偿安置协议备案以及项目监管的细化规定,仍依靠市一级的相关政策规定进行协议备案和项目监管。

1. 协议备案

(1)各区补偿协议备案流程

各区补偿协议备案流程大致相同,在具体的环节和流程上存在差异。以龙华区为例,在搬迁人和被搬迁人签订补偿安置协议后,搬迁人在项目现场、原农村集体经济组织继受单位公告栏、街道办事处公示协议相关内容,公示时间不得少于10个自然日。完成公示后由搬迁人向街道办事处提交备案申请资料,街道办事处在10个工作日内对备案资料进行审查,审查结束后报土地整备部门。区土地整备部门接到街道办事处上报的材料后,在5个工作日内完成对备案资料的审查,并向搬迁人出具备案意见。

龙岗区和宝安区对协议公示时间的要求和龙华区不同,为7个自然日。龙岗区同时要求区土地整备事务中心要在留用土地使用权出让合同签订前向搬迁人出具备案意见。宝安区则要求在向搬迁人出具备案意见的同时将备案意见抄送区住建部门及区规划和自然资源部门。

(2)各区补偿协议备案条件

以龙华区为例,根据龙华区175号文第9条的规定:①相关权益人核实结果已公布。②补偿安置协议相应内容公示期满无异议或异议已处理完毕。③搬迁人已与利益统筹项目范围内所有相关权益人签订补偿安置协议;若利益统筹项目分期实施的,搬迁人已与分期实施范围内所有相关权益人签订补偿安置协议。

宝安区虽并未明确规定补偿安置协议备案申请的条件,但根据宝安区46号文对申请材料的规定可以看出,其申请条件与龙华区的申请条件大致相同。龙岗区除要求满足上述规定外,还要求搬迁人取得利益统筹项目留用地批复或者取得同意相应留用地的区政府会议纪要。

(3)各区不予备案的具体情形

以龙华区为例,根据龙华区175号文的规定,以下四种情况下补偿安置协议不予备案:①被搬迁人与经核实的相关权益人不一致的;②被搬迁房地产面积与经核实的房地产面积不一致的;③安置房屋的用途及性质与经批准的留用土地整备规划不符的;④其他违反法律、法规、规章及规范性文件的情形。

宝安区对不予备案的规定与龙华区大致相同。而龙岗区对不予备案的情形作出了更为严格的规定，除法律规定的可转移情形外，对于搬迁补偿安置协议约定将未分户登记在被搬迁人名下的安置房转移给第三人的，以及搬迁补偿安置协议配套证明文件不齐全的，均不予备案。

2. 项目监管

土地整备利益统筹项目具有公共利益的属性，故对土地整备利益统筹项目的监管，目的是保障回迁的顺利进行，保障公共设施、公共住房或者创新型产业用房的建设，以及保障过渡期内补偿资金的发放。根据上述监管目的，255 号文第 3 条作出规定，项目实施监管协议应包括补偿安置责任主体、项目资金监管要求等内容。各区也对项目监管进行了细化规定。

五、清拆和土地移交

（一）清拆涉及法律问题分析及法律处理

1. 租赁法律关系分析

原农村集体经济组织继受单位在与权利人签署搬迁补偿安置协议后，需要厘清权利人和物业租赁人之间的租赁合同关系，厘清租赁关系后，才可以对建筑物进行拆除，并实现土地及地上建筑物的经济关系处理，实现土地净地入库。

最高人民法院《关于审理城镇房屋租赁合同纠纷案件具体应用法律若干问题的解释》（以下简称《房屋租赁合同纠纷解释》）第 2 条规定："出租人就未取得建设工程规划许可证或者未按照建设工程规划许可证的规定建设的房屋，与承租人订立的租赁合同无效。但在一审法庭辩论终结前取得建设工程规划许可证或者经主管部门批准建设的，人民法院应当认定有效。"故对于土地整备利益统筹项目中涉及物业出租人（一般也是物业权利人）和物业承租人之间的租赁关系，需要分为取得建设工程规划许可的房屋和未取得建设工程规划许可的房屋两类进行分析。

（1）取得建设工程规划许可的房屋，在项目中多数表现为通过《深圳经济特区处理历史遗留违法私房若干规定》、《深圳经济特区处理历史遗留生产经营性违法建筑若干规定》（"两规"）、深圳市人民政府《关于农村城市化历史遗留产业类和公共配套类违法建筑的处理办法》("三规")或者深圳市人民政府《关于农村城市化历史遗留产业类和公共配套类违法建筑的处理办法》("新三规")对原本未经批准私自建设的违法房屋进行处理,使之从法律意义上获得政府的行政确认,从而成为合法房屋。对于这一类房屋,物业权利人(出租人)与承租人之间的租赁合同是合法有效的。而6号文中明确规定,土地整备利益统筹项目属于政府主导、社会主体参与的项目,且该办法中也是规定政府与原农村集体经济组织继受单位"算大账",再由原农村集体经济组织继受单位与物业权利人之间厘清经济关系,其中并未体现政府政策的变动。故物业被纳入土地整备利益统筹不属于民法中因政府政策变更而解除合同的法定事由,若双方并未在合同中约定遇到土地整备利益统筹项目或城市更新项目出租方可以解除合同类似的条款,则出租人需要与租赁人进行协商谈判,并通过利益划分的方式协商解除合同关系。

(2)未取得建设工程规划许可的房屋,在项目上多数表现为历史遗留违法建筑,在深圳市以往的司法实践中,法院一般认定涉及历史遗留违法建筑的租赁合同为无效合同。因合同无效,承租人无权继续占有出租人的建筑物,需要向出租人移交房屋。在实际操作中,为推动项目,尽可能地避免激化矛盾,出租人一般会与承租人进行协商,在出租人可以接受的条件下向承租人分配部分利益,从而达到厘清经济关系、顺利移交房屋的目的。

2. 合作建房及合作经营法律关系处理

1998年修订的《土地管理法》第63条[1]的规定,农民集体所有的土地的使用权不得出让、转让或者出租用于非农业建设;但是,符合土地利用总体规划并依法取得建设用地的企业,因破产、兼并等情形致使土地使用权依法发生转移的除外。1991年实施的《经济特区合作建房管理暂行规定》(已于1995年废止)[2]第13条第2款规定,农民个人从农村集体经济组织分得的住宅用地,不得以任何形式与他方进行合作建房。合作建房或者合作经营协议,从本质上来说,就是原村民对土地使用权的一种处分,对于合作建

---

〔1〕 虽然现行2019年《土地管理法》第82条已对1998年《土地管理法》第63条的规定进行了修改,但由于早期村集体管理不规范、村民法律意识淡薄、监管制度不完善等原因,导致存在大量土地无序流转,容易引发纠纷,而针对该阶段产生的纠纷,司法实务中部分法院以当事人签订集体土地使用权合同时违反的规定为依据,认定合同无效。

〔2〕 目前实务中仍在适用此办法处理相关的房产问题,故其仍有参考意义。

房协议或者合作经营协议的效力,并不应该简单地认定为无效或者有效,要根据实际情况判断。

根据上述法律规定,我们可以发现,合作建房或经营协议是否有效,在于该土地是否属于集体土地。而深圳市在20世纪90年代进行了统征,又在21世纪初进行了统转,使得深圳市内全部的集体土地变为了国有土地,在认定合作建房或经营协议是否有效这一问题上,要着重审查该协议涉及的地块是否完成了征转手续,用地单位是否履行了对原农村集体经济组织的补偿义务。若在已完成征转手续且用地单位已经履行了对原农村集体经济组织继受单位补偿义务的土地上合作建房或者合作经营,则该协议应当是有效的。若在集体土地上或者在未完善征转手续的土地上进行合作建房或者合作经营,则该协议应当是无效的。

司法实践中,对于合作建房或者合作经营协议有不同的处理思路,以下仅对涉及历史遗留违法建筑的合作建房协议及合作经营协议进行分析。

(1)合作建房一方当事人请求法院确认合作经营或者合作建房协议无效或者有效

对于该请求,法院有两种不同的处理思路。部分法官认为,确认合同无效必然会涉及地上建筑物返还问题,属于变相对地上建筑物的权属进行确认,而地上建筑物往往属于历史遗留违法建筑,对该建筑物的处理属于行政机关的职权范围,故应当由行政机关先行对地上建筑物进行处理,后再由法院进行审理,据此裁定驳回起诉。还有部分法官认为,应当遵循"不告不理"的原则,合同效力的认定属于法院的职权范围,应当归属法院主管,对于地上建筑物的返还问题,因当事人并未提出该诉讼请求,故法院不对该部分进行审查,仅对影响合同效力的相关事实及法律进行审查和适用,对合同效力进行实体审理。

(2)合作建房一方当事人请求确认合作经营或者合作建房协议无效并请求返还建筑物

对于涉及返还地上建筑物或者请求法院确认地上建筑物归属的诉讼请求,法院的裁判观点是一致的,因地上建筑物属于历史遗留违法建筑,应当由行政机关先行处理,不属于法院的管辖范围,在行政机关处理后再由法院进行审理,据此驳回起诉。

（二）土地移交

1. 移交主体

原深圳市规划和国土资源委员会（现深圳市规划和自然资源局）2012 年出台的《关于做好土地整备地块验收和移交入库工作的通知》（深规土〔2012〕180 号）规定，土地整备地块验收工作，由辖区管理局负责组织实施，依土地整备项目实施单位申请启动。而土地整备项目的实施单位一般为街道办事处。街道办事处向辖区内的规划和自然资源局分局申请移交土地，再由各规划和自然资源局分局向土地储备机构移交土地，由土地储备机构办理移交入库手续并与规划和自然资源局分局签订土地整备地块移交确认书。

2. 移交注意事项

（1）权利人不配合产权注销问题

依据原深圳市规划和国土资源委员会《关于规范土地整备涉及已拆除不动产权利注销登记工作的通知》（深规土〔2017〕247 号）第 1 条之规定："在处理收回土地使用权、房屋征收（拆迁）、征转地历史遗留问题等工作的过程中，涉及已拆除不动产权利注销登记的，适用本通知。"关于材料的提交，通知的第 2 条规定："不动产登记原权利人或其委托代理人在补偿实施主体完成补偿后 30 个自然日内未提出申请的，可由补偿实施主体提交以下材料申请办理注销登记：（一）不动产登记申请表；（二）申请人组织机构代码证（复印件）；（三）拆迁补偿安置协议书；（四）不动产权利证书或其他权利证书（无法提供原件的，还应出具不动产权利证书灭失具结书及刊登灭失声明的整版报纸）；（五）补偿实施主体对拆迁补偿安置协议书、补偿实施情况，以及房屋拆除情况的真实性进行确认，并由区土地整备机构出具同意申请不动产权利注销登记的意见。补偿实施主体被撤销的，由补偿实施主体继受单位按本条第一款的要求申请办理注销登记，其中第（五）项材料由区政府（新区管委会）出具。"通知的第 3 条则对注销登记公告进行规定："补偿实施主体或补偿实施主体继受单位申请办理注销登记前，应在我市公开发行的报刊及区政府（新区管委会）的报刊或网站上进行公告，公告期为十日。公告期间无异议或异议不成立的，可申请办理注销登记。"

（2）三方征（转）地的移交入库问题

深圳市原关外地区存在大量根据《深圳市宝安区历史用地遗留问题处

理办法》《深圳市龙岗区历史用地遗留问题处理办法》进行处理的三方征(转)地，即根据上述规定，由规划和自然资源主管部门、用地单位、原农村集体经济组织继受单位三方共同签署协议，约定由用地单位对原农村集体经济组织继受单位进行补偿，该土地自签订协议之日起征为国有。但在实务中，仍存在大量用地单位并未补偿或者已经补偿但并未与规划和自然资源主管部门签订土地出让合同或者未取得处理决定的三方征(转)地。以龙华区为例，在土地整备利益统筹项目中，要完成三方征(转)地的移交入库，需要原签署三方征(转)协议的用地单位出具该地块已经厘清经济关系的说明，否则规划和自然资源局不认可该地已经厘清经济关系，将会对土地移交入库产生不利影响。

(3)现状移交入库问题

根据《关于进一步完善土地整备地块验收和移交入库工作的通知》(深规土〔2015〕30号)第5条的规定，原则上，土地整备利益统筹项目实施单位需要按照整备实施方案或协议补偿的要求，对整备地块内的永久建(构)筑物、青苗等附着物进行清理后方可办理验收手续。但是因政府需要或存在其他特殊情形(政府投资项目建设、短期合理利用、防灾减灾，生态、水源、基本农田保护，国有资产处置及核销等)短期内无法进行清理或采取其他方式进行处理的，由辖区政府或其相关职能部门出具说明，可根据《深圳市国有未出让土地日常管理暂行办法》(深府〔2010〕122号)的有关规定，结合地块规划功能及现状情况，明确管理要求、安全责任及主体、处理办法和处理时限后，办理验收手续。

(4)项目用地分期移交问题

对于土地整备利益统筹项目可否像城市更新项目那样分期实施，现有政策没有明确规定，且土地整备利益统筹项目为非政府主导的项目，现阶段的主要做法仍是整个项目一起移交，但目前不少政府主导的项目(如政府主导引入的国企实施项目)在按分期厘清经济关系、分期实施的路径办理土地入库和留用地出库的手续。非政府主导的项目，其合作开发主体遇到难拆迁的房屋或用地时，可以与土地整备部门、土地管理部门、土地储备中心等部门协商分期移交、分期出让留用地，以便解决项目一直被“卡脖子”的困境。

第三节　回迁物业整体租赁的管理和风险防控

深圳各社区的股份合作公司作为其集体物业的权利人，经营管理集体资产，并主要通过集体物业的对外出租获取收益。因此，规避租赁合同法律风险，有利于保护股份合作公司的合法权益，以确保集体资产实现增值保值。

实践中，股份合作公司将物业整体租赁给某个承租人，承租人承租后投入一定资金对物业进行装修、改造，对外统一招租，并转租给多个次承租人租赁，这种情况比较常见。该整体租赁的方式涉及多重法律关系，并且涉及较广的租赁面积、较多的法律主体和较大标的额的租金收入，这就要求出租人要有较强的调查能力、风险预估能力以及判断力，如在出租之时未提前关注并防范相关风险，在将来产生纠纷之时可能要耗费较大的成本，并承担如败诉、无法执行、清租困难等风险，从而导致股份合作公司和村民较大的损失，造成集体资产的流失。

股份合作公司的回迁物业作为集体物业，其整体租赁的管理以及风险防控，虽相较其他无房屋产权证书的集体物业少了部分合同无效以及涉城市更新等特殊约定的风险防控，但同时也涉及股份合作公司关于集体资产租赁特殊规定和租赁法律关系的共性。本节笔者特针对此种回迁物业的整体租赁模式下的大宗租赁的特性和共性，在合同签订阶段、合同履行阶段以及事后纠纷处理阶段三个方面梳理相关注意事项，以期抛砖引玉。

一、股份合作公司集体资产租赁的特殊规定

（一）部分法律规定梳理

为规范股份合作公司集体资产管理，保护集体资产所有者和经营者的合法权益，确保公司及广大股（村）民根本利益，促进农村集体经济发展和社会稳定，各区均出台了针对股份合作公司资产管理的相关规范，而针对股份合作公司的集体资产租赁，各区亦有特殊规定（见表4－2）。

表 4-2　关于股份合作公司集体资产租赁的部分规定

法规	条款
《龙华新区股份合作公司监督管理暂行办法》	**第 68 条**　租赁合同规定的租赁期限不得超过二十年；一般租赁合同期限原则上不应超过五年，大型物业租赁合同期限原则上不应超过十年。 对单项合同总金额超过 200 万元（含 200 万元）或有效期超过十年以上的重大租赁合同，按公司有关决策程序审批后方可签订，并报办事处集体资产管理部门备案。
《龙华新区股份合作公司重大事项决策管理暂行办法》	**第 6 条**　本办法所称的公司重大决策事项包括： …… （四）大型土地物业租赁项目； …… **第 12 条**　大型土地物业租赁项目。大型土地物业租赁项目是指公司租赁面积 3000 平方米以上，或租赁期限 10 年以上，或租赁合同年租金 200 万元以上的土地、物业等资源使用权出租或发包的项目。 大型土地物业租赁项目，应按如下决策程序进行： （一）制定方案。公司应对大型土地物业租赁项目进行可行性研究，出具研究报告，并编制租赁方案。租赁方案应包括项目标的、功能用途、租赁方式、价格、支付方式、招标方式等内容。 （二）审前公示。可行性研究报告、租赁方案经公司三会审议后，在公司范围内进行公示，公示期不得少于 10 日。 （三）表决备案。公示结束后，公司应将租赁方案等相关资料提交公司股东代表大会决议通过后方可招租，并报办事处集体资产管理部门备案。 （四）租赁招投标。公司应按规定组织或委托具备相关资质的招标代理机构组织公开招投标。对需通过竞争性谈判等方式协商交易的大型土地物业租赁项目，竞争性谈判等程序应参照有关规定执行。具体招投标办法由办事处结合自身实际另行制定。 公司应做好租赁招投标方案、招标公告、招标合同和相关资料的归档工作，并将招投标结果报办事处集体资产管理部门备案。 **第 20 条**　重大合同签订。公司签订合同实行限额审批和分类管理，单项合同标的额大于（含等于）200 万元（年收入）的合同、项目合资合作、产权转让以及租期超过 10 年的租赁业务等特别规定的合同为重大合同。合同标的额小于 200 万元（年收入）或租期 10 年以下的合同为一般合同。 公司应加强重大合同的管理，建立健全法律顾问制度，对重大经营、决策活动，须有法律顾问审核或见证，并出具法律意见书，经公司三会审议通过后，应在公司范围内进行公示，公示期不得少于 10 日。公示结束后，公司应将有关会议决议资料及合同报办事处集体资产管理部门备案。 **第 27 条**　大型土地物业租赁项目备案。公司应提交下列文件： （一）可行性研究报告； （二）租赁方案； （三）公司董事会、监事会、集体资产管理委员会，股东代表大会决议； （四）其他相关资料。

续表

法规	条款
《南山区股份合作公司综合监管实施办法（试行）》	**第 21 条**　建立事后监督制度。根据相关规定、政策和本实施办法及其附件，区集体资产管理办公室、街道办事处应指导、监督股份合作公司做好涉及集体用地开发和交易、大宗租赁、大宗资产处置、工程招投标等重大决策事项、决策备案和合同管理。规范股份合作公司企务财务公开。规范股份合作公司年度、“三资”运营和重要岗位人员任期届满或离职等审计工作。
《南山区股份合作公司重大事项决策监督管理办法》	**第 3 条**　股份合作公司的重大事项包括： …… （十）大宗资产处置、大宗投资购建、大宗资产租赁； ……第（六）项、第（十）项和第（十二）项重大事项，应履行有关招投标程序…… **第 4 条**　股份合作公司的重大事项，由董事会和股东（代表）大会根据法律法规规章、公司章程的规定，采取“一事一议一决策”的方式逐项表决。股份合作公司重大事项决策的程序如下： （一）征询意见。股份合作公司的重大事项，在广泛征求公司党组织、股东代表、专业法律意见，根据需要进行评估或作可行性分析的基础上，由公司董事会授权经营班子研讨提出方案。 （二）民主决议。属于公司董事会权限审议的重大事项，由董事会会议表决通过。同时监事会主席、集体资产管理委员会主任、经理应列席会议发表意见和建议，并报街道办事处备案。 属于股东（代表）大会权限审议的重大事项，应由董事会表决通过，并将董事会决议和相关方案报街道办事处备案后，再提交股东（代表）大会表决通过。股东（代表）大会讨论决定大宗资产处置、大额资金支出、大宗建设工程发包、大宗资产租赁、集体用地开发交易、对外投融资，以及涉及到其他重大合同等重大事项时，应邀请街道办事处派员列席会议进行现场监督，并鼓励引入现场公证监督。 （三）结果公开。重大事项表决决议（结果），应及时向股东进行公示，接受监督。公示期不得少于 5 个工作日。 （四）审核记账。重大事项实施过程中涉及的收支事项，应按照股份合作公司财务管理制度进行审核，及时将收支票据记账。 （五）归档备案。公司应及时将重大事项决策方案、会议决议和合同等相关材料归档管理，并将前述相关材料报街道办事处备案。同时，街道办事处应及时将前述相关材料报送区集体资产管理办公室。

续表

法规	条款
《南山区股份合作公司资产租赁监督管理办法》	**第4条**　股份合作公司组织单宗资产或一次性租赁物业面积3000平方米以上或年租金收入300万元以上的物业资产租赁活动必须以公开招租的方式实施。 虽在租赁合同中约定承租人享有优先租赁权，但未对“同等条件下”续约租赁有特别且明确约定的，并符合本条第一款所述范围的物业资产的租赁活动仍必须以公开招租的方式实施。 未纳入本条第一、二款所述范围的物业资产租赁活动由股份合作公司根据相关规定和公司章程自行组织实施。 **第5条**　股份合作公司以公开招租方式物业资产租赁活动的，必须统一通过深圳联合产权交易所（以下简称：联交所）组织实施，以便监督管理。 **第6条**　本办法所称公开招租是指股份合作公司委托联交所面向社会发布招租公告征集意向承租人，公告期不得少于5个工作日，并在招租公告期满后组织符合条件的意向承租人按照公告约定的竞价、竞争性谈判、综合评议及法律法规允许的其他市场竞争方式择优遴选承租人的交易方式。 **第7条**　股份合作公司以公开招租方式进行物业资产租赁活动的，招租文件及招租底价应经公司董事会或股东（代表）大会审议通过。 **第10条**　股份合作公司资产租赁交易方案应由董事会或股东（代表）大会审议通过，并征询专业法律意见。其中交易方案包括如下主要内容： （一）物业概况（包括地点、面积、现状等）、物业用途、业态要求、权属情况、抵押情况和租期； （二）租赁价格标准和租金收缴方式（鼓励通过第三方对租赁价格标准进行评估）； （三）拟设定的交易方式（公开招租和协议招租）和承租人遴选方式（竞价、竞争性谈判、综合评审或法律法规允许的其他方式）； （四）承租人的资格条件； （五）合同文本； （六）其他相关内容。 **第11条**　股份合作公司资产租赁交易活动应统一通过“南山区集体经济阳光365服务平台”进行。 **第12条**　股份合作公司资产租赁交易完成后交易结果应按照《南山区股份合作公司企务财务公开监督管理办法》予以公开，接受监督。 **第14条**　《南山区股份合作公司综合监管实施办法（试行）》和本办法所指的大宗租赁为：单宗资产或一次性租赁面积3000平方米以上、单宗资产或年租金收入300万元以上的物业资产租赁。
《南山区股份合作公司印章和合同监督管理办法》	**第16条**　集体用地开发和交易、大宗租赁、资产处置、重大建设工程招投标、对重大外投融资等重大决策事项的合同，应报街道办事处备案。

续表

法规	条款
《坪山区股份合作公司物业租赁管理办法》	**第 3 条(交易原则)** 集体物业租赁应当遵循民主决策、诚实信用、公开公平公正和等价有偿的原则。纳入集中交易范围的集体物业租赁应当在区集体资产管理部门认可的交易服务机构(以下简称"交易服务机构")中公开进行。 **第 4 条(限额标准)** 股份合作公司出租的单项物业月租金人民币 5 万元以上或面积 3000 平方米以上(以下简称"限额标准以上")的项目须纳入交易服务机构集中交易。 限额标准以下物业出租项目,股份合作公司可通过交易服务机构公开招租或按照公司内部管理规定自行组织招租。 **第 5 条(交易要求)** …… 股份合作公司集体物业租赁项目在坪山区股份合作公司综合监管系统进行资产登记并提交交易申请,未经登记申请不得对外招租。 **第 6 条(各单位职责)** 区集体资产管理部门负责建立和完善股份合作公司物业交易管理制度,指导、监督股份合作公司物业交易,抽查履约情况。 区工业和信息化局负责核查承租人产业准入资质、抽查集体物业承租人产业类型及发展导向的合规情况。 街道办事处负责指导、监督股份合作公司物业交易,核查交易方案,检查履约情况。 **第 14 条(限额标准以上物业出租)** 限额标准以上集体物业出租项目按下列程序进行: (一)编制租赁方案。 (二)租赁方案经董事会、集体资产管理委员会(以下简称:集资会)审议,监事会监督;仅涉及居民小组一级子公司的,由该居民小组一级子公司董事会、集资会审议,监事会监督;仅涉及居民小组一级分公司的,召开股东(家庭户代表)会议或经股东代表授权的经营班子会,通过后报股份合作公司董事会、集资会审议,监事会监督。 (三)在综合监管系统登记并提交租赁方案及相关资料,同时将租赁方案在社区公示栏公示 3 日。 (四)报街道办事处审核。 (五)在指定媒介发布招租信息公告,并在交易服务平台进行产业准入审核,在交易服务机构组织交易和结果公示。 (六)签订租赁合同并公示。 (七)街道办事处备案,在综合监管系统上传租赁合同及相关资料。 **第 18 条(公示公告)** 交易程序公示、公告要求如下: (一)租赁方案须在股份合作公司公告栏进行公示,公示时间不少于 3 日。 (二)招租信息须在坪山区股份合作公司三资信息服务平台网站、交易服务机构网站(限额以上)、社区公告栏进行公告,公告时间不少于 5 个工作日。 (三)交易结果须在坪山区股份合作公司三资信息服务平台网站、交易

续表

法规	条款
	服务机构网站(限额以上)、社区公告栏进行公示,公示时间不少于3个工作日。 (四)租赁合同须在社区公告栏进行公示,公示时间不少于3日。 **第26条(转租管理)**　物业出租后,承租人不得擅自转租。 承租人确因企业减产需要转租,且承租物业满一年以上,无违约违法行为的,由承租人提出书面申请,经原决策机构民主决策和街道办事处核查通过后方可施行。 街道办事处对转租原因、必要性、决策程序和转租条件等进行审核。转租期限不得超出租赁合同期限。次承租人经营范围应符合深圳市产业导向,且不得再转租。 股份合作公司应要求承租人将转租合同及相关资料在签订3日内报送股份合作公司,股份合作公司应在3日内将转租合同及相关资料报街道办事处备案。 商铺、商业综合体、商业写字楼、专业化租赁运营机构运营的产业园区不受本条第一款、第二款关于转租的限制,有关转租事项由租赁双方自行约定,但商业综合体及专业化租赁运营机构运营的产业园区原则上不得整体转租。
《罗湖区股份合作公司资产租赁管理实施细则》	**第13条**　股份合作公司应当按照公司章程、内部管理制度等规定的权限,对招租方案进行研究审议;审议通过后,应当作出书面决议并在公司经营场所等公示,公示期不少于三个工作日。股份合作公司资产租赁属于公司章程规定的大宗物业租赁等重大事项的,应当按照《罗湖区股份合作公司重大事项决策及备案管理办法》执行。 **第14条**　招租方案公示结束后,股份合作公司应当进入公共资源交易平台招租的资产租赁项目,须按有关要求通过区股份合作公司综合监管系统报街道监督管理机构备案。备案工作原则上在五个工作日内完成。备案材料包括: (一)备案请示; (二)招租方案; (三)内部决策材料。包括公司董事会、监事会、集体资产管理委员会决议;经股东(代表)大会决策的,还需提交股东(代表)大会决议等。

注:因为相关规定变动较快,且通常期限都会很短,有些期满会续期,即便期满,也可供读者参考,提供线索和思路。

(二)大宗物业租赁所需履行的特定流程

根据前述笔者从公开渠道检索到的股份合作公司涉及的物业租赁的相关规定可知,出租集体资产物业的租赁合同的签订流程不同于普通合同,集体物业属于集体资产，为确保资产租赁公开、公平、公正，推动集体资产优化配置和保值增值，避免集体资产流失，大宗物业的租赁作为股份合作公司的重大决策事项，自然会受到街道办事处的集体资产监管部门、区集体资产监督管理办公室和相关政府部门的监管。尽管不同区的规定略有差异，但一般均要求股份合作公司履行诸如公司内部决议程序、招投标流程等公开交易程序以及在监管系统和公司公告栏进行公示等，更有部分规定要求股份合作公司需要就物业租赁交易方案征询专业法律意见。

因此，集体物业的整体租赁需根据不同区的相关规定履行相应程序，如公开招租、内部决议，虽上述规定并不属于法律和行政法规，但如未履行前述程序，因集体物业的整体租赁涉及村民集体的重大利益，租赁合同将存在因被认定为违背社会公共利益而无效的可能。

同时，如未履行相关规定进行资产租赁，相关责任人员可能会被集体资产主管部门约谈甚至被列入换届选举限制名单，并被追究相应的民事、刑事责任等。

（三）整体租赁后的转租行为的限制

需注意的是，实践中存在部分规定对本书所述的以整体租赁至专业化租赁运营机构后再由其转租的模式有一定限制。例如，《宝安区股份合作公司物业出租管理办法（2017 年修订）》（已失效）第 26 条第 2 款规定："股份合作公司大宗物业转租，必须用于规划建设产业科技园区、产业孵化器、文化创意园区或双创空间等产业形态。"第 27 条规定："厂房类集体物业租赁合同应明确要求：面积在 5000 平方米以上的，不得整体转租给单一承租人，且转租物业必须用于与该承租人行业相关的上下游企业或承租人关联企业的研发生产、科技孵化等经营活动；面积不足 5000 平方米的，承租人自用物业面积必须超过 70%，转租物业面积不得超过 30%。"以上规定对转租即有如租赁面积、承租的产业形态等方面的限制。

但《坪山区股份合作公司物业租赁管理办法》第 26 条第 4 款亦在限制转租的基本原则下规定了例外情形："商铺、商业综合体、商业写字楼、专业化租赁运营机构运营的产业园区不受本条第一款、第二款关于转租的限制，有关转租事项由租赁双方自行约定，但商业综合体及专业化租赁运营机构运营的产业园区原则上不得整体转租。"

故笔者建议，拟采用此种租赁模式时，需遵循各区关于股份合作公司资产租赁的规定，在制定租赁方案时，可在方案中列明重要规定并交由股份合作公司内部决议和监管部门审核确认其可行性。

二、合同签订阶段的风险防控

（一）进行事前尽职调查

回迁物业整体对外租赁往往期限较长，为保障合同的履行，对承租人进行事前尽职调查，了解其履约能力是非常有必要的。一般而言，在企业信用信息公示系统、信用中国网、中国裁判文书网和执行信息公开网等网站可以简单了解到承租人基本的工商、信用和涉诉等信息。进行事前尽职调查应重点关注的问题如表4－3所示。

表4－3　事前尽职调查注意事项

基本信息	注意事项
登记状态	正常经营的企业一般均显示为“存续”（在营、开业、在册），若是其他如“吊销”“注销”“迁出”等则需要股份合作公司着重关注，了解其真实履约能力
成立日期	通过成立日期可以判断企业存续时间，尽量不要选择刚成立的、经济实力不足的空壳公司作为签约主体
经营范围	结合承租人的经营范围及其提供的项目运营计划，可以判断其是否具备基本的履约能力及项目运营能力，以及是否具备整体承租并经营出租物业的能力
注册资本	注册资本可以在一定程度上反映承租人的履约能力，建议承租人关注注册资本的大小、实缴情况以及实缴期限
股东情况	通过承租人股东的情况可以判断其资源运用能力，承租人股东背景越强，履约能力越能得到保障
工商变更情况	通过企业的历史沿革，如股东变更、董事、监事、高级管理人员变更的信息，可以看出企业管理层的稳定性
行政处罚情况	通过行政处罚情况可以判断承租人的合法合规经营情况，同时也可以侧面反映承租人的信用状况。如果其受到多次行政处罚，则经营管理能力有待进一步考察

除上述信息外，股份合作公司还可以从前述网站关注经营异常名录以及股权质押等。股份合作公司可在公开招租过程中设定基本的硬性条件，

如未受到行政处罚、未被纳入失信被执行人等,也可以设定其他如符合注册资本要求、提供项目运营计划或承租物业用途说明(包含租金的支付安排、物业装修投入安排、运营管理团队、运营管理计划等)等证明承租人履约能力和盈利能力的文件资料作为评分的标准。但需注意的是,不宜设定与回迁物业租赁实际需要不适用或无关的资格、技术和商务条件,否则将存在以不合理方式限制竞争之嫌。

必要时,股份合作公司可以聘请专业律师对承租人的履约能力进行尽职调查,《南山区股份合作公司资产租赁监督管理办法》第10条亦规定股份合作公司需征询关于承租人的资格条件在内的资产租赁交易方案的专业法律意见。

(二)要求增加必要的担保措施

由于合同履行期限较长、次承租人较多、法律关系复杂,一旦发生诉讼,处理起来耗时相对较长,若不能及时妥善处理,承租人仅按惯例缴纳两个月租金的保证金,往往无法弥补股份合作公司的损失。故建议依据项目大小和租赁期限的长短确定保证金缴纳的具体数额。

此外,建议要求承租人股东和实际控制人提供相应的保证担保或其他房产、车辆的抵押担保,或对租金的款项采取年度预收款模式,以降低相应回款风险。

(三)完善租赁合同条款

通过谈判,设计科学合理、全面的合同条款,在合同履行过程中发生争议时,可以为股份合作公司争取较为有利的法律局面。

全面约定租赁合同的内容是防范相应风险的必要措施。一般而言,租赁合同的主要内容包括:(1)承租人的名称、住所等基础信息;(2)资产现状;(3)租赁用途;(4)租赁期限;(5)租金及交付方式;(6)租金递增方式;(7)修缮责任;(8)转租、分租约定;(9)税收与资产保险费的分担、装修、履约保证金;(10)变更和解除合同的条件;(11)违约责任等。

除了前述一般性约定,股份合作公司还可依据此种租赁模式的特性相应设计一些便于股份合作公司监管的条款,详细说明如下。

1. 明确约定股份合作公司的知情权及单方解除权

承租人的履约能力是动态变化的,除了做到事前尽职调查外,还可以约定承租人定期汇报、披露经营情况的义务,即承租人需定期提供经营情况说明、财务报告、审计报告等文件和涉诉情况的说明,以披露自己的履约能力,保障出租人对承租人经营情况的知情权,出租人也要主动去核实信息的真实性以保证承租人确有足够的履约能力;约定在承租人有拖欠租金、经营能力恶化或涉及较多涉诉案件等情况,影响到租赁合同的正常履行时,股份合作公司有权随时了解承租人的财务情况,并在必要时享有单方解除权。

此种动态的监管权限,有利于股份合作公司尽早识别风险,制定对应措施或尽早开启招商工作以降低空置损失等。

2. 明确约定转租事宜并限制再转租

若不对物业层层转租的行为进行限制,可能在纠纷产生之时,股份合作公司甚至不知道物业实际使用人的基本情况及其与其他主体的法律关系,在追缴租金、谈判甚至清租的过程中就会面临较大困难。对于越后手的次承租人,股份合作公司的控制力度及知情权越低,若存在承租人拖欠租金或实际使用人损坏房屋甚至从事违法犯罪活动的情况,将会给股份合作公司带来难以挽回的损失。

因此,租赁合同对于转租的事宜需明确约定股份合作公司的知情权并限制再转租的行为,具体而言:

(1)建议在租赁合同中明确以下事宜:

①承租人应该将次承租人的主体资料、转租合同复印件加盖承租人、次承租人公章或者签字后交股份合作公司备案,如涉及再装修的,应一并提供装修资料等进行备案;

②承租人应作出在合同无效、解除、期限届满时,无条件清退次承租人的承诺;

③承租人应作出在其欠租时,股份合作公司可直接要求次承租人支付租金的承诺;

④承租人有义务监督次承租人是否存在再转租行为,股份合作公司发现存在再转租行为而承租人无法在限定期限内解决的,承租人应当支付一定金额的违约金,且股份合作公司有权解除合同。

(2)转租合同的基本通用条款应使用经过股份合作公司及承租人协商

后一致同意的模板,包括但不限于以下内容:

①披露股份合作公司与承租人主租赁合同的基本情况,如租赁期限等,并明确约定承租人租赁合同变更、解除或者终止的,因转租而签订的租赁合同应随之相应变更、解除或者终止;

②明确约定次承租人不得再转租,且次承租人不得存在制毒、贩毒、非法生产、打架斗殴、安全管理、高空坠物等违法犯罪问题;

③明确约定在承租人欠付股份合作公司租金之时,股份合作公司直接向次承租人收取租金的权利。

具体可参考《宝安区股份合作公司物业出租管理办法(2017 年修订)》(已失效)第 30 条的规定:"股份合作公司应在物业租赁合同中约定,转租行为应签订三方租赁合同(股份合作公司、承租人、第三方,分别为合同的甲、乙、丙三方),租期不得超过承租人租赁合同的剩余租期。"此管理办法虽因超过有效期现已失效,但由于宝安区政府尚未发布新的管理办法,因此本管理办法仍具备参考意义。

3. 明确免租期内的权利义务

因租赁期限较长,实践中,出租人给予承租人一定的免租期是较为常见的。对于股份合作公司而言,应事先做好应对,在涉及如装修免租期或租赁免租期的条款安排时,应明确租赁双方在免租期内的权利义务内容,包括:

(1)明确约定装修免租期内安全事故的处理原则和责任承担方。

(2)对免租期所免的费用内容作出明确约定。建议约定免租期只免租金,不免物业费、能耗费(如水费、电费、通信费等)。

(3)合理安排免租期。对于租赁期限较长的,合理拆分免租期至租赁合同履行的不同阶段,避免承租人享受了大部分免租期,最后却提前逾期违约导致出租方遭受巨大损失的情形。

(4)明确约定因承租人违约导致合同解除时,承租人应补回免租期租金损失。尽管在未明确约定的情形下,司法实践中也存在法院认可出租人以免租期系附义务的赠与为由要求承租人补回免租期租金的案例,但为避免不确定性,笔者仍建议提前约定清楚。

4. 明确约定包括次承租人在内的房屋用途、装饰装修和扩建的归属、费用和消防验收责任等事宜

股份合作公司与承租人签订租赁合同时,合同约定的房屋用途不应超

出房屋产权证明文件记载的用途;同时,为了防范刑事风险,建议明确约定不得利用物业从事违法犯罪活动并约定相应的违约责任。

此外,除承租人负责物业使用期间的消防安全外,承租人承租后,一般均会进行整体的装饰装修或改建、扩建,根据《消防法》、最高人民法院《关于审理城镇房屋租赁合同纠纷案件具体应用法律若干问题的解释》的规定,在合同中明确装修和扩建的费用,消防审批、验收时的责任以及合同解除或租赁期限届满后已形成附合的装饰装修物的归属和赔偿等事宜尤为重要。建议在租赁合同中明确约定,承租人、次承租人进行任何装饰装修或者扩建,均须获得股份合作公司书面同意,而股份合作公司仅负有提供相关证明文件的义务,装修或扩建的费用、设计方案及报建手续均由承租人或次承租人负担;在租赁合同解除或租赁期限届满之时,装饰装修物归股份合作公司所有或股份合作公司有权选择在合同解除或者期限届满后一定期限内要求承租人恢复原状。

同时,因承租人的经营活动具有多样性,还建议在租赁合同中约定承租人在特定期限内向相关政府部门办理经营所需的证照,包括但不限于环保验收合格证、卫生许可证、娱乐经营许可证、营业性演出许可证等,并在开业日前向股份合作公司提交前述证照的副本作为备案。

5. 明确约定清租事宜

清租涉及的主体较多、较复杂,且稍有不慎,可能会涉及故意毁坏财物罪及破坏生产经营罪等刑事责任,故建议明确约定合同解除或租赁期限届满后办理清租事宜的期限、方式和程序,明确承租人逾期搬离的违约责任,以及遗留物品的处理机制和风险承担情况。在租赁合同中明确约定股份合作公司在提前通知的情形下可以采用断水断电等停止物业服务的方式进行催租,以及在承租人逾期拒不搬离时视为放弃物品所有权等条款。

三、合同履行过程中的风险控制

(一)履约期间的知情权和监督权

在房屋租赁合同的履行过程中,如何平衡出租方的知情权、监督权和承租方的经营自主权,主要依据双方的商业地位和谈判结果而定。除在租赁合同中约定承租人的承诺条款及相应的违约责任外,在实际履行过程中,股份合作公司可以通过如下方式加强对承租人和物业的管理,降低和控制租赁风险。

1. 制定管理公约制度

股份合作公司与承租人协商一致制定租赁物业的管理公约,约定物业的房屋用途、相关规章制度等,以规范物业的实际承租人的经营行为;同时,可在管理公约中规定入住商户使用统一的 POS 机收银系统,便于股份合作公司了解整个租赁物业的收入和经营状况。

2. 派遣员工入驻

股份合作公司可以派遣部分员工入驻租赁物业的物业管理公司,从而做到日常关注并知悉租赁物业具体的招商情况、入住情况等。

3. 定期报送财务信息

如前文所述,股份合作公司可在租赁合同中约定,承租人有主动报送财务报告和审计报告的义务,以及股份合作公司享有对其主动提供的财务信息的真实性进行审计的权利。

4. 加强对转租过程的监控审查

股份合作公司可在租赁合同中约定由股份合作公司对转租合同进行初步审查,或要求承租人与次承租人达成转租合同后在约定期限内送股份合作公司备案。在这一过程中,应着重注意转租合同的租赁期限不得超过租赁合同的租期,超过部分应当认定为无效。

5. 依法建立健全房屋租赁安全生产管理制度,履行安全生产管理职责

督促承租人落实生产安全、消防安全相关规定,发现租赁房屋存在安全隐患的,及时排除或督促承租人处理,无法排除或承租人拒不改正的,及时向相关部门报告。

6. 签署责任承诺书

对于重要事项,如安全保障责任、消防安全、设备使用安全等事宜采取签署责任承诺书的方式,在次承租人正式进场以及日常公告环节要求其签署确认并落实责任。

(二)及时交付房屋并保留好移交凭证

在房屋租赁合同中,出租人的主要义务即交付适格的租赁物,建议股份合作公司在与承租人交付房屋之际,签署相应的交铺确认书,确认房屋交付

状况、水电表读数、物品、设备数量等事项，并在交铺确认书中明确承租人对租赁房屋的现状表示认可，没有异议，验收合格。必要时，可以通过拍摄视频及照片的方式记录留证。

若承租人拒不接收房屋，也要在交铺确认书中表明这一情况以固定证据，免除股份合作公司的责任，并通过后续书面发函等方式催促承租人接收房屋。

（三）监督承租人和次承租人的装饰装修行为

承租人和次承租人应提供相关装修方案，经股份合作公司书面同意并将相关装修资料复印件加盖公章后交股份合作公司备案，为便于区分承租人与次承租人的装修装饰内容，建议股份合作公司分别保存。同时，股份合作公司有权监管、阻止其改变房屋主体结构、超出装修方案或影响房屋使用安全的装修行为。对于前述行为，可要求及时整改并追究其违约责任。

（四）针对承租人的违约行为及时采取正确的措施

根据房屋租赁合同和法律的规定，承租人拖欠租金达到一定期限或擅自转租的，出租人享有单方解除权，故在承租人出现违约行为后，可视不同情况及时采取相应措施。

1. 提前做好诉讼保全预案

提前梳理承租人、担保人及股东等的财产线索，提前做好诉讼保全预案；同时梳理相关次承租人的主体信息和转租合同，可在将来进入诉讼程序时将次承租人一并列为第三人，并保全承租人转租的租金收益，以尽量减少损失。

2. 及时发出催告文件或律师函

根据《民法典》第 563 条第 1 款第 3 项的规定，当事人一方迟延履行主要债务，经催告后在合理期限内仍未履行的，当事人享有单方解除权。故在承租人具有轻微的违约行为之时，股份合作公司可以与其协商并以寄送催缴函或律师函的形式及时履行催告程序，同时告知其在限定期限内拒不履行合同义务时，股份合作公司将采取的法律措施。

3. 及时决定是否解除合同

对承租人迟延交付租金的行为，建议股份合作公司作出果断的决定，出租人经营状况恶化又无法提供其他担保的，在协商不成的情况下，综合考虑市场情况和承租人的实际经营情况，及时行使单方解除权，诉诸法院或仲裁机构追缴租金，减少损失。

4. 向有关部门申请调解以解决纠纷

如果发生纠纷，股份合作公司可向物业公司、街道人民调解委员会、资产属地街道办事处或区集体资产管理部门申请调解。

四、争议阶段的处理要点

（一）采取适当的私力救济措施

《民法典》第1177条规定："合法权益受到侵害，情况紧迫且不能及时获得国家机关保护，不立即采取措施将使其合法权益受到难以弥补的损害的，受害人可以在保护自己合法权益的必要范围内采取扣留侵权人的财物等合理措施；但是，应当立即请求有关国家机关处理。受害人采取的措施不当造成他人损害的，应当承担侵权责任。"

根据笔者检索结果，较多判例显示，在租赁合同有明确约定且出租人事先催告和通知的情形下，部分法院是认可出租人采取断水断电的自力救济措施的。但需注意的是，事先的催告和通知应采取书面方式以固定证据，且发出书面通知后应当给予承租人合理期限交付租金并搬离房屋；同时自力救济应在一定限度内，部分判例[1]认为，在未经协商解除的情况下，锁门锁车、直接强行腾空商铺已明显超出必要限度，系激化矛盾的行为，故不认可诸如此类的自助行为。

另外需要关注的是，为避免相应的侵权责任以及破坏生产经营罪的刑事风险，对于承租房屋系冷藏仓库、危险品仓库、医院、学校以及工业生产等用途的，不宜采取停水停电措施。

---

〔1〕 参见安徽中之环智慧物流集团有限公司长沙分公司、李某某租赁合同纠纷案，湖南省长沙市中级人民法院（2021）湘01民终8063号民事判决书；天津市第二印染厂、天津市战友汽车维护养护服务中心房屋租赁合同纠纷案，天津市第一中级人民法院（2018）津01民终4795号民事判决书；蔡某某、如东万达置业有限公司房屋租赁合同纠纷案，江苏省南通市中级人民法院（2020）苏06民终1353号民事判决书。

（二）清租难的解决路径

在租赁合同解除后，若承租人拒不搬离商铺，而股份合作公司又需要及时止损，可以根据实际情况分析房屋是否适合强行腾房，实践中强行腾房存在的法律风险主要是损毁财物的侵权责任，甚至涉及故意毁坏财物罪及破坏生产经营罪等刑事责任。故在研判相关风险后，笔者建议股份合作公司采取如下措施以降低相关风险：

（1）股份合作公司可与街道办事处、信访局、派出所等部门沟通协商，积极开展协商调解。

（2）多次调解不成的，股份合作公司可委托律师、公证处、社区工作站或其他证人、第三人全程参与、见证或录制视频，记录商铺的清理和盘点过程，制作物品盘点清单和笔录，并区分不同物品不同的存储特点，委托专业的第三方机构进行仓储保管。

（3）在完成前述事宜后，书面告知承租人交接物品的位置、期限、联系方式等，在双方交接之时，制作交接清单并要求其支付保管费用，确保物品交接不存在争议。

（4）如果承租人不同意将物品送至专业的第三方机构进行仓储保管，则可以与之协商，将物品进行拍卖、变卖。对于拍卖、变卖的价款，如尚有租金未支付，则扣除租金以及必要费用后全部返还给承租人，如租金已全部交纳完成，则扣除必要费用后全部返还给承租人。

如经研判，确实不宜强行腾空房屋，建议及时启动司法程序寻求公权力机关的救济，在申请强制执行的过程中，可由法官组织双方调解，调解不成的，法官可以在案涉房产张贴强制搬迁公告，责令其限期搬离，逾期不搬离的法院将依法强制清场。强行清场的过程中，往往会有警察、司法警察以及第三方如人大代表等进行见证。

（三）与次承租人的协商合作

尽管股份合作公司可制定相关管理公约制度，以及要求在转租合同中披露其基本情况，但基于合同的相对性，其与次承租人之间并无直接的法律关系，从实现根本目的的前提出发，股份合作公司的最终目的系收取租金，故股份合作公司可在整体的租赁合同解除后，及时与次承租人等进行协商，直接签订新的租赁合同继续收取租金,在最大程度上降低损失。

五、实务提示

回迁物业作为股份合作公司重要的集体资产,依法依规完善和规范其出租行为和流程,将有利于防止回迁物业价值流失、提高回迁物业的经济使用效益。实践中,股份合作公司在资产租赁的过程中,除依法履行各区的区集体资产监督管理办公室颁布的相关规定外,全面制定租赁合同、在租赁合同签订前积极落实对拟承租人的履约能力的尽职调查、在合同履行过程中行使自身的知情权和监管权,将对回迁物业整体租赁后的管理和风险防控大有裨益。

第五章 土地整备利益统筹项目重点法律问题

为尽可能减少项目停摆的可能性，本章将对土地整备利益统筹项目在实施过程中可能存在的重点法律问题进行提示，主要分为尽职调查问题（包括项目用地及地上建筑物现状、项目的申报及审批情况、调查项目搬迁安置情况、农村集体资产合作程序进展情况、项目公司情况调查）、市场主体在不同阶段介入合作的法律问题（包括市场主体概述、市场主体介入的阶段、不同阶段介入的法律问题）等方面。

第一节　尽职调查

“土地整备利益统筹”在传统的“土地整备”基础上，将“土地整备”和“土地出让”两个环节整合在一起。政府从土地整备中的行政管理者和收储出让中的利益获取方，回归到公共利益管理的政府角色本源，将商业利益问题归由权利人与市场主体进行谈判磋商。在此过程中，项目风险具有了行政行为风险与民商事行为风险的双重属性，对相关主体(特别是市场主体)的风险控制与管理能力也提出了更高的要求。如何通过法律尽职调查环节对项目进行充分“体检”、预先识别项目风险？本节将围绕土地整备利益统筹项目如何进行法律尽职调查展开。

一、项目用地及地上建筑物现状

土地整备利益统筹项目范围内用地及地上建筑物的情况，是尽职调查的核心部分。一般而言，土地整备利益统筹项目所涉土地及建筑物的情况较为复杂，除性质、功能、权属清晰的已出让国有建设用地以外，还会涉及非农建设用地、城中村、旧屋村、历史遗留用地等。查清项目范围内土地及地上建筑物的现状，对于市场主体充分了解和掌握城市更新项目的基本信息、不动产权属和法律关系，以及发现项目潜在的法律风险至关重要。详细介绍如下。

(一)项目范围内的土地利用现状

土地整备利益统筹项目范围内的土地利用现状，包括土地使用权的性质、权属、面积、使用年限、规划用途、是否缴清地价、权利负担等方面。市场主体在尽职调查过程中，首先需要全面掌握项目范围内所有土地的上述基本信息，并侧重就以下几个方面进行审查：

1. 审查项目范围内的土地是否已取得相关权利证书

市场主体需要审查项目范围内的土地是否取得土地使用权证、用地批复等关于土地已取得合法手续的相关证明文件，审查国有出让土地的用地主体是否与规划国土主管部门签订了土地使用权出让合同。对于已取得上述文件的土地，根据文件中记载的权属、面积、使用年限、规划用途等信息，确认相关土地是否权属清晰，是否符合开发利益需求以及能否控制开发成本等。

2. 审查项目范围内的土地面积是否满足申报标准

一般而言，利益统筹项目用地应满足如下条件：

（1）实施对象原则上是继受单位及其成员实际掌控用地。

（2）原则上以街道为界限，项目范围内至少有一块3000平方米以上的集中成片的未完善征（转）地补偿手续的规划建设用地。

（3）原则上应包含集中成片、相对规整的公共服务设施用地及产业、居住、商业等经营性用地，移交政府用地的规模及空间位置应符合规划建设的标准。

（4）范围边界原则上需综合考虑片区功能完整性、系统性和项目可实施性，依据规划用地情况、自然地理要素和土地权属情况划定。其中，项目范围原则上应包含完整的产权边界或规划用地边界；涉及道路的，边界原则上以现状道路或规划道路为界；涉及山体、河流等自然地理实体的，边界原则上以自然地理实体为界。

此外，还需注意，根据6号文的相关规定，在利益统筹项目范围内安排的留用土地规模，原则上不得超过项目规划建设用地面积的55%。因规划统筹需要，利益统筹项目周边国有未出让的边角地、夹心地和插花地（以下简称三地）可纳入留用土地选址范围，但纳入选址范围的国有未出让土地面积不超过3000平方米，或不超过项目范围内规划建设用地面积的10%。

3. 审查项目范围内土地的使用权性质及权属

（1）利益统筹项目留用土地

即按6号文核算并确认给原农村集体经济组织继受单位的用地，具体包括以下三种用地：

①项目范围内已批合法用地，是指原农村集体经济组织继受单位及其成员已落地确权的合法用地（包括已取得房地产证、土地使用权出让合同、非农建设用地批复、征地返还用地批复、农村城市化历史遗留违法建筑处理证明书、旧屋村范围认定批复的用地等）。

②项目范围外调入合法指标，包括非农建设用地指标、征地返还用地指标，以及其他土地整备项目留用土地指标，此类用地指标按照相关规定核准

后，可在项目范围内安排、落实。

③本项目核定利益共享用地，是指项目内上述第①项用地范围外的未完善征（转）地补偿手续规划建设用地，扣除上述第②项中非农建设用地指标和征地返还用地指标后的剩余土地。

（2）已批合法用地

根据土地性质不同，尽职调查过程中要注意审查以下资料的重点也有所不同：

①国有建设用地。国有建设用地包括已出让国有建设用地、已划拨国有建设用地或其他已办理合法用地手续的国有建设用地。核查国有建设用地，不仅要仔细审查土地使用权证、不动产登记簿等权属证明，还应进一步审查相关土地出让合同、划拨文件或其他相关批文，以及相关土地出让金、市政配套费等款项的支付凭证，以确保权利人、权利证明和有关合同相一致。

②非农建设用地，是指在深圳市城市化进程中，集体土地转为国有土地后，政府为满足原农村集体经济组织继受单位生产和生活需要，促进其可持续发展，根据相关规定，按照一定标准，核准由原农村集体经济组织继受单位保留使用的土地。对于非农建设用地，需要核查划定非农建设用地的范围图及非农建设用地指标调入相关批文等。

③征地返还用地，是指政府为保障原农村集体经济组织继受单位生产和生活需要，促进其可持续发展，在征收原农村集体所有的土地后，根据有关规定返还给原农村集体经济组织继受单位的建设用地。对于征地返还用地，需要核查征地返还用地批文、征地补偿协议及征地补偿款的支付情况。

（3）按"历史遗留违法建筑"处理的用地

就深圳市而言，按"历史遗留违法建筑"处理的用地，是指依据"两规"、《关于农村城市化历史遗留违法建筑的处理决定》等相关规定，可以按"历史遗留违法建筑"处理的用地。在处理该类用地法律事务时，需要核查相关主体申请按历史遗留建筑处理的相关文件材料（如申报及回执），以及最终按"历史遗留违法建筑"处理的政府批文。

（4）旧屋村用地

根据《深圳市拆除重建类城市更新单元旧屋村范围认定办法》（虽然此办法已因有效期满而失效，但是目前尚未就相关问题颁布新政策，此办法仍有参考意义)的规定,旧屋村范围是指福田、罗湖、南山、盐田四区在《关于深圳经济特区农村城市化的暂行规定》实施前,宝安、龙岗、龙华、坪山、光明、大鹏六区(含新区)在《深圳市宝安、龙岗区规划、国土管理暂行办法》实施前,正在建设或者已经形成且现状主要为原农村旧(祖)屋等建(构)筑物的集中分布区域。对于旧屋村用地,需要重点审查政府核发的旧屋村范围图。

(5)项目范围外调入合法指标

笔者认为,需要核查项目是否满足项目所在地区政府规定的将非农建设用地指标调入的条件;项目已开展非农建设用地指标调整工作的,审查非农建设用地指标调整的相关程序是否符合规定。例如,宝安区、龙岗区、龙华区、坪山区等不同区域分别出台了关于非农建设用地管理的相关规定,收购方应根据项目所在区域的具体管理规定,审查非农建设用地指标的调入(调整)程序是否合法,或是否合法取得相应批文。

(二)项目范围内的地上建筑物现状

在土地整备利益统筹项目中,对项目建筑物的尽职调查,对于判断后期补偿安置方案及难度至关重要。一般而言,对于项目范围内地上建筑物的核查重点在于建筑物的取得是否合法合规、权属是否清晰、是否存在权利负担、是否存在纠纷或潜在纠纷。核查建筑物是否合法合规,不仅要关注是否已取得权属证书,还要关注取得房屋权属的整个过程,因为关注整个过程往往能同时获知房屋权属是否清晰、是否存在权利负担、是否存在纠纷或潜在纠纷。

具体而言,市场主体通常应就以下方面对项目范围内的地上建筑物展开详尽的尽职调查:

1. 审查更新项目用地范围内建筑物的合法性

要想全面核查建筑物的合法性,除了对土地进行尽职调查以外,还需要核查地上建筑物是否取得建设工程规划许可证、施工许可证、施工合同、消防验收文件、环评验收文件、不动产权属证书、不动产登记簿、可以交付使用的相关证明、房屋建造款支付凭证等。在尽职调查中,不仅要核查取得建筑物权属程序的完备性,还要核查上述证书、批文记载事项是否一致。如建筑物未办理不动产登记,需要核查相关购房协议、房款支付凭证、主管部门确认所有权的相关书面文件。如建筑物属于历史遗留违法建筑或者其他违法、违章建筑物，在开展尽职调查工作时，需要核查是否取得相关主管部门的处理批文。需要强调的是，主管部门对于历史遗留建筑的确认批文并不属于权属证明文件。除核查该等批文外，还要核查处罚、地价缴款凭证、不动产初始登记文件。如建筑物性质属于小产权房、在建工程、合作建房、公益事业用房、军事设施、教堂、宗祠、寺庙、文物古迹等，需要取得明细清单、相关合同等资料。如项目建筑物属于在建工程，需要核查工程总包合同、分包合同，把握工程进度，了解承包方、分包方资质等基本情况，工程结算约定情况等。

2. 审查更新项目用地范围内建筑物的权属

土地整备利益统筹涉及的建筑物种类纷繁复杂，包括商品房、私宅、城中村、统建楼、集资房、福利房、微利房、经济适用房、历史遗留违法建筑、临时建筑等，有的不具有房产证（或不动产权证），而即使具有房产证的房屋，也分为市场商品房和非市场商品房，即俗称的“红本房”和“绿本房”。具体而言，需要对以下方面进行审查：

（1）审查房屋是否取得房屋权属证书（包括不动产权证、国有土地使用证等）。

（2）审查房屋是否取得建设工程规划许可证或规划和自然资源主管部门出具的现状确认文件。

（3）属于历史遗留违法建筑情形的，审查是否符合“两规”、《关于农村城市化历史遗留违法建筑的处理决定》等深圳市关于历史遗留违法建筑处理的规定，审查是否取得区历史遗留违法建筑处理部门出具的相关意见，并向规划和自然资源主管部门申请土地、建筑物权属认定。

（4）属于房地产登记历史遗留问题的，审查是否已经依照规定取得规划确认文件、土地权属证明，依法应予行政处罚的是否已由有关主管部门给予处罚，并向规划和自然资源主管部门申请土地、建筑物权属认定。

（三）城市更新项目范围内土地及建筑物的权利负担

城市更新项目范围内土地及建筑物的权利负担主要包括抵押、租赁、信托、交换或偿还债务等形式的权利负担。在审查项目所涉土地、建筑物存在的权利负担时，需要特别核查相应的抵押合同、租赁合同、信托协议、债权债务合同等约定权利负担的书面文件，以及在房地产权登记中心查询的房地产权抵押登记查询表、土地租赁登记备案文件等。具体而言，对于项目土地、建筑物存在抵押情形的，资产并购模式下需要解除抵押，才能办理相关转让手续。而在股权并购模式、项目权益并购模式下则要视并购方具体需求来决策。对于项目所涉土地、建筑物存在租赁情形的，需要核查相关国有土地使用权租赁合同、房屋租赁合同、国有土地使用权证租赁登记证明等。对于项目土地、建筑物存在信托情形的，则需要核查信托合同、信托登记、信托合同项下为办理信托事务而签署的其他文本协议等。

在取得上述文件后，需要对项目所涉土地及建筑物权利负担情况进行梳理。例如，取得租赁合同后需要明晰合同主体、租赁期限、租金标准、租金给付方式、是否有因"三旧"改造或者城市更新而约定的免责条款等基本信息并形成汇总表格，在此基础上整体把握租赁清退难度、预估耗用成本及时间。

（四）项目土地及地上建筑物权属纠纷或争议情况

项目土地及地上建筑物是否存在纠纷、争议或潜在纠纷、潜在争议，是开展土地整备利益统筹项目法律尽职调查时需要重点关注的问题。例如，集体土地转为国有土地的补偿未落实，引发村民与开发商的权属纠纷；项目开发对周边片区造成影响，可能引起相邻权纠纷等。如果确有纠纷、争议，应要求相关方提供书面说明，并根据具体情况，对土地涉及的相关诉讼或仲裁文书资料、执行文件，或相关主体就土地争议纠纷事项达成的和解协议等文件进行核查。

二、项目的申报及审批情况

（一）流程进展"体检"

土地整备利益统筹项目一般可分为土地整备年度计划的纳入与审批、项目实施方案的编制与审批、实施协议书的签订、留用土地批复的核发、合作开发主体的引入、签订搬迁补偿协议并完成备案、房屋拆除与清理、土地验收及移交入库、土地出让合同的签订与变更等环节。一般而言，需要律师开展尽职调查的介入阶段会随着项目进展情况的不同而存在差异，而尽职调查的工作重点也会因为项目进展不同而有所侧重。通常，进展情况的披露就是贯彻"向前看"和"向后看"两个步骤:(1)"向前看":目前项目已经取得了哪些阶段性的进展,核实以往的申报、审批的流程及手续是否完善,并披露相应瑕疵可能对项目后续顺利推进;(2)"向后看":后续主体还需完成哪些流程及手续、流程的推进还存在哪些客观障碍等。

笔者团队习惯以流程图及表格的形式向委托人呈现项目的进展情况。下文以笔者团队之前代理的一起位于深圳宝安区的土地整备利益统筹留用地合作开发项目(以下简称甲项目)的尽职调查为例进行介绍:根据《广东省征收农村集体土地留用地管理办法(试行)》(粤府办〔2009〕41 号)、6 号文、《宝安区股份合作公司集体用地土地使用权交易管理办法》(深宝集资〔2020〕26 号)相关规定,并结合甲项目的具体情况,确认了该次土地整备利益统筹项目的申报、实施应遵照的流程,如图 5－1 所示。

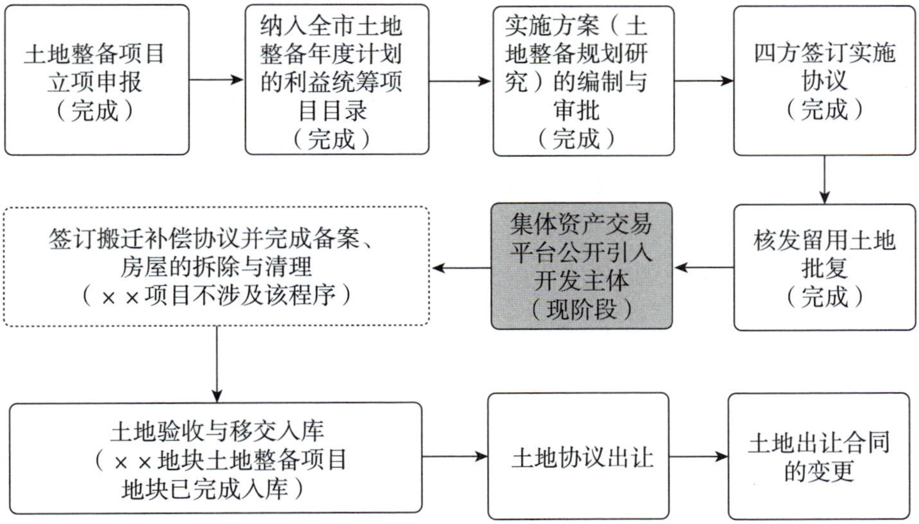

图 5－1　甲项目的申报、实施流程示意

(二)申报及审批情况

下面笔者将对项目申报及审批情况中几个关键节点需要重点审查的内容进行简要叙述。

1. 项目申报

对于未立项项目,要重点审查对立项可行性的判断,根据《光明区土地整备利益统筹项目计划申报指引(试行)》规定,申报立项需提交的项目可行性研究方案应当包括项目背景、实施范围、土地和建筑物权属及利用现状、规划情况、留用地指标核算及土地分配方案、留用地规划功能与开发强度初步分析、货币补偿方案、经济可行性论证等方面的具体情况分析等;对于已立项项目,要对立项申报流程的合规性予以审查,以及是否有申请计划调整或退出的情形,需进行计划调整的项目应由原农村集体经济组织继受单位书面提出项目调整申请,且具体审批流程及单位由于项目调整范围占原项目实施范围面积的不同而存在差异,要注意是否符合相关规定。

2. 项目实施方案的编制与审批

核查内容包括实施方案编制情况、是否进行了报批、审批机关的意见。土地整备项目实施方案一般以整备项目为单元进行编制,主要包括土地整备的工作任务、工作流程和进度安排;整备地块信息,包括整备土地的范围、地块划定依据、空间位置、面积、现状用途、权属关系、规划情况、安置情况等;整备地块权属不清的,明确确权依据、确权主体、确权方式及工作安排;整备方式,包括收回土地使用权、房屋征收、土地收购及征(转)地历史遗留问题处理等整备方式的选择及组织实施;土地整备补偿方案;整备项目的资金预算方案、资金来源及具体用途;土地整备的经济社会效益评估结果;土地整备涉及房屋征收的,实施方案还应明确房屋征收的社会稳定风险评估结果;整备土地的验收标准;奖励方式等。

3. 实施协议的签署

根据6号文的规定,依据经批准的实施方案和土地整备规划,区土地整备事务机构、街道办事处、规划和自然资源主管部门派出机构与原农村集体经济组织继受单位签订利益统筹土地整备项目实施协议书,明确项目实施时序、土地整备资金、移交政府土地范围、留用土地安排方式和留用土地指标规模等相关内容。在法律尽职调查中,要重点核查利益统筹土地整备项目实施协议书的内容,是否经过相关公司治理机构审批、政府部门审批,是否已生效;相关方对协议效力或内容是否有异议,避免协议内容不完整或有歧义;对经济测算有重大影响的移交土地(影响项目强排)与时序(影响项目内部收益率)。

4. 留用土地的批复

区政府对原农村集体经济组织继受单位申请的留用土地批复后,允许其按照相关规定作价入股或者引进开发主体合作的方式开发留用土地。

三、调查项目搬迁安置情况

6 号文第 14 条第 1、2 款规定:“原农村集体经济组织继受单位应按照土地整备项目实施协议书的相关要求理顺利益统筹项目范围内的经济利益关系,并具体负责建(构)筑物及青苗、附着物的补偿、拆除、清理和移交工作。原农村集体经济组织继受单位应组织相关权益人签订搬迁补偿安置协议,搬迁补偿安置协议中应约定补偿方式、补偿金额和支付期限、回迁房屋面积等相关事项,涉及房地产权证注销的还应明确相关义务和责任。搬迁补偿安置协议应报区政府相关职能部门备案。”

搬迁补偿安置工作与整备项目中的成本控制、进度推进、风险防控密切相关。与城市更新项目类似,“拆不动”一直是困扰房地产开发商的难题,项目范围内权利主体签订搬迁补偿安置协议的进度直接影响整备项目工作的进程。为预估项目需要付出的资金成本,判断补偿安置方案能否合法实施,需要对项目补偿安置情况展开尽职调查。

(一)搬迁补偿安置方案制定情况

搬迁补偿安置方案是开发单位为明确被搬迁人享有的搬迁补偿权益,体现搬迁补偿安置工作的公平、公开,就搬迁补偿安置工作制定的关于补偿内容、补偿方式及补偿标准等的公开参考文件。通常,在签署正式搬迁补偿安置协议之前完成制定并向全体被搬迁人公示。搬迁补偿安置方案的制定,有助于指导搬迁人与被搬迁人就搬迁补偿安置事宜有序开展谈判、签署搬迁补偿安置协议等相关工作的展开。

需调查的搬迁补偿安置方案的内容主要包括:房屋征收范围,补偿内容,补偿方式,补偿标准,安置物业的区位、数量、调换标准、套型面积,计价依据,过渡方式,临时安置用房标准,拟定的签约期限,提前搬迁奖励期限、提前签约奖励标准等。此外,补偿安置方案相关内容的公示公告情况、补偿安置方案的内部审批决策情况等,关系到补偿安置方案是否经过合法的程序制定,也是市场主体审查的重要内容。

(二)搬迁补偿安置协议签订情况

1. 核查签约情况

市场主体在决定介入项目实施前,首先需要核查已签署搬迁补偿安置协议的签约主体是否已全面涵盖被搬迁主体,核查已签署的补偿安置协议所覆盖的建筑物面积是否已全面涵盖项目范围,核查签约主体在补偿安置协议中是否表达了真实意愿。对于未签约的,则要核查并分析相关权利人未签约的原因、利益诉求及后续签约的可能性。

2. 审查签约主体

在审查补偿安置协议内容时,必须审查被搬迁人的签约主体资格。一方面,须确认被搬迁人是否具有完全的民事行为能力,进而保证协议签署的合法性、有效性;另一方面,需要审查被搬迁人是否为被搬迁房屋适格的权利主体。核查并明确适格主体,是后续实施补偿安置的前提,但由于立法滞后、历史遗留、政策限制等原因,现实中出现的情形纷繁复杂,如权利人死亡、失踪的,购买房改房、统建房的,名为租赁实为买卖的,等等,房屋的实际权利人难以确定,笔者在此列举如下情形以供参考:

(1)一般情况下,应以房屋权属证书(包括各类“红本”“绿本”产权证)及不动产登记部门档案中记载的权利人为适格的权利主体。

(2)对于没有取得不动产权证书或没有办理不动产登记,但有其他证明文件可以证明其权属关系(如买卖、赠与、遗赠等)的,经有关权利人认可,也可作为被搬迁人。

(3)被搬迁房屋存在共有人的,应由全部共有人在搬迁补偿安置协议上签字,否则应取得其他全部共有人经公证的授权或放弃权利的证明文件。被搬迁房屋由夫妻双方基于婚姻关系共有的,应将夫妻双方共同列为被搬迁人。

(4)被搬迁房屋的权利人死亡的,如权利人生前立有遗嘱,在审查遗嘱效力后,可确定遗嘱继承人为被搬迁人;如生效的法律文书已就被搬迁房屋确定了继承人,应以确定的继承人为被搬迁人;未确定合法继承人的,根据相关继承规定确定合法继承人后,将确定的继承人作为被搬迁人。

(5)权利人为境外人士或定居境外的,可委托第三人代为签署,但须出具经境内公证机构公证的授权委托书;若授权委托书系在国外签署的,则须经签署地所在国公证机关予以公证，并经我国驻该国使领馆予以认证，或履行我国与该所在国订立的有关条约中规定的相关证明手续后，方可由受托人代为签署。

3. 审查协议文本

搬迁补偿安置协议的内容一般包括补偿安置方式、补偿安置标准、补偿安置款支付方式、房屋搬迁及交付、回迁房屋的分配及交付方式、延期安置违约责任、保密条款、争议解决方式等。市场主体应对上述内容逐一进行审查，以确认协议内容是否充分保障搬迁人的相关权益，相关风险是否可控。另外，补偿安置协议中有关被搬迁人及被搬迁房屋的基本信息（包括但不限于证号、位置、面积等）应与产权证书或产权登记部门档案中记载的信息一致。

（三）审查履约情况

龙岗区城市更新和土地整备局于 2023 年 2 月 7 日出台《深圳市龙岗区土地整备利益统筹项目实施监管办法（试行）》（深龙更新整备规 1 号），确认利益统筹项目对回迁房建设、过渡费实行资金监管，设立回迁房建设监管资金和过渡费监管资金。回迁房建设监管资金按照该项目所在辖区建安成本及所需建设房屋面积确定。同时，回迁房建设监管资金、过渡费监管资金在签订实施监管协议之日起 10 个工作日内完成首次核算，以后每季度为一个核算周期，在核算完成后 10 个工作日内完成相应监管。因搬迁人资金不足、拖延项目实施等原因造成回迁房无法建设或交付的，街道办事处可使用回迁房建设监管资金继续完成回迁房建设，可使用过渡费监管资金支付回迁安置物业权利人的过渡费，也可使用回迁房建设监管资金和过渡费监管资金向回迁安置物业权利人支付补偿金。故而，在拆补环节也需要结合各区地方规定，审查是否落实项目资金监管及其他监管要求。

四、农村集体资产合作程序进展情况

在项目转让时，项目公司通常已经签订了大量的合同文件，合同文件涉及的主体有政府主管部门、村股份合作公司、项目合作方、融资银行、拆迁公司、评估机构、测绘机构等。参照城市更新并购的做法在土地整备利益统筹项目的合作中，市场主体需要审查相关合同文件的条款内容、履约状况、履约中相关材料的存档等情况。

（一）相关合作协议的签署情况

审查框架协议、合作意向书、合作协议等有关书面文件内容及其履行情况，对于判断后期整备项目能否顺利推进作用较大。审查上述合作开发协议类文件，应主要关注合作模式、权益分配、双方权利义务及违约救济等。具体项目需要具体判断，涉及非农指标的，需要关注非农指标落地情况、合作前提及合作条件等；项目内存在历史遗留问题的，则需要关注融资方或被收购方处理历史遗留问题的方式及所采取的措施等。

（二）村股份合作公司决策程序的执行情况

项目合作开发事宜的决策审批程序，一般需要取得董事会、股东会、集体资产管理委员会对合作开发事宜及项目合作方案的内部决策文件，通常还要取得决议的公证文件、主管部门对城市更新项目方案的备案资料。以股份合作公司为例，在核查项目合作开发事宜的决策审批程序时，需要核查公司章程、表决机制及程序、“三会”（股东会、董事会、监事会）及集体资产管理委员会决议、股东签字确认表、未备案股东签字确认表、见证人员签字表等，审查股份合作公司内部运行是否存在较大矛盾，内部决策程序是否完备、是否符合公司章程等。除此之外，原始权益人引进合作方的相关程序性文件还包括招投标文件、竞争性谈判文件等。

（三）集体资产处置情况

2016 年，中共深圳市委办公厅、深圳市人民政府办公厅发布了《关于建立健全股份合作公司综合监管系统的通知》（深办字〔2016〕55 号），要求将集体用地合作开发建设、集体用地使用权转让和城市更新等资源交易项目纳入各区公共资源平台统一实施。在涉及集体用地、集体资产交易或合作开发的投资项目中，市场主体在开展尽职调查工作时需要了解和掌握各区对于平台合作交易的监管细则，并审查股份合作公司的决策是否符合集体资产交易的相关规定。

五、项目公司情况调查

项目公司情况调查的内容与普通房地产并购项目中需要关注的内容基本一致，一般包括公司的主体资格，公司设立与历史沿革，注册资本及缴纳情况，公司独立性，公司股权结构与控股股东、实际控制人，公司董事、监事及高级管理人员任职资格，公司财务和内部控制制度，同业竞争与关联交易，公司主要资产与经营设施，在建或已完工的建设项目，重大债权债务及对外借款，担保情况，税务及财政补贴，重大合同，财产租赁情况，财产保险事项，公司对外投资情况，公司劳动用工、劳动保护及劳动保险情况，重大诉讼、仲裁及行政处罚情况等。

【附件】

法律尽职调查清单

一、项目土地整备情况

1. 项目土地整备进展情况说明：□有□无□其他

2. 目标项目纳入全市土地整备年度计划的利益统筹项目目录情况：□有□无□其他

3. 目标项目土地整备已取得的政府批复文件：□有□无□其他

4. 项目所在区域的法定图则：□有□无□其他

5. 标的项目已编制的实施方案：□有□无□其他

6. 标的项目的土地整备规划及是否公布并纳入城市规划“一张图”：□有□无□其他

7. 拟合作的留用地位置、范围，所在社区：□有□无□其他

8. 留用土地方案，留用地在项目范围内安排的，应包括留用土地的位置、规模、用途和规划控制指标；在项目范围外安排的，应包括留用土地的指标类别、规模和安排方案：□有□无□其他

9. 目标项目已取得的留用土地批复：□有□无□其他

10. 项目留用土地的征（转）补偿手续进展情况、留用土地使用权出让合同及补充协议（如有）：□有□无□其他

11. 区土地整备事务机构、街道办事处、规划和自然资源主管部门派出机

构与股份合作公司签订的项目实施协议书:□有□无□其他

12. 土地整备补偿资金情况:□有□无□其他

二、标的项目土地和建筑物情况

1. 改造项目范围示意图、红线图或宗地图,近期查丈图、地籍图,区域规划图件,历史上各期的普查、测绘查丈资料,地形图,征地图等:□有□无□其他

2. 规划和自然资源主管部门出具的目标项目土地和建筑物信息核查文件的复函,包括目标项目所在地块的建筑物信息核查清单:□有□无□其他

3. 目标项目范围内土地除已取得产权证或签署土地出让合同的其他类型土地,请提供非农建设用地批复、征地返还用地批复、农村城市化历史遗留违法建筑处理证明书、旧屋村范围认定批复等文件。

4. 目标项目范围内涉及未征转土地的,提供未征转土地的范围、面积,以及曾签署的征转协议或类似协议(如有):□有□无□其他

5. 改造范围所涉土地利用现状的说明:□有□无□其他

6. 改造范围内涉及建筑物信息列表[含房产权利人名称、房产所在宗地号、房产类型,有证/无证,证照类型(红本/绿本)、房地产证号、房屋建筑面积、用途、现状、实际使用人等信息]:□有□无□其他

7. 建筑物测绘报告:□有□无□其他

三、搬迁安置补偿

1. 补偿安置方案及报批情况等:□有□无□其他

2. 已签订的拆迁安置补偿协议及相关文件范本:□有□无□其他

3. 已经签署拆迁安置补偿协议的情况清单(业主姓名、房屋单位、拆迁面积、补偿内容、支付费用项目及金额、安置补偿费用支付情况):□有□无□其他

4. 已签订的拆迁安置补偿协议的备案情况:□有□无□其他

5. 未签署拆迁协议的房屋面积及权利人汇总情况:□有□无□其他

6. 项目现场房屋的拆迁进度计划及已拆迁情况:□有□无□其他

四、农村集体资产合作程序进展情况

1. 就相应的改造协议/合作协议等(若有),已完成的村集体决策(村股份合作公司的董事会、监事会和集体资产管理委员会、股东代表大会决议)及公证,街道集体资产管理部门备案情况及相应决策、公证、备案文件:□有

□无□其他

2. 就实施土地整备以及确定留用地规模等，村集体的决策、公证、备案文件（如有）：□有□无□其他

3. 涉及指标调入、完善征转手续、历史遗留问题处理等的村集体决策文件，是否录入“三资”管理信息系统（如有）：□有□无□其他

五、项目合同

1. 就标的项目由项目公司与村股份合作公司签订的相应的改造协议/合作协议等（若有）及所有附件、补充协议（如有）：□有□无□其他

2. 相应的改造协议/合作协议等（若有）的履行情况；其中若有约定履约保证金的，保证金额及支付情况等：□有□无□其他

3. 项目公司聘请相关顾问单位的合同，包括但不限于编制规划、策划、协助拆迁等合同：□有□无□其他

4. 其他与本项目的实施有关的合同：□有□无□其他

第二节　市场主体在不同阶段介入合作的法律问题

市场主体参与的灵活性、多样性，在为项目实施带来活力的同时，也增加了项目推进的风险性与不确定性。本节将在梳理市场主体特征的基础上，以其介入项目的不同阶段为线索，归纳在项目推进过程中市场主体介入可能存在的法律问题。

一、市场主体概述

市场主体，是指参与土地整备利益统筹项目合作开发或者以合作开发为目的的原农村集体经济组织继受单位、政府以外的自然人和营利性法人。在特殊情况下，物业权利人也属于市场主体范畴。

市场主体是土地整备利益统筹项目开发中的重要主体，极富多样性。市场主体参与是激发社会资金投入土地整备利益统筹项目的重要渠道。在存量土地二次开发过程中，由于涉及对原权利主体的权益补偿等，资金成为开展项目的决定因素。无资金即无项目。通过引入市场主体，从而有序导

入社会资金,是解决此类项目实施资金巨大需求的有效路径。从某种程度上来说,市场主体既肩负着推动项目立项的任务,也承担了项目推动的资金支撑角色,因此说市场主体是项目的实质性推动者也并非夸大之词。具体而言,市场主体参与主要呈现以下特点。

(一)市场主体对市场准入规则的要求和依赖

退一步讲,即便没有明确的准入规定,也不排斥市场主体进入。无论市场主体在项目中能够发挥多大的作用,从最初的角度来说,市场主体都需要具备不被排斥入场这一前提条件。6 号文第 3 条规定,利益统筹项目按照政府主导、社区主体、社会参与的原则予以实施;第 13 条第 2 款规定,原农村集体经济组织继受单位可以依据留用土地批复,按照集体资产处置相关规定,通过合作开发或作价入股等方式引入留用土地的开发主体。根据第 255 号文的规定,土地整备利益统筹项目的搬迁人为原农村集体经济组织继受单位,或原农村集体经济组织继受单位及按照相关规定确定的开发主体,搬迁人负责与相关权益人签订补偿安置协议。从上述规定可以看出,土地整备利益统筹项目不但未排斥市场主体的进入,而且准许并引导市场主体参与其中。实践也表明,市场主体有效参与了土地整备利益统筹项目,并发挥了重要作用。

(二)市场主体的冒险性和风险承担

市场主体具有敏锐的机会洞察能力,凡是有收益机会的地方,就有市场主体的身影。市场主体在对未来收益关切的基础上,通过基本的判断,更有意愿投入前期成本,以期待可预期的未来收益,因此未来可能获得的收益成为市场主体冒险的基础和依据,但是未来收益确实存在极大的不确定性,因此市场主体实际上承担了这部分极不确定的风险。在利益统筹项目中,市场主体在承担不确定的风险的情况下,提供、搭建并践行了项目从不可能到可能的路径,可以说市场主体承担了项目的主要风险。

(三)市场主体参与的灵活性和多样性

市场主体参与土地整备利益统筹项目的方式是灵活多样的,可以是资金方、技术方、资源方、开发方、代建方等。市场主体既可以是自然人,也可以是企业组织，各种主体通过灵活的方式介入土地整备利益统筹项目，为项目实施提供技术、资金等多方面、全方位的支持，促成整个项目最终完成，实现各参与方的利益共赢。

总体而言，市场主体对市场机会极具敏锐性，其对风险的承担，参与项目的灵活性、多样性，为项目实施的资金等需求带来了源头活水；而市场主体对于市场准入规则的依赖，是依法开展经济活动的基础，这两者相辅相成，方能发挥市场和政府的双重效应，共同推动土地整备利益统筹政策的有效实施。

二、市场主体介入的阶段

市场主体的特点决定了其介入土地整备利益统筹项目阶段的灵活性。政府在项目实施方面的实际情况也决定了市场主体介入土地整备利益统筹项目的现实需求。在土地整备利益统筹项目中，政府和市场主体是不可分割的，它们代表了两种不同的偏好和路径，两者的调和性共同促成了土地整备利益统筹项目机制的顺利运行。

根据当前的土地整备利益统筹政策，市场主体介入的时间点一般为在项目基本成熟、已经取得留用土地批复的前提下，股份合作公司按照集体资产处置规定，正式引入开发主体。在实务操作中，需要市场主体提前介入，从整体上来看，市场主体介入土地整备利益统筹项目的阶段大致可分为以下三类。

（一）项目前期

项目前期，是指土地整备利益统筹项目纳入年度计划之前，即常说的项目立项之前这一阶段。如前所述，市场主体拥有最为敏锐的商业嗅觉。土地整备利益统筹项目往往在立项之前就伴随着市场主体的身影。虽然土地整备利益统筹项目在政策层面是由政府主导，但实际上一部分项目首先是以市场主体对市场情况的判断为基础，进而与原村集体经济组织继受单位建立链接并发起的。在这一阶段，虽然项目能否通过政府立项是个未知数，但市场主体的介入为符合政策要求的项目高效地完成立项提供了可能。市场主体在此时介入，面临的风险是巨大的，因此市场主体对未来市场的预测、对政策的把握、对项目的综合性判断，以及与原农村集体经济组织继受单位关系的稳固性等,都是影响市场主体后期实现其预期利益的重要因素。

根据6号文的规定,市场主体在留用土地供地方案下达并得到批复前,不宜直接介入项目并与集体组织签约,所以一般以前期服务商、咨询服务顾问的角色出现。此时市场主体的身份是得不到政策认可的,但是该阶段往往又存在很多工作即成本投入,面临预算及支出审核管理风险。市场主体一旦退出或未来无法获得开发权,均会为其带来巨大风险。实践中,有些区也在逐步结合实践对集体用地开发政策进行调整。以龙岗区为例,《龙岗区社区股份合作公司集体用地开发和交易监管实施细则》(深龙府办规〔2022〕2号)允许原农村集体经济组织继受单位在项目前期通过公开方式选定合作方,这对于市场主体的利益保障具有较大的优势。

市场主体一般会与原农村集体经济组织继受单位签署前期服务协议,其在身份认同及政策认可度方面存在问题,也会为其在产生纠纷后维护权益带来困难。

市场主体在实施方案编制与审批阶段介入,有利于控制开发成本,包括对搬迁补偿费、安置费、超预期费用与物业分配比例等进行综合研判,对后续的测算与开发税筹均有所帮助。

根据6号文的规定,土地整备利益统筹项目前期整备阶段只能由政府主导实施,市场主体在留用地批复给社区之前无法被正式引入。但是由于在一级土地整备阶段也需要大量的资金,政府土地整备资金从确定到拨付存在时间差和金额限制的问题,而社区也缺乏整备需要的资金,所以需要引入前期服务商来解决前期土地整备问题。

前期费用的投入与收回存在法律风险,实践中,一般会安排中标的正式合作方承担前期服务商的前期投入,前期服务商已经投入的成本如何计算交易对价,没有票据的支出如何认定,均存在难度。

可见,市场主体在项目立项阶段介入的主要法律问题表现为前期服务商前期垫支投入、前期服务项目与未来市场主体相关工作的衔接问题,同时前期服务商的身份有待明确并需要一定的政策支撑。

特别需要注意的是,市场主体与原农村集体经济组织继受单位建立有效的链接即市场主体成为项目前期服务商或受托主体后,还存在其他市场主体(如资金方、实际操盘方)介入该项目的情形。资金是实施项目的重要资源,专业是项目开展的重要基础。如果说与原农村集体经济组织继受单位建立有效链接的市场主体（或可称为一级市场主体）主要通过成为项目前期服务商或受托主体的方式介入项目，那么其他市场主体（或可称为二级市场主体）则主要通过股权的方式（入股）介入一级市场主体进而间接介入项目。

（二）项目立项后阶段

项目立项后阶段即从项目立项至项目合作主体正式确定之前这一阶段。一般来说，该阶段项目的前期服务主体已经确定，甚至个别项目的正式合作主体也已经确定（如龙岗区的规定）。考虑到大部分项目是在留用土地确定后选定正式合作主体，因此本部分主要针对前期服务主体进行论述。已经确定前期服务主体的项目，亦存在其他市场主体介入项目的需求，或者前期服务主体有引入其他主体的具体需求。此时，其他市场主体有条件地介入项目（一般为签订合作协议），约定将来取得项目正式合作主体地位的一系列安排，一般对于项目推进的阶段和达到的目标有较为明确的要求，其他市场主体担任的主要是资金方的角色或者是将来开发实施项目的角色。在该阶段，由于市场主体尚未取得正式合作主体资格，因此该类合作协议往往具有更强的期权性质，约定的资金释放条件往往也非常严格，但是其他市场主体即资金方也存在资金安全隐患、不能取得项目正式主体资格以及项目收益不足等风险。

出于推动项目、增强对项目的把控、进行税务筹划等目的，市场主体会选择作为搬迁人，并采用股份合作公司作为见证人的方式与相关权利主体签署搬迁补偿协议，待市场主体后续正式成为合作方后，再完成搬迁补偿协议的备案。目前的操作路径为：核发留用土地批复前，开发主体与被拆迁人提前签订补偿安置协议，股份合作公司作为见证人，后续进行备案认可。市场主体以原农村集体经济组织继受单位的名义实施搬迁安置与补偿，如项目无法推进，或在平台投标阶段未中标，将面临投资如何收回的现实问题，因此双方相关协议对此问题的约定就尤为重要。

（三）留用土地合作主体选择及以后阶段

留用土地合作主体需要遵循集体资产交易的有关规定，通过公开的方式选择。这主要涉及集体资产交易的规则，本书有其他章节对此进行具体讲述，本部分仅就合作主体确定后的市场主体的介入问题进行论述。

市场主体对于留用土地的开发资格，主要依据6号文第13条第2款的规定，留用土地审批主体审批并核发留用土地批复后，原农村集体经济组织继受单位可以依据留用土地批复，按照集体资产处置相关规定，通过合作开发或作价入股等方式引入留用土地的开发主体。

留用土地合作主体确定以后，其他市场主体能否介入项目？答案是肯定的。

正式合作方确定后，涉及项目收并购事宜。这个阶段主要面临的法律问题是法律尽职调查，对项目进行详尽的调查，同时，如股权收购涉及集体资产，还需依照相应的程序进行。在后期收并购介入（如有），也会面临之前的主体资格限制风险，因为有些项目会严格限制项目股权转让。实际上，股权变动是比较重要的模式。虽然深圳市的个别区不允许股权变动或者对变动比例有潜在要求，甚至要求在有变动的情况下重新进行市场主体备案等，这意味着要对合作主体资格重新进行审核。然而在实践中，有些区合作主体的股权变动并不必然引起或要求再次备案。就市场角度而言，股权交易是公司治理模式下企业并购的重要方式，是法人主体意思自治的范畴，对其予以限制本身就是不合理甚至不合法的。实践也表明，即使政府部门有意限制，实际上也很难杜绝，这是因为本质上公司法人的经营以及策略调整是由市场本身的波动性及不确定性等决定的。

三、市场主体介入的法律问题

市场主体在介入土地整备利益统筹项目时，往往需要签订相应的协议来确定自身的主体地位和权益，这些协议大致可分为前期服务协议（委托协议）、合作协议两种类型。两者有时存在明显的区分，有时可能具有高度的一致性。这与利益统筹政策所处的历史发展阶段有一定的关系，在土地整备利益统筹政策的初期，一般直接采用合作协议，后来发展成为前期服务协议和合作协议混同，发展到现在，前期服务协议和合作协议具有了较为明显的区分。从以上分析可以看出，不能简单地从协议的名称上来区分协议主体在土地整备利益统筹项目中的角色和地位。下文主要从前期服务协议和合作协议，以及其他比较重点的专项问题展开讲述。

（一）前期服务协议

前期服务协议就是针对项目立项前需要开展的一系列工作内容，委托市场主体来开展，并约定了相应权利义务的协议。一般情况下，前期服务协议由股份合作公司按照相关程序与市场主体签订。个别情况下，特别是重大项目的前期服务协议由区土地整备主管部门、街道办事处、农村集体经济组织与市场主体（一般为国有企业）签订。

前期服务协议中约定的受委托的市场主体的主要工作内容包括土地及建筑物基础信息核查（如用地核查、用地种类核查等）、权利人核查、意愿征集（部分区有明确要求）、测绘、项目实施范围拟定、留用土地选址等，同时，对于前期开展活动的资金的负担问题、后续项目正式主体选择时的优先性问题以及委托的时限等问题均有约定。结合前期服务协议的内容，受委托的市场主体主要面临如下风险：

1. 前期服务协议期限问题

众所周知，虽然前期服务协议没有明确市场主体的项目合作，但在实践中，该市场主体在后期选择正式合作主体时有较大的优势。在项目推进顺利以及双方关系较为融洽的情况下，前期服务协议的时限到期后可经由双方协商确定，予以延期；但是在特殊情况下，特别是股份合作公司出现换届等变动，或者市场主体出现较大的财务危机，又或者有其他市场主体意图介入该项目时，原市场主体的协议续期可能就存在较大的障碍。因此市场主体对于前期服务协议进行时限约定时，应当充分预见各项工作的难易程度，并且对于某些事项，特别是涉及原农村集体经济组织继受单位协调配合的事项，应当明确其责任，并约定由此引起的工作停滞等结果，需要在前期服务协议的期限中排除或给予特别的安排和说明。

2. 前期服务协议中的市场主体在参选正式合作方时的优先性问题

如前所述，在实践中，前期服务协议中可以约定市场主体在参选正式合作方时具备一定的优先性。由于前期服务协议的性质，其无法直接确定市场主体的正式合作方地位，而后续项目确定正式合作方根据项目的推进情况也会相对滞后，因此市场主体在签订前期服务协议时非常有必要针对项目后续选取合作方的关键评价因素进行提前谋划和约定，最大限度避免竞争优势丧失的风险。

3. 前期服务协议中的市场主体投入资金的安全保障问题

实际上，虽然前期服务协议中市场主体处于受委托的地位，但是开展各项工作的资金基本上均由市场主体垫付，原农村集体经济组织继受单位很少直接承担，一般会约定，如果市场主体最终成为正式合作方则由其承担；如果由其他市场主体取得合作方地位，则由其他市场主体承担。但在实践中，这一做法也面临较大风险。特别是在项目不可行的情况下，也就是经过前期综合研判，项目不符合立项的条件或者不具有经济可行性，此时市场主体前期投入的资金可能面临无法收回的风险。因此，建议市场主体在前期服务协议中针对该类型作出特别约定，如果原农村集体经济组织继受单位不同意（一般情况下其处于强势地位），则市场主体需要提前研判该项目的可行性，最大限度避免此种风险。

综上所述，为保障资金安全，建议市场主体在前期服务协议中明确投入资金的垫付性质，如后期项目未成功立项则由原农村集体经济组织继受单位承担；如后期项目合作方为第三方则由正式合作方承担；如前期服务商成为正式合作方，则前期投入资金转化为项目投资款并与项目利益分成挂钩，同时也为前期资金投入纳入项目投资成本提供便利和依据。

另外，需要注意的是，前期服务协议中的市场主体需要提前谋划和考虑为项目实施而设立项目公司的必要性，为项目公司成为项目正式合作方后将前期投入计入项目投资成本提供便利。

（二）合作协议

合作协议可分为正式合作协议和非正式合作协议。正式合作协议，是指确定留用土地合作开发正式合作方的协议。非正式合作协议，是指正式合作协议以外的相关市场主体之间就参与项目达成的各类合作协议。

1. 正式合作协议可能出现的问题

虽然正式合作协议确定了市场主体在项目中的主体地位，但在实践中，仍然会出现一些问题。主要有以下几种：

（1）市场主体调整问题。市场主体通过公开方式确定，公开招商文件对投标主体有明确的要求。部分大型企业为了投标和企业实施的便利，往往成立专门用于投标的平台公司，该公司确定资格后，再设立项目公司。招标企业为了防止投标主体的恶意变更，通常会要求投标主体作为合作主体且不允许变更,这就导致主体在适用和调整上存在问题。由于该中标主体后续在集体资产备案、搬迁补偿安置协议等阶段均为政府审查的主体,为了兼顾招标主体的需求和项目实施的实际操作需求,建议对招标文件进行详细的研究,并做好对应的措施,避免在后续实施过程中造成障碍。

(2)项目收益分配问题。实践中,由于土地整备利益统筹项目涉及集体资产问题,政府部门对于集体资产的保值增值等都有一定的要求,在实际操作中会按照一定的比例明确原农村集体经济组织继受单位的权益,避免集体资产遭受损失。实际上,项目由于各种原因可能不具有经济可行性,或者现有分配比例会造成市场主体无利可图。除了增容等常规方法外,是否还有其他可调整的机制来保障股份合作公司、市场主体甚至物业权利人的利益分配,是此类项目在此种情况下需要重点注意的问题。这就要求市场主体在评估是否参与项目时,要在对收益的判断有较高的估计时才可介入。当然,不同市场主体或者同一市场主体在介入项目时考量的因素并不相同,这就要求市场主体要在明晰收益的情况下作出企业自身的经营价值判断。

(3)股权转让问题。受让股权是其他市场主体进场并有效控制项目的主要手段,主要通过对公司治理结构等进行调整来满足控制需求。实质上,利益统筹项目的可行性、合作方的配合程度、搬迁补偿等因素都会影响项目的实施进程,因此项目在推进中存在非常大的不确定性。对于其他市场主体而言,绝非受让股权后就万事大吉,而是要注意对合作方推进事项进度的监督和把握,并明确在合作方推进不利和不力的情况下,其他市场主体的退出机制,这是股权受让事项中需要重点关注的方面。特别是对于较早期的项目,由于在项目前期就确定了正式合作方,此时项目的实施进度处于早期,后期能否实现存在更大的不确定性,其他市场主体在此时入场需要更加慎重。

(4)股权代持问题。股权代持是常见现象。一方面,代持人的配合程度是合作方需要考虑的问题,特别是在项目推进不顺利,或者代持人与其他市场主体存在其他纠纷时,会影响项目的决策和推进。另一方面,合作方作为代持股方也可能存在损害被代持方利益的情形。再加上土地整备利益统筹项目的整体运作周期较长,合作主体之间的合作不稳定性风险增加,因此代持股对于双方来说都是“双刃剑”,需要提前进行约定,最大限度避免后期扯皮的风险。

(5)合作方不配合问题。合作方不配合是一个非常广义的问题,一方面,是指在项目推进中,原农村集体经济组织继受单位不积极配合物业权利人核实等工作;另一方面,是指在项目主体为原农村集体经济组织继受单位与市场主体“双抬头”的情形中,在需要加盖原农村集体经济组织继受单位公章或者原农村集体经济组织继受单位内部决策时,原农村集体经济组织继受单位不予积极配合。当然,同时也存在原农村集体经济组织继受单位积极推动,但是市场主体一方由于自身项目经营策略等因素怠于推动项目的情形。因此在合作中,双方积极配合才有利于项目的整体推进,缺一方而不可得,这也是项目推动的难点所在,既需要在合作协议中明确权利义务职责,也需要主体之间建立良好的沟通协调机制。

(6)集体资产评估问题。一般而言,土地整备利益统筹项目招商时已经对集体资产进行了全面评估。但是在实践中,由于一些早期项目合作方确定时并未对集体资产进行评估,有些项目由于范围调整导致纳入项目的集体资产也发生变化,这就需要对集体资产重新进行评估。并且集体资产的评估也存在较大的不稳定性,特别是在原农村集体经济组织继受单位存在“反对派”的情况下,对集体资产再评估的要求以及评估价值的高低都会产生很大的影响,由于集体资产评估结果直接影响项目收益分配,市场主体需要特别留意该问题。

2. 非正式合作协议可能出现的问题

与正式合作协议相比,非正式合作协议更多的是基于将来正式参与项目的可能性的一种冒险行为,与参与主体的偏好和对项目的价值判断有较大的关系,因此非正式合作协议的签订具有更大的灵活性,也正是非正式合作协议的上述特点导致其出现了一些特有的问题。

(1)项目真实性问题。项目的真实性既包括项目本身是否真实,还包括合作方是否拥有真实项目的权益或可能的权益。其中,前者较容易判断,后者则较难判断。前期阶段,由于各种权益不能通过正式的方式予以确认,市场主体需要让非正式合作协议的项目权益方提供更多关于项目的相关资料,并通过各种方式予以核实,在此基础上,综合研判项目权益的真实性,这是介入项目的前提。市场主体在协议中涉及的资金支出也需要项目权益方提供足够的担保,以确保资金安全。

(2)项目可行性问题。项目可行性问题是市场主体参与合作时,在项目真实性以外,需要第二重点考虑的问题。由于项目所处阶段较为靠前,项目的可行性判断较为困难,在此情形下,市场主体在协议中涉及的资金支出也需要项目权益方提供足够的担保,以确保资金安全。

(3)与自然人合作需要重点关注的问题。自然人在项目实施过程中是一个非常特殊的存在。市场主体在与自然人合作时,由于自然人往往不具备实施项目的资质,只能以市场主体的名义来进行。并且自然人的个人信誉、债务情况变数较大,无法实现市场主体能达到的资产隔离效果,因此与自然人合作尤其需注意资金安全。

总体而言,非正式合作协议中的项目在未来实施的过程中具有极大的不确定性,虽然为各类市场主体的介入提供了大量的机会,但是市场主体需要擦亮眼睛,认真甄别。在签订非正式协议的情形下,市场主体主要承担的是资金支出的职责,因此对于项目真实性、可行性及合作方自身是否占有资金而无偿还能力、是否已有提前安排,都应当进行适当的尽职调查,避免资金无法追回的风险。

第六章　争议纠纷焦点及案件要点

在深入推进全面依法治国的今天，我们愈加关注司法案例。随着案例对社会生活和法治建设的影响越来越大，我们对案例的关注、研究理应更加投入、更为深入。本书前几章已对深圳市土地整备利益统筹项目的理论知识进行介绍，本章将对与深圳市土地整备利益统筹项目相关的案例进行整理，以期与读者一同总结、获取司法实务经验。

第一节　土地整备利益统筹案件整体情况

深圳市土地整备利益统筹项目涉及政府、原农村集体经济组织继受单位及其成员、开发商、投资方等多方主体，项目流程包括立项、实施方案编制及审批、项目组织与实施（前期服务商或合作方选定、统筹范围内的搬迁补偿、用地清理及移交）、留用地开发建设等多个环节，因项目周期长、法律关系复杂，衍生出一系列不同领域的纠纷。从司法实践情况来看，在利益统筹项目推进过程中，搬迁补偿环节最容易出现纠纷，主要纠纷类型包括租赁合同纠纷、房屋买卖合同纠纷、房屋搬迁补偿合同纠纷、法定继承纠纷、侵权责任纠纷，引入了开发商、投资方的项目，还有可能涉及合作开发合同纠纷。

笔者检索到深圳市已结土地整备利益统筹项目相关公开案例共计 37 例，非公开案例 2 例，以下数据分析仅针对公开案例。从收案数量历年分布情况来看，法院从 2014 年开始受理土地整备利益统筹项目相关案件，自 2018 年起案件数量开始增长，至 2020 年达到高峰，增至 16 例；从 2021 年开始相关案件数量呈现下降趋势，降至 10 例。（见图 6－1）

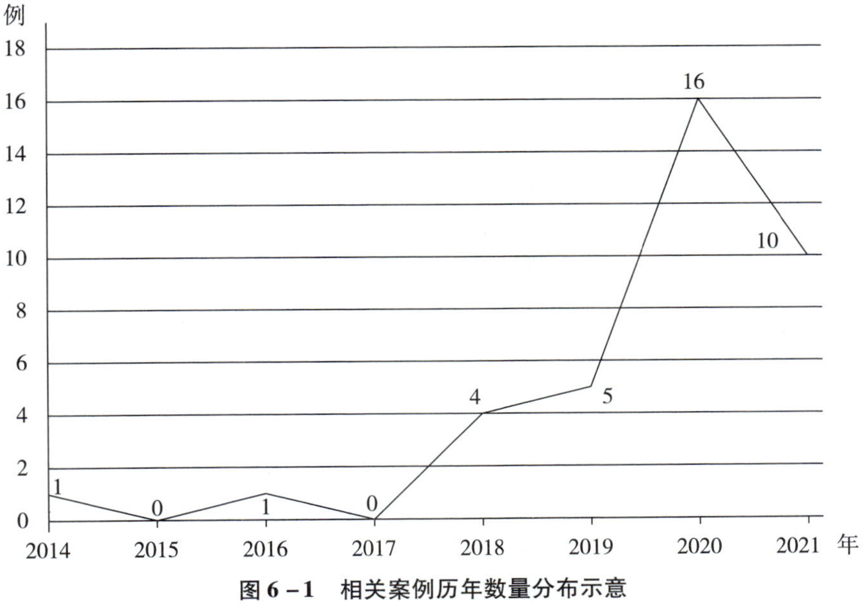

图 6－1　相关案例历年数量分布示意

在法院受理的土地整备利益统筹项目相关案件中，一审结案的有 23 例，占比约为 62%；二审结案的有 14 例，占比约为 38%。（见图 6－2）

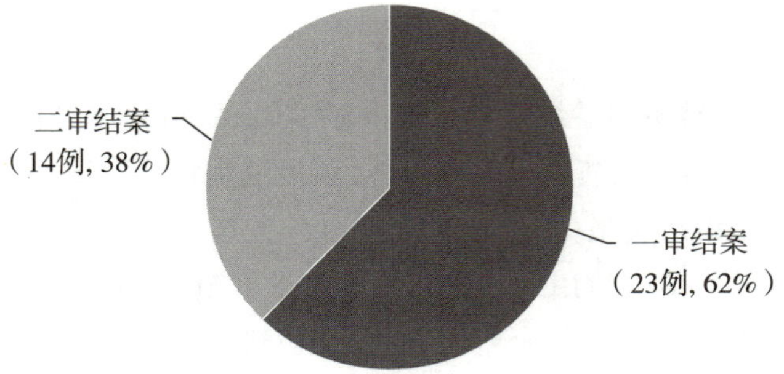

图 6－2　相关案例结案阶段占比示意

土地整备利益统筹项目相关案件一审受理法院涉及较广，主要集中在深圳市坪山区人民法院，共计 16 例，占比约为 43%；其次为深圳市宝安区人民法院，共计 10 例，占比约为 27%；截至本书数据统计时，福田区、盐田区、光明区和大鹏新区均未受理利益统筹项目相关案件。（见图 6－3）

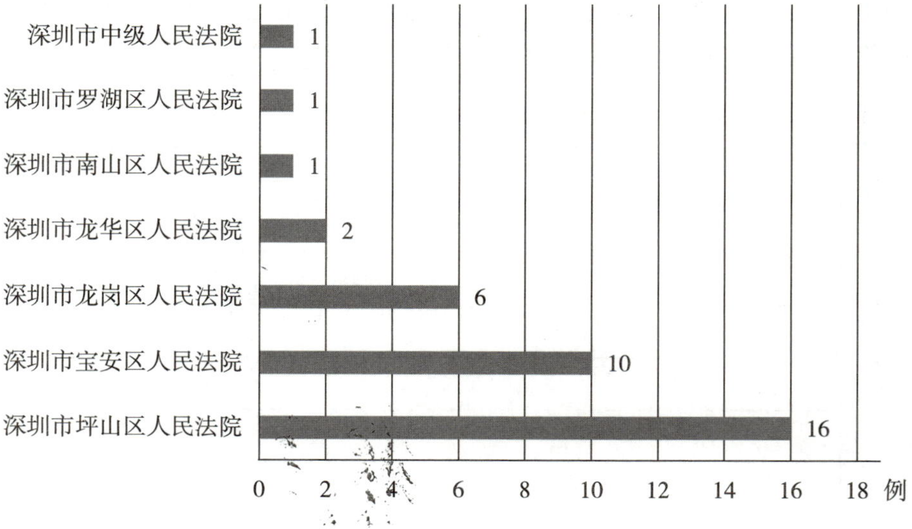

图 6－3　相关案例受理法院分布示意

从公开案例载明的案由来看，土地整备利益统筹项目相关案例主要为合同纠纷，共计 34 例。其中，房屋租赁合同纠纷共计 16 例，房屋买卖合同纠纷共计 2 例、确认合同无效纠纷 2 例、其他合同纠纷 10 例。除合同纠纷外，

还有法定继承纠纷3例。(见图6-4)

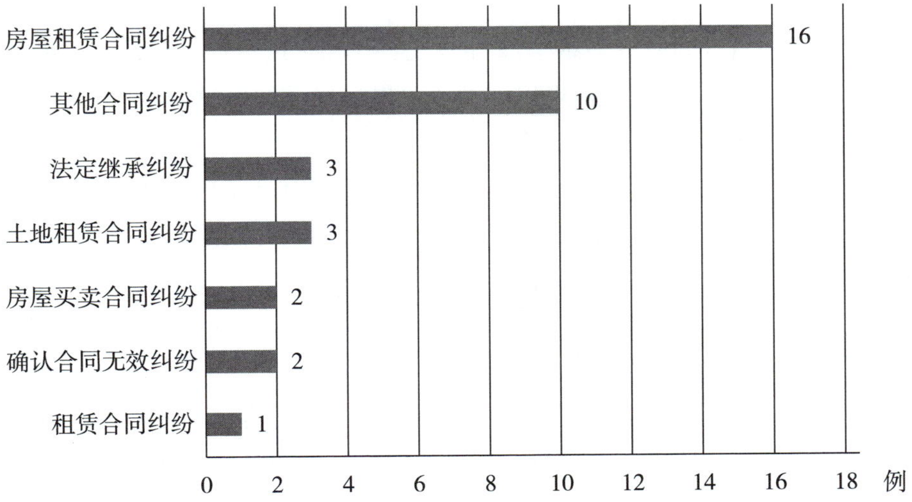

图6-4　相关案例案由分布示意

第二节　土地整备利益统筹案例裁判要点

一、租赁合同纠纷

笔者检索到的租赁合同案例包括房屋租赁和土地租赁两类。土地整备利益统筹项目范围内的土地或地上建筑物涉及租赁的,出租人需要完成清租工作,即解除租赁合同并收回租赁物业或租赁土地。因6号文是以原农村集体经济组织继受单位及其成员实际掌控用地为主要实施对象,土地整备利益统筹项目范围内未完善相关征(转)手续的土地及未完善报批报建手续的历史遗留违法建筑较为普遍,出租人为避免或减少对承租人的补偿,往往会向法院诉请确认租赁合同无效,以实现自身利益最大化。承租人亦会积极通过诉讼途径,按照土地整备利益统筹项目的搬迁补偿标准向出租人主张签约奖励金、按时交房奖励金、搬迁补偿费、装修补偿费等拆迁补偿费用。案件审理过程中,法院一般会在判定租赁合同效力的基础上,进一步对租赁物的占有使用费及搬迁补偿费等焦点问题进行裁判。

（一）法院有关房屋租赁合同效力的裁判要点

《房屋租赁合同纠纷解释》第2条规定："出租人就未取得建设工程规划许可证或者未按照建设工程规划许可证的规定建设的房屋，与承租人订立的租赁合同无效。但在一审法庭辩论终结前取得建设工程规划许可证或者经主管部门批准建设的，人民法院应当认定有效。"有基于此，当租赁合同所涉租赁房屋在建设行为上存在违法情形时，所涉租赁合同应属无效；除此之外，当租赁期限未超过20年法定期限、合同签订主体意思表示真实，不违反法律、行政法规的强制性规定且不违背公序良俗、不损害他人合法权益时，租赁合同合法有效，双方均应依约履行。

从已公开的案件情况来看，法院一般认为未取得建设工程规划许可证的房屋的租赁合同无效。鉴于深圳市存在"两规""三规"等历史遗留违法建筑的处置政策，部分符合处理条件的历史遗留违法建筑在给予处罚和补收地价款后可以取得不动产权证书，因此，部分法院在事实查明过程中会关注未取得建设工程规划许可证的租赁房屋是否已取得不动产登记证明，若租赁房屋既未取得建设工程规划许可证又未取得不动产证书，法院会认定租赁合同因违反了法律、行政法规的禁止性规定而无效。除存在《房屋租赁合同纠纷解释》第2条规定的情形外，法院一般认定房屋租赁合同系双方真实意思表示，内容不违反法律规定，合法有效，双方均应依约履行。

高某桂与深圳市春川贸易有限公司房屋租赁合同纠纷案、深圳市南山区弘基学校与深圳市常源实业股份有限公司房屋租赁合同纠纷案、深圳市艾纳豪斯有限公司与深圳市睿华涂布科技有限公司租赁合同纠纷案〔1〕中，因案涉厂房或房屋未取得建设工程规划许可证，故法院认定案涉厂房或房屋租赁合同书为无效合同。

在罗某梅与张某房屋租赁合同纠纷案、深圳市合美特精密五金有限公司与深圳市恒邦大业实业有限公司等房屋租赁合同纠纷案〔2〕中，因案涉房

---

〔1〕 分别参见广东省深圳市中级人民法院民事判决书，(2014)深中法房终字第236号；广东省深圳市中级人民法院民事判决书，(2018)粤03民终3113号；广东省深圳市宝安区人民法院民事判决书，(2020)粤0306民初12542号。

〔2〕 分别参见广东省深圳市中级人民法院民事判决书，(2019)粤03民终33592号；广东省深圳市坪山区人民法院民事判决书，(2021)粤0310民初4729号。

屋没有取得建设工程规划许可证或产权证明，出租人亦无法证明经过了主管部门的批准，故法院认定案涉房屋租赁合同为无效合同。

而在蔡某兵与赖某春等房屋租赁合同纠纷案、黄某辉与罗某荣等房屋租赁合同纠纷案[1]中，因案涉房屋或厂房未取得建设工程规划许可证或产权证，故法院认定双方签订的房屋或厂房租赁合同无效。

在达相金属制品（深圳）有限公司与吴某程房屋租赁合同纠纷案、郭某与黄某容房屋租赁合同纠纷案[2]中，法院认为物业或铺位租赁合同系双方当事人真实意思表示，内容不违反法律规定，合同合法有效。

（二）法院针对房屋租赁合同无效时相关争议焦点的裁判要点

1. 关于房屋占有使用费

《房屋租赁合同纠纷解释》第 4 条第 1 款规定："房屋租赁合同无效，当事人请求参照合同约定的租金标准支付房屋占有使用费的，人民法院一般应予支持。"有基于此，即使案涉租赁合同无效，出租人也可就租赁房屋向承租人主张房屋占有使用费，且房屋占有使用费的支付标准可参照无效租赁合同约定的租金标准。

从已公开的案件情况来看，当被纳入利益统筹项目范围内的房屋涉及的租赁合同无效时，承租人应支付实际使用房屋期间的房屋占有使用费。

（1）一般而言，法院认为承租人应参照租赁合同约定租金标准支付房屋占有使用费至其实际交还案涉房屋之日止。在黄某辉与罗某荣等房屋租赁合同纠纷案、李某婷与门某明房屋租赁合同纠纷案[3]中，在案涉厂房或商铺租赁合同无效的前提下，关于出租人主张的占有使用费，法院根据《房屋租赁合同纠纷解释》的规定，对于出租人要求按照案涉租赁合同约定租金标准计算占用期间的费用予以支持。

（2）特殊情况下，法院会结合房屋的使用状况酌情确定房屋占有使用

---

〔1〕分别参见广东省深圳市中级人民法院民事判决书，（2020）粤 03 民终 20965 号；广东省深圳市宝安区人民法院民事判决书，（2021）粤 0306 民初 4960 号。

〔2〕分别参见广东省深圳市坪山区人民法院民事判决书，（2020）粤 0310 民初 4515 号；广东省深圳市中级人民法院民事判决书，（2020）粤 03 民终 20980 号。

〔3〕分别参见广东省深圳市宝安区人民法院民事判决书，（2021）粤 0306 民初 4960 号；广东省深圳市坪山区人民法院民事判决书，（2020）粤 0310 民初 4755 号。

费。在高某桂与深圳市春川贸易有限公司房屋租赁合同纠纷案〔1〕中，由于案涉厂房前期出现排水沟积水倒灌问题，后期又因纳入土地整备利益统筹项目而出现拆迁问题，均影响了承租人的正常使用，故法院酌情按租金标准一半计算房屋占有使用费。而在深圳市南山区弘基学校与深圳市常源实业股份有限公司房屋租赁合同纠纷案〔2〕中，由于案涉厂房被拆迁且租赁合同无效致使承租人的租赁目的无法实现，承租人并未且不能实际使用案涉厂房，故法院认定承租人无须支付房屋占有使用费，判决出租人退还承租人已支付租金。

(3)当出租人就案涉房屋与第三方签订了《土地整备利益统筹项目搬迁补偿安置协议书》，明确约定了出租人丧失房屋所有权及相关权利的日期时，法院认为出租人自此对案涉房屋也不再享有出租收益的权利，对于其主张的此后的房屋占有使用费予以驳回。在黄某利与张某房屋租赁合同纠纷案〔3〕中，因出租方于 2019 年 11 月 20 日与原农村集体经济组织继受单位、街道办事处签订了《土地整备利益统筹项目搬迁补偿安置协议书》，约定该协议签订后，出租人同意案涉房屋及构筑(附属)物的所有权及相关的一切权利转移归原农村集体经济组织继受单位所有，原农村集体经济组织继受单位享有对案涉房屋及构筑(附属)物的管理、处置、拆除、改造或利用等与所有权相关的一切权利。还约定出租人应当于案涉房屋移交原农村集体经济组织继受单位前解除租赁合同，自行清退租户，并腾空案涉房屋及临时建筑、构筑(附属)物及其他地上附着物。同时，出租人于同日向协议相对方出具声明表示放弃案涉房地产所有权及相关的一切权利。法院依据《土地整备利益统筹项目搬迁补偿安置协议书》约定内容，认定出租人从 2019 年 11 月 20 日起对案涉物业不再拥有所有权及相关的一切权利，并应在指定时间向协议相对方履行清退案涉房屋租户及交付房屋的义务，故法院驳回了出租人向承租人诉请 2019 年 11 月 20 日之后房屋占有使用费的主张。

2. 关于承租人对装饰装修补偿费的主张

《房屋租赁合同纠纷解释》第 7 条规定："承租人经出租人同意装饰装

---

〔1〕 参见广东省深圳市中级人民法院民事判决书，(2014)深中法房终字第 236 号。

〔2〕 参见广东省深圳市中级人民法院民事判决书，(2018)粤 03 民终 3113 号。

〔3〕 参见广东省深圳市坪山区人民法院民事判决书，(2020)粤 0310 民初 4291 号。

修，租赁合同无效时，未形成附合的装饰装修物，出租人同意利用的，可折价归出租人所有；不同意利用的，可由承租人拆除。因拆除造成房屋毁损的，承租人应当恢复原状。已形成附合的装饰装修物，出租人同意利用的，可折价归出租人所有；不同意利用的，由双方各自按照导致合同无效的过错分担现值损失。”第 11 条规定：“承租人未经出租人同意装饰装修或者扩建发生的费用，由承租人负担。出租人请求承租人恢复原状或者赔偿损失的，人民法院应予支持。”有基于此，只有在出租人同意装饰装修时承租人才可能获得相应装饰装修补偿费。租赁合同无效的，装饰装修系取得出租人同意且出租人同意利用时，出租人折价支付装饰装修补偿费；取得出租人同意且已形成附合装饰装修物，但出租人不同意利用的，出租人只承担其导致合同无效的过错部分对应现值损失。

从已公开的案件情况来看，租赁合同无效时，承租人主张利益统筹项目范围内的租赁房屋涉及的装饰装修补偿费的路径，包括依据装修损失向出租人主张及依据搬迁补偿协议中约定的装修补偿费标准向出租人主张。当承租人依据装修损失向出租人主张装饰装修补偿费时，法院按照一般租赁合同纠纷审理路径处理。

（1）对承租人经出租人同意、已经形成附合物但出租人不同意利用的装饰装修，法院按照合同双方过错比例分摊装修现值损失。在深圳市好万年商贸有限公司石岩分店与叶某明等房屋租赁合同纠纷案〔1〕中，出租人已同意承租人对案涉房屋进行装饰装修，租赁合同无效时，法院认定有关装饰装修形成添附部分的损失应按双方对合同无效的过错比例进行分担。参照搬迁补偿协议对装修补偿费的约定，法院认定出租人赔偿承租人 50% 的装修补偿费。

（2）对承租人未经出租人同意的装饰装修，法院对承租人向出租人主张补偿费的主张通常不予支持。在张某知与李某德房屋租赁合同纠纷案〔2〕中，因承租人未能举证其经过出租人同意的装饰装修内容，故法院对其装饰装修补偿费未予支持。

---

〔1〕 参见广东省深圳市宝安区人民法院民事判决书，（2020）粤 0306 民初 21086 号。

〔2〕 参见广东省深圳市坪山区人民法院民事判决书，（2020）粤 0310 民初 7555 号。

3. 关于承租人对搬迁补偿协议中相关补偿费的主张

《民法典》第465条第2款规定："依法成立的合同，仅对当事人具有法律约束力，但是法律另有规定的除外。"当租赁房屋被纳入土地整备利益统筹项目且出租人与第三方签订搬迁补偿协议后，承租人往往依据该搬迁补偿协议约定的出租人可获得的搬迁补偿费用标准向出租人主张相关补偿费。但因承租人并非搬迁补偿协议的合同当事人，协议中约定的相关费用补偿对象为合同当事人即出租人，故在双方没有关于租赁房屋被拆迁的相关补偿费归属于承租人的约定时，承租人无权依据搬迁补偿协议向出租人主张相关补偿费。

从已公开的案件情况来看，法院通常认为搬迁补偿协议是出租人、原农村集体经济组织继受单位与街道办事处之间基于商业行为签订的合同，不属于政府部门因公共利益需要实施的房屋征收及给予被征收房屋所有权人补偿的行为，权利义务主体是原农村集体经济组织继受单位和出租人，与承租人没有法律上的关系，承租人依据搬迁补偿协议向出租人主张临时安置补偿费、搬迁补偿费、停产停业补偿费、装修装饰补偿费、擅改经营性用途补偿费等补偿费用于法无据；同时，也有部分法院认为因租赁合同无效，承租人基于租赁合同诉请相关补偿费的主张缺乏法律依据，在上述观点的基础上，法院再根据具体案情作出相应判决。

（1）法院认为承租人依据搬迁补偿协议或无效房屋租赁合同向出租人主张搬迁补偿费用缺乏事实及法律依据，不予支持。在李某万与林某生房屋租赁合同纠纷案、张某与黄某利房屋租赁合同纠纷案、李某婷与门某明房屋租赁合同纠纷案[1]中，因承租人明确其请求的相关补偿费是基于利益统筹项目房屋搬迁补偿协议提出的请求，法院据此认定承租人依据搬迁补偿协议诉请出租人支付协议约定的相关补偿费的主张缺乏事实及法律依据，不予支持。而在韩某某与黄某英合同纠纷案[2]中，法院认为，该案为合同纠纷，承租人基于双方之间的房屋租赁合同向出租人主张返还相关拆迁补偿款，在房屋租赁合同无效情况下，承租人基于合同主张权利缺乏法律依

---

〔1〕 分别参见广东省深圳市坪山区人民法院民事判决书，(2020)粤0310民初4003号；广东省深圳市坪山区人民法院民事判决书，(2020)粤0310民初6738号；广东省深圳市坪山区人民法院民事判决书，(2020)粤0310民初4755号。

〔2〕 参见广东省深圳市中级人民法院民事判决书，(2021)粤03民终25155号。

据;从本案的具体情况来看,双方未约定搬迁费、停产停业损失费等拆迁补偿费属于承租人所有,且即使合同有效,承租人实际搬离之日亦早已超过合同约定的承租期限,案涉房屋拆迁并未损害承租人的合同权利,故承租人请求出租人支付相关补偿款的理由不能成立。

(2)法院认为协议签订无须承租人配合,对其关于搬迁补偿协议中签约奖励的主张不予支持。利益统筹项目主体为提升签约效率,通常会在补偿方案中设定一个签约时间,出租人在该时间内签署搬迁补偿协议的可以获得相应的签约奖励。实践中,承租人主张该签约奖励的,法院不予支持。在深圳市好万年商贸有限公司石岩分店与叶某明等房屋租赁合同纠纷案〔1〕中,法院依据街道办事处复函意见,结合有关补偿协议的签订流程,认为搬迁补偿协议签订程序由被出租人配合房屋征收实施单位完成,并不涉及需要承租人配合的事项,因此认定承租人主张按期签约奖缺乏事实和法律依据,不予支持。

(3)法院认为承租人交房配合度不高,对其关于搬迁补偿协议中按期交房奖励的主张不予支持。除设定签约时间外,利益统筹项目实施主体通常还会在搬迁补偿协议中设定一个交房时间点,出租人在此时间前向实施主体或开发商按期交房的可以获得按期交房奖励。总体而言,若承租人未证明其为出租人按期交付租赁房屋提供便利、积极配合的事实,法院通常对承租人的按期交房奖励主张不予支持。在深圳市好万年商贸有限公司石岩分店与叶某明等房屋租赁合同纠纷案〔2〕中,因承租人未能举证证明其为出租人按期向政府部门交付租赁房屋提供便利、积极配合的事实,且从街道办事处复函和清租协议情况看,承租人对于按期交房配合度不高,其主张按期交房奖理据不足,故法院对承租人按期交房奖励的主张不予支持。

4. 关于临时安置补偿费的裁判要点

因利益统筹项目涉及房屋搬迁,搬迁补偿协议中通常会根据被拆除房屋建筑面积给予房屋所有权人一定金额的临时安置费,供被拆除房屋所有权人在过渡期内临时租住房屋。

(1)因承租人拒交租赁房屋导致出租人无法获得临时安置补偿费的,由

〔1〕 参见广东省深圳市宝安区人民法院民事判决书,(2020)粤0306民初21086号。

〔2〕 参见广东省深圳市宝安区人民法院民事判决书,(2020)粤0306民初21086号。

承租人承担出租人损失该项补偿费的赔偿责任。在罗某梅与张某房屋租赁合同纠纷案[1]中，根据安置补偿方案，出租人在满足搬迁清空案涉房屋并办理完成移交的条件下，在安置过渡期可获得补贴。但在出租人多次书面通知承租人交还案涉房屋后其一直未予交还，从而导致出租人无法获得过渡期安置补贴，因此，承租人存在明显过错应当承担赔偿责任。在承租人没有提供充分有效证据证明出租人未能取得过渡期安置补贴还存在其他原因的情况下，认定出租人该项损失完全系由承租人未及时交还案涉房屋所致。故法院认定承租人应对出租人的过渡期安置补贴损失承担全部赔偿责任。

（2）出租人对拒交租赁房屋的承租人同时主张房屋占有使用费和临时安置补偿费时，法院对这两项费用择高予以支持。在上述案例中，因承租人未交还租赁房屋导致出租人无法获得安置补偿费，出租人同时主张了承租人支付案涉房屋占有使用费及赔偿过渡期安置补偿费损失。法院认为，出租人关于案涉房屋占有使用费的请求与其要求赔偿过渡期安置补偿费损失的请求均是基于承租人未搬离案涉房屋的行为，上述两项请求属于合同责任与侵权责任的竞合，根据《民法典》第 186 条的规定，出租人只能择一请求，而不能同时主张。在出租人同时提出上述两项请求的情况下，法院择高予以支持。

5. 部分法院因承租人受有搬迁损失，酌情支持其取得一定金额的搬迁补偿费

土地整备利益统筹项目搬迁补偿协议通常会设置一个固定价格的搬迁费用。在租赁合同无效时，需要履行腾空及返还房屋义务的承租人往往依据搬迁补偿协议中对搬迁补偿费的约定向出租人主张搬迁补偿费。在司法实践中，法院对承租人关于搬迁补偿协议中搬迁补偿费的主张通常不予支持，但在深圳市好万年商贸有限公司石岩分店与叶某明等房屋租赁合同纠纷案[2]中，因案涉租赁房屋被拆迁，承租人受有搬迁损失，法院认为，按照通常处理原则，搬迁补偿费用应当支付实际搬迁人，本案中承租人有搬迁需求，结合街道办事处复函确定的搬迁费，酌情认定出租人应向承租人赔付一定金额的搬迁补偿费。

---

〔1〕 参见广东省深圳市中级人民法院民事判决书，(2019) 粤 03 民终 33592 号。

〔2〕 参见广东省深圳市宝安区人民法院民事判决书，(2020) 粤 0306 民初 21086 号。

6. 部分法院因承租人经营受损，酌情支持其取得一定比例的停产停业补偿费

因土地整备利益统筹项目涉及房屋拆迁，承租人须腾空房屋停产停业，项目实施主体通常会在搬迁补偿协议中约定一定金额的停产停业补偿费。司法实践中，法院对承租人关于搬迁补偿协议中停产停业补偿费的主张通常不予支持，但在深圳市好万年商贸有限公司石岩分店与叶某明等房屋租赁合同纠纷案[1]中，案涉租赁房屋因土地整备利益统筹项目被征收拆迁，法院认为，出租人因房屋拆迁无法收取房屋占有使用费，承租人因房屋拆迁停业导致经营受损，双方均受有实际损失，结合街道办事处的复函及承租人认可的本案停产停业补偿金额，按照公平原则，酌情认定租赁双方各自享有停产停业损失补偿的50%。

（三）法院针对租赁合同有效情形时相关争议焦点的裁判要点

当租赁合同系双方真实意思表示，内容不违反法律规定，合同合法有效时，双方应按照合同约定履行义务。租赁合同项下的租赁房屋或土地被纳入土地整备利益统筹项目范围内，双方根据合同约定或协商一致解除租赁合同后，常常涉及承租人搬离前的房屋和土地占有使用费、承租人搬迁补偿权益等纠纷。

1. 承租人与第三人签订的搬迁补偿协议不能对抗出租人

《民法典》第465条第2款规定："依法成立的合同，仅对当事人具有法律约束力，但是法律另有规定的除外。"有基于此，租赁物业被纳入土地整备利益统筹项目且承租人与第三人签订了搬迁补偿协议的，根据合同的相对性原则，该搬迁补偿协议约定的搬迁期对出租人不具有法律约束力，出租人仍有权向承租人主张租赁物占有使用费。

从已公开的案件情况来看，即使承租人已与第三人签订了搬迁补偿协议并约定了搬迁期，法院认为，根据合同相对性原则该搬迁补偿协议不能对抗出租人，承租人应为占有使用租赁物向出租人支付租金或占有使用费。

在达相金属制品（深圳）有限公司与吴某程房屋租赁合同纠纷案[2]中，

---

〔1〕 参见广东省深圳市宝安区人民法院民事判决书，（2020）粤0306民初21086号。

〔2〕 参见广东省深圳市坪山区人民法院民事判决书，（2020）粤0310民初4515号。

对于出租人诉请合同终止后的场地占有使用费的主张，承租人抗辩因其与第三人签订的拆迁补偿合同约定了搬迁期且在政府拆迁过程中出租人不可以自行出租租赁物获益。也就是说，在搬迁期间出租人无实际损失，承租人无须支付该期间的场地占有使用费。法院认为，根据合同相对性原则，承租人与第三人签订的搬迁补偿合同不能对抗出租人，且承租人在腾空租赁物期间仍在占有使用租赁物，其应向出租人支付场地占有使用费。

2. 租赁土地属于国有储备用地时，为避免承租人不当得利及减少诉累，法院判决承租人直接向出租人支付租金

《民法典》第 597 条第 1 款规定："因出卖人未取得处分权致使标的物所有权不能转移的，买受人可以解除合同并请求出卖人承担违约责任。"由此可知，存在无权处分情形的买卖合同是有效的，但无权处分的出卖人应当承担合同无法履行的违约责任。举重以明轻，存在无权处分情形亦不影响租赁合同的效力，出租人虽然对租赁地块不享有占有、使用、收益和处分的权利，但基于承租人与出租人签订的租赁合同及合同的实际履行情况，承租人仍应就其占有租赁地块的行为支付租金。

从已公开的案件情况来看，法院为避免承租人不当得利及减少诉累，通常判决承租人直接向出租人支付租金。

在吴某华与深圳市粤腾利实业有限公司土地租赁合同纠纷案〔1〕中，承租人收到土地储备中心通知，得知其租赁案涉地块为国有储备用地后，认为其所租赁的案涉地块与出租人无任何关系，以此拒交房租并向出租人主张退还其已支付的租金和押金。法院认为，承租人因占有使用案涉地块受益，理应支付相应对价，考虑到土地储备中心知悉出租人向承租人出租案涉地块相关事宜，为避免承租人不当得利及减少诉累，承租人已向出租人交纳的租金，出租人无须退还。承租人在得知案涉地块为国有储备用地后，占有使用案涉地块所应支付的对价及产生的水电费，应在承租人向出租人交纳的押金中予以抵扣。至于出租人出租案涉地块向承租人收取的租金是否应向土地储备中心交纳，应由土地储备中心自行主张权利。

〔1〕 参见广东省深圳市罗湖区人民法院民事判决书，(2019)粤 0303 民初 4830 号。

3. 在租赁合同双方无搬迁补偿权益归属约定的情况下，法院对承租人向出租人主张搬迁补偿权益的诉求通常不予支持

《民法典》第465条第2款规定："依法成立的合同，仅对当事人具有法律约束力，但是法律另有规定的除外。"有基于此，即使租赁合同合法有效，出租人基于与第三人签署的搬迁补偿协议而享有的搬迁补偿权益也仅属于出租人，承租人不是搬迁补偿协议的合同当事人，无权依据该协议主张搬迁补偿权益。

从已公开的案件情况来看，法院一般会结合出租人是否实际获取相关搬迁补偿款及双方是否已就搬迁补偿的分配事宜进行约定来判断是否支持承租人对搬迁补偿权益的主张。承租人未提供证据证明出租人确已获得搬迁补偿款的，法院对承租人向出租人主张搬迁补偿权益不予支持。

在深圳市飞鸿实业有限公司与深圳市沙井后亭股份合作公司等合同纠纷案〔1〕中，案涉房屋因被纳入土地整备利益统筹项目范围被拆除，土地也已交付政府，承租人已搬离案涉房屋，后承租人诉求案涉房屋所有权人给予其租赁物业使用权方面的搬迁补偿待遇。法院认为，该案中承租人未提交证据证明案涉房屋所有权人已实际获取相关搬迁补偿权益，且房屋所有权人与承租人也并未就相关补偿费签订相关的补偿协议，承租人该项诉求无事实依据，不予支持。

二、房屋买卖合同纠纷

交易房屋被纳入土地整备利益统筹项目范围的，部分房屋转让方存在向法院诉请买卖合同无效，以取得房屋搬迁补偿款的情况。司法实践中，法院对于涉及土地整备利益统筹项目的房屋买卖合同的效力问题存在有效、无效、效力待定三种认定结果，并根据不同的认定结果判决案涉房产的权利人及搬迁补偿款的归属方。

（一）法院有关历史遗留违法建筑房屋涉买卖合同效力的裁判要点

历史遗留违法建筑的房屋买卖合同效力问题一直备受关注，理论和实践层面也存在一定争议。《民法典》第153条第1款规定："违反法律、行政

〔1〕 参见广东省深圳市宝安区人民法院民事判决书，(2021)粤03民终8264号。

法规的强制性规定的民事法律行为无效。……”该条款的“强制性规定”指效力性强制规定。历史遗留违法建筑确实有违《土地管理法》和《城乡规划法》,最高人民法院的案例认为,转让的房屋是否属于违法、建筑不是导致合同无效的法定因素,不影响房屋买卖合同的效力。换言之,《土地管理法》和《城乡规划法》的有关规定仅是管理性强制性规定而非效力性强制性规定。但广东地区的法院在审判实践中对此类情况的案件要么不受理,要么受理的多数案件认定无效,部分案件认定效力待定,部分案件认定有效。

从已公开的案件情况来看,对于未按规划进行建设的房屋,法院通常将其项下的房屋买卖合同认定为无效。同时,基于房屋被纳入土地整备利益统筹项目的特殊性,部分法院会进一步查明案涉未按规划进行建设的房屋是否经行政主管部门确权,对已被行政主管部门确权的有历史遗留问题的房屋,认定其项下房屋买卖合同有效;对未经行政主管部门确权的房屋,认定其项下的房屋买卖合同效力待定。

1. 违法建筑物的房屋买卖合同因违反法律法规强制性规定被认定为无效

在深圳市中保集团有限公司与刘某娟等房屋买卖合同纠纷案、阮某莲与深圳市中保集团有限公司房屋买卖合同纠纷案[1]中,案涉房屋虽有报批报建手续,但未按批准的文件完成建设,也未取得不动产权证,应属违法建筑物。法院认为,基于该情形签订的房屋买卖合同违反了法律法规的强制性规定,应当认定为无效。

2. 有历史遗留问题的房屋经行政主管部门确权后,其房屋买卖合同有效

在阳某树、易某龙合同纠纷案[2]中,案涉房屋同样未取得建筑工程许可证和房地产证书,但该房产已申报历史遗留问题,并经相应的行政主管部门进行拆迁补偿。法院认为,关于房屋权属问题应当由相应的行政主管部门予以确认,本案中案涉房产已申报历史遗留问题并获得拆迁补偿,实际上已用另一种方式确认了房屋的相关权益,应认定合同有效。

---

〔1〕 分别参见广东省深圳市宝安区人民法院民事判决书,(2019)粤 0306 民初 33031 号;广东省深圳市中级人民法院民事判决书,(2018)粤 03 民终 11572 号。

〔2〕 参见广东省深圳市中级人民法院民事判决书,(2020)粤 03 民终 16558 号。

3. 未办理产权登记且尚未经行政主管部门确权的房屋，其买卖合同效力待定

在陈某华、蔡某辉确认合同无效纠纷案[1]中，案涉房产未办理产权登记，同时已因土地整备项目而被拆除，回迁补偿工作尚未完成。法院认为，房屋买卖合同的效力因涉及案涉房产相关财产权益的处理，依法应当由行政主管部门确权后再予以确定。

（二）房屋买卖合同有效时，受让方作为房产权利人取得搬迁补偿款

土地整备利益统筹项目司法实践中，原农村集体经济组织继受单位会与相关权益人签署搬迁补偿安置协议，补偿对象为被搬迁房屋所有权人。故当房屋买卖合同有效时，房屋受让方可依据买卖合同取得被搬迁房屋的所有权，因此，应由房屋受让方取得拆迁补偿款。

从已公开的案件情况来看，对于合法有效的房屋买卖合同项下的房屋拆迁补偿款，因受让方已成为房屋权利人，法院认定受让方享有包括取得搬迁补偿款等全部权益。

在阳某树与易某龙、易某合合同纠纷案[2]中，受让方已向转让方支付完毕全部房屋转让款。法院认为，房屋买卖合同有效时，转让方对案涉房产的权益已进行处分并获得相应的对价，受让方是案涉房产的权利人，享有案涉房产的全部权利。因此，转让方主张受让方返还拆迁补偿款没有事实基础和法律依据，法院不予支持。

（三）房屋买卖合同无效时，转让方在与第三人达成搬迁补偿协议情况下向受让方主张房屋占有使用费的，法院不予支持

根据最高人民法院《关于印发〈全国法院民商事审判工作会议纪要〉的通知》（以下简称《九民纪要》）第34条“价款返还”的规定，房屋买卖合同这类双务合同无效时，受让方使用了房屋的，其应支付的占有使用费可以与转让方应支付的资金占用费相互抵销，故在一方返还原物前，另一方仅须支付本金，而无须支付利息。

---

〔1〕 参见广东省深圳市龙华区人民法院民事判决书，(2021)粤0309民初9158号。
〔2〕 参见广东省深圳市坪山区人民法院民事判决书，(2019)粤0310民初2573号。

从已公开的案件情况来看,法院首先会判断案涉房屋是否由被受让方实际占有使用。房屋被纳入利益统筹项目且转让方已就案涉房屋签订搬迁补偿协议的,法院通常认为受让方并未对案涉房屋进行控制和使用,对转让方主张受让方支付房屋占有使用费不予支持。

在深圳市中保集团有限公司与刘某娟等房屋买卖合同纠纷案、阮某莲与深圳市中保集团有限公司房屋买卖合同纠纷案[1]中,案涉房屋项下房屋买卖合同被法院认定为无效,转让方进而向受让方主张在此期间的房屋占有使用费。经法院查明,转让方未提供充分证据证明案涉房屋已由受让方控制,同时结合转让方已就案涉房屋的拆迁补偿与案外人达成协议的事实,法院对转让方关于房屋已由受让方控制的主张不予采信,对其要求受让方赔偿租金损失的诉讼请求,因缺乏事实和法律依据而不予支持。

三、合作开发合同纠纷

笔者检索到的合作开发合同案例包括基于土地整备利益统筹项目的合作开发,以及因项目地块纳入土地整备利益统筹项目而终止的其他类型的项目的合作开发。司法实践中,在合作开发过程中因一方违约无法实现合同目的时,守约方往往会向法院诉请解除合同。不同种类合作开发合同的争议焦点不同,前类合作开发合同主要涉及违约责任、款项退还等焦点问题,后类合作开发合同主要涉及不可抗力的认定等焦点问题。

(一)因一方违约导致合同解除,违约方应退还款项并支付利息

合作开发合同项下涉及土地整备利益统筹项目的,因开发周期长,不确定因素多,常出现一方违约导致合同解除的情况。根据《民法典》第 566 条第 1 款和《九民纪要》第 49 条“合同解除的法律后果”的规定,合同解除后,守约方可以请求违约方退还款项以恢复原状,并有权要求违约方按照合作开发合同中约定的违约条款承担相应的违约责任,支付定金、违约金等。

从已公开的案件情况来看,因一方违约导致合作开发合同被解除的,违约方通常为接受开发资金负责开发建设的一方。法院首先会根据双方之间

---

[1] 分别参见广东省深圳市宝安区人民法院民事判决书,(2019)粤 0306 民初 33031 号;广东省深圳市中级人民法院民事判决书,(2018)粤 03 民终 11572 号。

的合同约定认定违约方的违约责任，合同对违约责任和赔偿标准没有约定的，通常按照全国银行间同业拆借中心公布的贷款市场报价利率的标准计算资金占用费。

在梁某强与曾某斌、麦某燕合同纠纷案[1]中，因被告未履行合作开发合同约定的协调第三方依法组织该村第十二村民小组全体村民召开股东大会形成有效决议的合同义务，法院认定被告违约，并判决被告按照《还款承诺书》的约定以月利率2%的标准向原告支付欠款。

在郑州锦嵩置业集团有限公司合同纠纷案[2]中，因项目实施方案未取得相关政府主管部门同意，法院按照合作协议《补充协议（二）》的约定，判决被告向原告返还所支付的款项，并按约定的年利率15%标准支付资金使用费。

在王某惠与罗某明、连某云合同纠纷案[3]中，因政策原因客观上已无法继续履行共同投资协议，法院判决被告向原告返还已支付款项，并按照原、被告签订的《解除合同协议书》的约定，判决被告按照年利率6%的标准向原告支付逾期付款利息至款项付清之日。

在深圳市盛迪嘉发展有限公司与李某中等合同纠纷案[4]中，因城市更新项目合作开发合同项下的地块被纳入土地整备利益统筹项目范围，原告不再继续履行合同。法院认为原告单方面表示不继续履行合同构成根本违约，被告有权按照《合作协议书》的约定没收其履约保证金。

在深圳市博恒置业有限公司与深圳市海庭物业管理有限公司与曾某某合同纠纷案[5]中，因被告不履行引荐原告与原农村集体经济组织继受单位居民小组书记或者村民代表洽谈合作开发事宜的合同义务，法院认定被告违约，原告作为守约方有权主张解除合同并要求被告以退还诚意金并支付利息的方式承担违约责任，利息按照中国人民银行同期同类贷款利率或全国银行间同业拆借中心公布的贷款市场报价利率的标准计算。

而在深圳中成教育开发有限公司与深圳市耕匠科技有限公司合同纠纷

---

〔1〕 参见广东省深圳市宝安区人民法院民事判决书，(2018)粤0306民初24821号。

〔2〕 参见广东省深圳市中级人民法院民事判决书，(2019)粤03民初2343号。

〔3〕 参见广东省深圳市龙岗区人民法院民事判决书，(2019)粤0307民初14186号。

〔4〕 参见广东省深圳市中级人民法院民事判决书，(2021)粤03民终22107号。

〔5〕 参见广东省深圳市宝安区人民法院民事判决书，(2020)粤0306民初29457号。

案[1]中,因案涉地块被纳入土地整备利益统筹项目,被告无法完成合作开发合同中约定的“负责提供土地资源和现场基建”的合同义务。法院认为被告履行不能单方面解除合同的行为应视为违约,应向原告返还款项,并按全国银行间同业拆借中心公布的贷款市场报价利率标准计算利息至付清之日。

(二)案涉地块被纳入土地整备利益统筹项目的情形不属于不可抗力,合同一方据此单方解除合同属于违约

根据《民法典》第563条第1款的规定,因不可抗力致使合同目的不能实现时,当事人可以解除合同。又根据《民法典》第180条的规定,不可抗力是指不能预见、不能避免且不能克服的客观情况,因不可抗力不能履行合同义务的,可以不承担民事责任。有基于此,在合作开发过程中出现不可抗力情形时,合同任一主体均可以解除合同且不用承担违约责任。土地合作开发项目因其自身的特殊性,深受政策和市场的影响,地块被纳入土地整备利益统筹项目不满足不可抗力的全部构成要件。

从已公开的案件情况来看,法院认为合作开发的地块被纳入土地整备利益统筹项目的情形不属于不可抗力,合同各方应依约履行合同义务,据此单方解除合同的行为属于违约。

在深圳市盛迪嘉发展有限公司与李某中等合同纠纷案[2]中,合同当事人预合作开发的城市更新项目因项目地块被纳入土地整备利益统筹项目范围,导致约定合作项目无法继续推进。法院认为,合作开发本身实施周期长,不确定因素多,相关法律法规相对缺位,政策稳定性差,合作各方面临的风险复杂多样,在早期应开展详尽的尽职调查,否则即表示其知悉并自愿承担因案涉土地问题导致项目可能存在的投资风险。同时,合作各方在已知案涉地块现状且案涉地块未纳入合作开发合同目的项目范围的情况下,仍选择签约并就案涉地块进行合作开发,应认定为明知地块存在风险并愿意承担该风险。若因项目地块纳入土地整备利益统筹项目范围导致项目不能推进,不能就此认为系政府原因导致合同不能履行,合同一方据此不再继续

[1] 参见广东省深圳市龙岗区人民法院民事判决书,(2021)粤0307民初16361号。
[2] 参见广东省深圳市中级人民法院民事判决书,(2021)粤03民终22107号。

履行合同义务并单方解除合同的行为属于违约。

在深圳中成教育开发有限公司与深圳市耕匠科技有限公司合同纠纷案[1]中，被告提交了相关行政主管部门发布的涉及案涉地块被纳入土地整备利益统筹项目和限期拆除临时建筑物的通知，拟证明系不可抗力因素导致合同终止。法院认为该情形并不属于不可抗力，且合作开发合同约定了被告负责提供土地资源和现场基建。现被告履行不能，单方面解除合同，应视为被告违约。

四、房屋搬迁补偿合同纠纷

利益统筹项目涉及搬迁补偿环节，需要房屋权利人签署搬迁补偿协议，以明确相关补偿事宜。这个环节往往涉及补偿标准的争议、补偿对象的争议、无权代理争议等问题。笔者检索到的均为非公开案例，裁判要点具体如下。

（一）构成表见代理的行为人签署搬迁补偿协议，产生的相关法律后果由被代理人承担

根据《民法典》第 172 条的规定："行为人没有代理权、超越代理权或者代理权终止后，仍然实施代理行为，相对人有理由相信行为人有代理权的，代理行为有效。"结合最高人民法院《关于适用〈中华人民共和国民法典〉总则编若干问题的解释》第 28 条第 1 款的规定，存在代理权外观，以及相对人不知道行为人行为时没有代理权且无过失时，即构成表见代理。有基于此，认定是否构成表见代理，需结合具体案情判断该签字人是否存在代理的权利外观，且其他合同主体对于该签字人没有代理权的情况是否知情及是否存在过失。当签字人构成表见代理时，其签署的搬迁补偿协议法律后果由被代理的房屋权利人承担，否则由签字人自行承担相应责任。

在一例非公开的房屋搬迁补偿合同纠纷案件中，房屋权利人的女儿代其母亲签署了搬迁补偿协议，后房屋权利人以其未授权其女儿办理案涉房屋拆迁补偿事宜为由，主张其女儿所签订的搬迁补偿协议对其不发生效力。法院认为，本案中房屋权利人在签订搬迁补偿协议前已被诊断为帕金森病，

---

〔1〕 参见广东省深圳市龙岗区人民法院民事判决书，(2021)粤 0307 民初 16361 号。

行动不便，其女儿代为签署搬迁补偿协议时在一定程度上具备代表的权利外观，足以误导相对人认为其女儿有权代为签署相关文件。同时，在签订搬迁补偿协议后，案涉房屋已按约定腾空交房并被拆除，房屋权利人也未在移交房屋过程中提出过异议。故法院认定房屋权利人女儿的行为构成表见代理，其行为的法律后果由房屋权利人承担。

（二）法院对搬迁人主张因房屋权利人不履行合同义务导致的项目推进延迟的损失不予支持

根据《民法典》第 577 条和第 584 条的规定，当事人一方不履行合同义务或者履行合同义务不符合合同约定，造成对方损失的，应当承担赔偿损失的违约责任，赔偿数额应当相当于因违约所造成的损失。有基于此，在土地整备利益统筹项目推进过程中，房屋权利人未按照搬迁补偿协议的约定履行合同义务，合同另一方主张因此导致项目推进延迟的损失的，需要结合具体案情，首先查明违约方的违约行为是否导致了守约方损失。搬迁补偿协议对该种违约情况的违约金数额或损失赔偿额计算方式进行了约定的，按照合同约定确定损失数额。

在一例非公开的房屋搬迁补偿合同纠纷案件中，根据搬迁补偿协议的约定，房屋权利人应在协议签订当日将被搬迁房屋的房地产权证交付搬迁人，并委托搬迁人申请办理被搬迁房屋注销登记事宜。但房屋权利人并未在协议签订后交付房地产权证，也未协助办理注销登记，故搬迁人向房屋权利人主张违约金，要求房屋权利人赔偿因其不履行合同义务导致的项目推进延迟的损失。法院认为，搬迁人已依照约定停发了相应的补偿款，其关于违约金的主张无事实与法律依据，对该项诉讼请求不予支持。

五、法定继承纠纷

在涉及土地整备利益统筹项目的法定继承纠纷案件中，继承人往往会诉求法院对被继承人的遗产进行分割，案涉遗产包括房屋、拆迁补偿款、合作股等。司法实践中，法院首先对上述财物是否属于遗产进行认定，继而在确定各继承人权益的基础上明确其相应遗产份额。

(一)被继承人持有的合作股由具有股东身份的继承人继承

根据《公司法》[1]第 90 条的规定:"自然人股东死亡后,其合法继承人可以继承股东资格;但是,公司章程另有规定的除外。"股份合作公司公司章程通常会对股权继承和转让的继受人资格进行限制,要求继受人为股份合作公司股东。故被继承人持有的合作股,由满足身份条件的继承人继承合作股,户口已迁出村集体的继承人不得继承。

从已公开的案件情况来看,法院首先会根据股份合作公司的章程规定明确股权继受人的身份要求,进而确定股份的继承方式。

在陈某 1、陈某 2、陈某 3、陈某 4、陈某 5、陈某 6 法定继承纠纷案[2]中,根据案涉村合作公司章程的规定,村合作公司的合作股只能在股东之间进行继承和转让。故法院判决被继承人持有的合作股由具有股东身份的继承人继承,基于该合作股所获得的分红及其他收益由继承人共同继承。

(二)农村自建房可作为被继承人的遗产进行分割

《民法典》第 1122 条第 1 款规定:"遗产是自然人死亡时遗留的个人合法财产。"有基于此,遗产应为被继承人的合法财产,而农村自建房大多存在未办理房屋产权登记的问题。结合《民法典》第 209 条第 1 款的规定,不动产物权的设立经依法登记发生效力。故没有办理房产证的农村自建房不可作为被继承人的遗产进行分割。

从已公开的案件情况来看,由于深圳市农村自建房历史遗留问题的普遍性和特殊性,法院通常考虑案涉房产的经济利益认定被纳入土地整备利益统筹项目的农村自建房可作为被继承人的遗产进行继承。

在钟某、张某 1 等法定继承纠纷案[3]中,法院认为,深圳市土地整备利益统筹项目整备范围内农村自建房多涉及违法建筑、历史遗留问题建筑等,其中违法私房建筑普遍存在。案涉房产虽为未经产权登记的房屋,但因其经济利益显著,若不予处理显然对另一方不公平,故认定案涉房屋可作为被

---

〔1〕 若无特别注明,在一般性说理论述中,本书适用的均为 2023 年修订的《公司法》。

〔2〕 参见广东省深圳市宝安区人民法院民事判决书,(2018)粤 0306 民初 11024 号。

〔3〕 参见广东省深圳市龙岗区人民法院民事判决书,(2021)粤 0307 民初 850 号。

继承人的遗产进行分割。

（三）侵犯房屋共有人和其他继承人权益的搬迁补偿协议经相关权利人追认有效，可对协议对应的合同权益进行分割继承

房屋权利人死亡后，房屋应作为遗产由继承人共有。部分共有人在未取得其他共有人同意前，擅自就房屋签订搬迁补偿协议，属于对其他继承人权益的侵犯。根据《民法典》第301条的规定，处分共有的不动产的，应当经占份额2/3以上的按份共有人或者全体共同共有人同意；第171条第1款规定，行为人没有代理权、超越代理权或者代理权终止后，仍然实施代理行为，未经被代理人追认的，对被代理人不发生效力。现行法律法规并未明确遗产分割前遗产共有人的共有类型，理论层面一般认为属于共同共有，因此考虑当房屋部分继承人擅自与其他主体签订搬迁补偿协议且经剩余全部房屋继承人追认后，该搬迁补偿协议对房屋全体继承人产生效力。

从已公开的案件情况来看，法院通常认定经其他房屋共有人追认的搬迁补偿协议对全体房屋共有人产生效力。在钟某、张某1等法定继承纠纷案[1]中，法院认为，未经房屋共有人和其他继承人的同意，擅自与第三方签订搬迁补偿协议，属侵犯房屋共有人和其他继承人合法权益的行为，该协议应属无效协议。但因房屋共有人和其他继承人考虑到案涉房屋已被拆迁，均同意对搬迁补偿协议对应的合同权益进行分割，故法院认定此行为可视为房屋共有人及其他继承人对搬迁补偿协议的追认，各房屋共有人及继承人可根据实际对该搬迁补偿安置协议对应的合同权益进行分割。

六、侵权责任纠纷

土地整备利益统筹项目往往涉及具有历史遗留问题的建筑物，在不动产权属尚未明确的情况下擅自拆除建筑，可能引发侵权责任纠纷。笔者检索到的均为非公开案例，裁判要点具体如下。

---

〔1〕 参见广东省深圳市龙岗区人民法院民事判决书，（2021）粤0307民初850号。

（一）出资建设者对未经依法登记的建筑物享有占有、使用、收益等财产性权利

根据《民法典》第 209 条第 1 款的规定，不动产物权的设立经依法登记发生效力，故建筑物未经登记的，其所有权并未确定。结合《民法典》第 231 条的规定，因合法建造房屋的事实行为设立物权的，自事实行为成就时发生效力。据此，房屋出资建设者自房屋建成时原始取得房屋所有权。司法实践中，法院通常认定出资建设者对未经依法登记的建筑物享有相关财产性权利。

在一例非公开案件中，原告系案涉建筑物的全部出资建设者，且长期使用案涉建筑物。法院认为，未经不动产登记机构依法登记的建筑物，虽无法确认其所有权的归属，但按照“谁出资建设谁享有权利”的原则，建筑物的实际出资建设人理应对该建筑物享有占有、使用、收益等财产性权利。原告在案涉建筑物被纳入土地整备利益统筹项目、被拆除前并未将上述权利转让给他人，故法院认定原告对案涉建筑物享有相关财产性权利。

（二）街道办事处出具的房屋权属信息核查结果不能作为权属确认依据

前文已论述，房屋未经登记的，其所有权并未确定。同时，参照深圳市规划和自然资源局《关于做好城市更新项目历史遗留违法建筑物业权利人核实有关工作的通知》第 8 条“历史违建物业权利人的核实结果仅用于城市更新项目搬迁补偿协议签订资格的确认，不作为权属确认依据”之规定，街道办事处出具的房屋权属信息核查结果也是对历史违建物业权利人的核实结果，不能作为房屋权属确认的依据。

在一例非公开案件中，案涉土地所有权归属存在重大争议，虽然案涉土地所在的街道办事处出具了一份案涉项目《非住宅类房屋权属信息核查结果确认表》，将案涉土地和案涉房屋的权利人确认为被告并进行公开公示，但法院认为，根据深圳市规划和自然资源局《关于做好城市更新项目历史遗留违法建筑物业权利人核实有关工作的通知》第 8 条的规定，上述《非住宅类房屋权属信息核查结果确认表》并不能作为被告依法享有案涉土地和案涉建筑物所有权的合法依据。法院对被告关于其享有案涉土地和案涉建筑

物所有权的主张不予采信。

（三）未经房屋财产权利人同意擅自拆除其房屋的，依法应承担相应的侵权赔偿责任

根据《民法典》第1165条第1款规定："行为人因过错侵害他人民事权益造成损害的，应当承担侵权责任。"有基于此，第三方未经房屋财产权利人同意就擅自拆除其房屋的，属于对他人民事权益的损害，应当承担侵权责任，对给他人造成的损害进行赔偿。司法实践中，法院认定擅自拆除房屋者应对房屋财产权利人承担侵权赔偿责任，认定共同实施侵权行为的主体承担连带责任。

在一例非公开案件中，某原农村集体经济组织继受单位未经房屋财产权利人的同意，擅自授权某公司拆除案涉建筑物，对案涉建筑物进行了拆除。法院认为，对于某原农村集体经济组织继受单位，其行为已侵害了房屋财产权利人的合法权益，依法应承担相应的赔偿责任。对于某公司，其在被正式确认获得案涉项目合作开发权之前，就对案涉建筑物进行了拆除工作，其工作程序明显违法，亦有违相关审慎注意义务，对造成房屋财产权利人的经济损失具有重大过错，依法应与某原农村集体经济组织继受单位对房屋财产权利人的财产受损情况承担连带赔偿责任。

第三节　土地整备利益统筹典型案例分析

一、韩某某、黄某某合同纠纷案[1]

（一）裁判要点

搬迁补偿协议系出租人与原农村集体经济组织继受单位基于商业行为签订的，权利义务主体是股份合作公司和出租人，不属于政府部门因公共利益需要实施的房屋征收及给予被征收房屋所有权人补偿的行为。当承租人与出租人对搬迁补偿款没有约定时，承租人无权就搬迁补偿协议向出租人

〔1〕 参见广东省深圳市中级人民法院民事判决书，(2021)粤03民终25155号。

主张相关补偿费。

(二)基本案情

2019 年 2 月 20 日,韩某某承租黄某某位于深圳市坪山区的房屋,并签订书面合同,双方约定租金为 2500/月,租赁期限为 2019 年 3 月 1 日至 2020 年 2 月 28 日;乙方(韩某某)应保证本楼主体机构安全及外形美观,一切装修由乙方承担,合同期满后,乙方装修不动产不得拆除,应无偿移交给甲方(黄某某);除国家需征收及无违反此合同有关事项,甲方无权在合同期内收回合同,但如政府征用、旧城改造、公路扩建,乙方必须服从,合同自动终止,甲方不补偿乙方一切经济损失。该案涉房屋位于沙田(二期)土地整备利益统筹项目范围内,无房产证、未取得建设工程规划许可证。

2019 年 12 月 1 日,黄某某(乙方)和深圳市坑梓沙田股份合作公司(甲方)、深圳市坪山区坑梓街道办事处(丙方)签订《沙田(二期)土地整备利益统筹项目搬迁补偿安置协议书》(以下简称协议书),协议书第 2 条、第 3 条约定主要内容有"甲乙双方协商一致,本次甲方对乙方房屋进行货币补偿;协议书生效之日起 45 个工作日,甲方将乙方可获得的 80% 补偿款支付至乙方指定账户;自乙方完成清租工作、腾空交房完毕并向甲方办结交房手续后 15 日工作日内,甲方将乙方可获得的 20% 补偿款支付至乙方指定账户"。协议书第 5 条约定主要内容有:"如被搬迁房屋、临时建筑、构筑(附属)物及其他地上附着物存在租赁关系的,乙方应当于被搬迁房屋移交甲方前解除租赁合同,自行清退租户,并腾空被搬迁房屋及临时建筑、构筑(附属)物及其他地上附着物。"协议书第 6 条约定内容有"本协议签订后,乙方同意被搬迁房屋及构筑(附属)物的所有权及相关的一切权利转移归甲方所有,甲方享有对被搬迁房屋及构筑(附属)物的管理、处置、拆除、改造或利用等与所有权相关的一切权利"。协议书第 8 条约定"丙方有权对甲方土地整备资金的使用进行审核和监管;协助甲方办理房屋产权注销(变更)手续"。

对此,另案法院的生效民事判决确认黄某某与韩某某 2019 年 2 月 20 日签署的《租赁合同》无效,判决韩某某搬离案涉房屋,并返还给黄某某。

后韩某某对黄某某另提起诉讼,向法院诉请依法判决黄某某向韩某某返还拆迁补偿款 126, 248 元(包含搬迁费 2194 元、停业停产补偿费 13, 162 元、室内自行装修装饰费 5484 元、擅改经营性用途补偿款 105, 408 元)及利息。一审法院认为韩某某的诉讼请求缺乏事实及法律依据,判决驳回韩某某的全部诉讼请求。韩某某因不服一审判决而提起上诉。

(三)裁判结果

法院判决驳回上诉,维持原判。

(四)裁判理由

法院认为,本案为合同纠纷,韩某某基于双方之间的房屋租赁合同向黄某某主张返还拆迁补偿款(包含搬迁费、停业停产补偿费、室内自行装修装饰费、擅改经营性用途补偿款),生效判决认定双方签订的房屋租赁合同无效,故韩某某基于合同主张权利缺乏法律依据。依据黄某某(乙方)和深圳市坑梓沙田股份合作公司(甲方)、深圳市坪山区坑梓街道办事处(丙方)签订的协议书,案涉房屋搬迁补偿安置协议由深圳市坑梓沙田股份合作公司和黄某某之间基于商业行为签订,权利义务主体是深圳市坑梓沙田股份合作公司和黄某某,不属于政府部门因公共利益需要实施的房屋征收及给予被征收房屋所有权人补偿的行为。

从本案的具体情况来看,双方未约定搬迁费、擅改经营性用途适当补偿费、停产停业损失费、室内自行装修装饰补偿费属于韩某某所有,且双方约定的租赁合同期限为2019年3月1日至2020年2月28日,即使合同有效,韩某某实际搬离之日亦早已超过合同约定的期限,案涉房屋拆迁并未损害韩某某的合同权利,故韩某某请求黄某某返还拆迁补偿款的理由不能成立。

(五)法理分析

本案是土地整备利益统筹项目中出租方与承租方基于房屋租赁合同产生的纠纷,出租人因为租赁房屋被纳入土地整备利益统筹项目与第三方签订搬迁补偿协议后,承租人依据该搬迁补偿协议的约定,主张其作为承租方的相关拆迁补偿费。但因承租人并非搬迁补偿协议的合同当事人,搬迁补偿协议约定的相关费用补偿对象为合同当事人即出租人,房屋租赁合同也没有约定相关拆迁补偿款的归属,故在双方没有关于租赁房屋被拆迁的相关补偿费归属于承租人的约定时,承租人无权依据搬迁补偿协议向出租人主张相关补偿费,承租方要求出租方向其返还拆迁补偿款的请求无法得到支持。

二、深圳市A置业有限公司与深圳市B物业管理有限公司、曾某某合同纠纷案[1]

(一)裁判要点

法院在审理关于土地整备利益统筹项目的合作开发合同纠纷案件时,首先要对合同是否合法有效进行判断。对于合法有效的合作开发合同,一方拒绝履行合同约定,不推动土地整备利益统筹项目开发的,守约方有权主张解除合同并要求违约方以退还投资款并支付利息的方式承担违约责任。其中,利息的计算标准为中国人民银行同期同类贷款利率或全国银行间同业拆借中心公布的贷款市场报价利率。

(二)基本案情

2017年7月7日,深圳市A置业有限公司(以下简称A公司)作为甲方,深圳市B物业管理有限公司(以下简称B公司)作为乙方,曾某某作为丙方,三方签订《深圳市光明新区塘尾社区土地整备利益统筹试点项目留用土地合作开发协议书》(以下简称《合作开发协议》),约定如下:

(1)深圳市光明新区塘尾社区土地整备利益统筹试点项目为原深圳市规划和国土资源委员会于2016年9月2日发布的《关于印发土地整备利益统筹试点项目目录(2016)的通知》(深规土〔2016〕627号)中的第19项试点项目,项目占地面积37万平方米。根据B公司表述及B公司提供的光明新区公明办事处塘尾社区片区统筹地块范围图,塘尾试点项目首期启动整备范围约24万平方米,共涉及塘尾社区下辖的三个居民小组,其中塘尾股份合作公司第五居民小组占地约10万平方米为本协议合作开发的项目。

(2)B公司表示有能力争取本项目留用土地占地不小于2万平方米,且选址位于深圳市光明新区,土地用途为二类居住用地,用地容积率不低于3.2。同时,B公司有能力促成A公司就本项目按照相关法定程序与塘尾股份合作公司第五居民小组及塘尾股份合作公司分别签订合作开发协议,促

[1] 参见广东省深圳市宝安区人民法院民事判决书,(2020)粤0306民初29457号。

使A公司或A公司授权的开发公司成为本项目的开发主体。

(3)曾某某确认其全权享有粤宝工业区的物业收益权及处置权,并确保物业收益不低于25万元/月,自愿用上述权益并以本人及家庭所有的全部资产,对B公司履行本协议承担连带保证责任,作为曾某某及B公司履行本协议的担保。

(4)本协议签订生效之日起三个工作日内,A公司向B公司支付第一笔费用200万元作为诚意金。

(5)A公司支付诚意金后,即可开展项目尽职调查,B公司应积极配合,包括但不限于安排A公司与塘尾股份合作公司第五居民小组及塘尾股份合作公司的会谈、协助塘尾股份合作公司第五居民小组及塘尾股份合作公司向A公司提供本项目的所有资料、协助索取相关政府部门资料、完成曾某某应提供的担保资料;曾某某提供物业的处分权及出租权到公证处或A公司委托的第三方进行委托公证或见证。曾某某在合同曾某某签名处签名确认。

同日,曾某某、麦某某向A公司出具声明书,确认曾某某与麦某某系合法夫妻,并承诺对B公司与A公司签订的案涉合同承担连带责任。2017年7月10日,A公司通过其法定代表人的账户向被告B公司账户转账200万元。后经A公司多次催告,B公司一直未履行合同约定义务。

A公司将B公司、曾某某、麦某某诉至法院,请求判令:(1)解除A公司与B公司于2017年7月7日签订的《合作开发协议》;(2)判令B公司向A公司返还诚意金200万元;(3)判令B公司向A公司支付违约金,即诚意金款项占用利息,支付至诚意金款项偿还完毕之日;(4)判令曾某某、麦某某对上述款项承担连带责任。B公司、曾某某、麦某某未到庭应诉,亦未提交书面答辩状,法院以A公司提供的证据作为定案依据。

(三)裁判结果

法院判决:(1)确认A公司与B公司、曾某某签订的《合作开发协议》于2020年10月23日解除;(2)B公司、曾某某、麦某某向A公司返还投资款200万元及利息(利息按照中国人民银行同期同类贷款利率或全国银行间同业拆借中心公布的贷款市场报价利率的标准,从2017年7月10日计算至该款实际支付之日止)。

（四）裁判理由

法院生效裁判认为：案涉合作开发协议合法有效，A公司作为守约方有权主张解除合同并要求违约方以退还诚意金并支付利息的方式承担违约责任。

首先，合作开发协议合法有效。A公司与B公司、曾某某签订的《合作开发协议》系双方真实意思表示，亦未违反法律的强制性规定，合同合法有效，受法律保护，双方均应遵照执行。

其次，B公司、曾某某违约导致合同目的无法实现，A公司作为守约方有权主张解除合同。在A公司履行付款义务起的2个月内，B公司未履行促成B公司就案涉项目按照相关法定程序与塘尾股份合作公司第五居民小组及塘尾股份合作公司分别签订合作开发协议，并促使A公司或其授权的开发公司成为项目开发主体的合同义务，因B公司的违约行为致使合同目的无法实现。根据《合同法》第94条[1]的规定，为了维护社会经济秩序和诚实信用原则，制裁民事违法行为，保护当事人的合法权益，A公司作为守约方有权主张解除合同。合同于解除合同的通知到达对方之日，即本案起诉状副本送达B公司和曾某某之日解除。

最后，B公司、曾某某、麦某某应向A公司返还诚意金并支付利息，利息按照中国人民银行同期同类贷款利率或全国银行间同业拆借中心公布的贷款市场报价利率的标准计算。根据《合同法》第97条[2]和第107条[3]的规定，合同解除后，A公司有权要求B公司以退还诚意金并支付利息的方式承担违约责任。又因曾某某自愿对B公司履行《合作开发协议》承担连带保证责任，麦某某承诺对《合作开发协议》承担连带责任，故法院判决B公司和曾某某返还诚意金200万元并支付利息，利息按照中国人民银行同期同类贷款利率或全国银行间同业拆借中心公布的贷款市场报价利率的标准，从B公司收到诚意金之日起计算至该款实际支付之日止。麦某某对上述欠款承担清偿责任。

---

〔1〕 已失效，相关规定参见《民法典》第563条。

〔2〕 相关规定参见《民法典》第566条。

〔3〕 相关规定参见《民法典》第577条。

(五)法理分析

在实践中,因开发周期长,不确定因素多,涉及土地整备利益统筹项目的合作开发合同中常出现一方违约导致合同解除的情况。根据《民法典》第566条和《九民纪要》的相关规定,合同解除后,守约方可以请求违约方退还款项以恢复原状,并有权要求违约方按照合作开发合同中约定的违约条款承担相应的违约责任,支付定金、违约金等。本案中,双方签订的《合作开发协议》系双方真实意思表示,未违反法律的强制性规定,合同合法有效,双方都应当遵守。因为合同一方违约导致合同另一方无法实现合同目的,违约方应按照合同约定及法律规定承担违约责任。

三、钟某、张某1等法定继承纠纷案[1]

(一)裁判要点

法院在审理关于土地整备利益统筹项目的法定继承纠纷案件时,认定深圳市农村自建房可作为被继承人的遗产进行分割,认定未经房屋共有人和其他继承人同意擅自与第三人签订的搬迁补偿安置协议为无效协议。经房屋共有人和其他继承人共同追认后,房屋相关权益人有权对已签订的搬迁补偿安置协议中相应合同权益份额进行分割。

(二)基本案情

被继承人张某某(1951年11月27日—2013年4月1日)生前与钟某生育子女三人,即张某1、张某2、张某3,与陈某某生育非婚生子女二人,即张某4、张某5。

1998年5月20日,被继承人张某某以合作建房方式建成位于深圳市龙岗区的房屋并申报该房屋为其所有。2014年10月8日,张某4将案涉房屋第9层901号单房一套转让林某某、黄某某。

2020年8月27日,林某某、黄某某作为乙方(被搬迁人),深圳市A实业发展有限公司(以下简称A公司)作为甲方(搬迁人),深圳市B股份合作公

[1] 参见广东省深圳市龙岗区人民法院民事判决书,(2021)粤0307民初850号。

司(以下简称 B 公司)、深圳市 C 股份合作公司(以下简称 C 公司)、深圳市 D 股份合作公司(以下简称 D 公司)作为丙方(见证方),就案涉房屋签署《深圳市三联社区土地整备利益统筹项目搬迁补偿安置协议》(以下简称《搬迁补偿安置协议》)。林某某、黄某某向 A 公司出具产权确认函,确认其享有上述物业产权。

2020 年 9 月 19 日,张某 4、林某某(张某 4 妻子)作为乙方(被搬迁人)、A 公司作为甲方(搬迁人),B 公司、C 公司、D 公司作为丙方(见证方),就案涉房屋签署《搬迁补偿安置协议》。张某 4、林某某向 A 公司出具产权确认函,确认其享有上述物业产权。

后钟某、张某 1、张某 2、张某 3 将张某 4、张某 5 诉至法院,请求判令:(1)钟某、张某 1、张某 2、张某 3、张某 4、张某 5 各继承案涉房屋的 1/12 份额;(2)确认钟某拥有案涉房屋的 1/2;(3)张某 4 或张某 5 与 A 公司签订的《搬迁补偿安置协议》无效。

张某 4 和张某 5 共同答辩称:(1)钟某等人提交的证据显示该房屋属张某某所有以及由张某某投资建设,故案涉房屋归钟某与张某某所有的证据不足;(2)案涉房屋系未经产权登记的合法房屋,不具有合法的家庭财产分割属性,继承主张于法无据;(3)陈某某为案涉房屋的权利人,张某 4 和张某 5 从其母亲陈某某处获得案涉房屋的占用、使用权,故与 A 公司签订的《搬迁补偿安置协议》依法合规。

第三人 A 公司答辩称:案涉房屋家族内部的产权争议极具隐藏性,对家族内部产权争议的识别及鉴别已超出一般人的认知能力范围。案涉房屋虽未办理房地产证,但张某 4 及其配偶林某某向 A 公司提供了产权确认函,确认张某 4、林某某为案涉房屋的权利人,且声明因产权瑕疵引起的纠纷及损失均由张某 4、林某某承担。A 公司有理由相信张某 4、林某某为案涉房屋的权利人,已尽到合理审慎义务。

(三)裁判结果

法院判决:张某 4 与 A 公司就案涉房屋签署的《搬迁补偿安置协议》乙方合同权益份额由钟某享有 7/12,张某 1、张某 2、张某 3,张某 4、张某 5 各享有 1/12。

(四)裁判理由

法院生效裁判认为,土地整备利益统筹项目涉及的深圳市农村自建房可作为被继承人的遗产进行分割。张某4及其妻子林某某擅自签订的《搬迁补偿安置协议》因侵犯了房屋共有人和其他继承人的合法权益而应属无效,经权益人对合同共同追认后,有权对张某4签署的《搬迁补偿安置协议》中乙方合同权益份额进行分割。

首先,深圳市农村自建房可作为被继承人的遗产进行分割。深圳市土地整备利益统筹项目整备范围内的农村自建房多为违法建筑、历史遗留问题建筑等,特别是违法私房建筑相当普遍。上述房产虽为未经产权登记的合法房屋,但因其经济利益显著,若不予处理则显然对另一方不公平,故案涉房屋可作为被继承人的遗产进行分割。

其次,张某4、林某某擅自签订《搬迁补偿安置协议》,侵犯了房屋共有人和其他继承人的合法权益,该协议应属无效协议。被继承人张某某于1998年报建案涉房屋,享有房屋8、9楼的权益。因案涉房屋系在钟某与被继承人张某某婚姻关系存续期间取得,且两人未就婚姻关系存续期间所得财产进行相关约定,故案涉房屋应认定为钟某与被继承人张某某的夫妻共同财产,二人分别对案涉房屋8、9楼享有50%的权益份额。又因同居期间一方取得的收入并不必然就是同居双方的共有财产,且无证据证明陈某某有对案涉房屋的建设进行出资,故陈某某不享有案涉房屋的权益。张某4及其妻子林某某未经房屋共有人和其他继承人的同意,擅自与A公司签订《搬迁补偿安置协议》,侵犯了房屋共有人和其他继承人的合法权益,该协议应属无效协议。

最后,经钟某、张某1、张某2、张某3对合同共同追认后,相关权益人有权对张某4签署的《搬迁补偿安置协议》中乙方合同权益份额进行分割。因钟某、张某1、张某2和张某3考虑到案涉房屋已被拆迁,同意对《搬迁补偿安置协议》对应的合同权益进行分割,该行为可视为房屋共有人及其他继承人对张某4签署的合同进行追认,相关权益人有权要求根据实际对该《搬迁补偿安置协议》对应的合同权益进行分割。根据《民法典》第1127条、第1130条第1款、第1153条第1款的规定,按照法定继承办理,先将案涉房屋的一半分出为钟某所有,其余的为被继承人的遗产由继承人继承均等份额。

故确认钟某享有张某4与A公司签署的《搬迁补偿安置协议》乙方合同权益份额的7/12，张某1、张某2、张某3与张某4、张某5各享有该合同权益份额的1/12。因案涉房屋9楼已被张某4转让给林某某、黄某某，房屋的处理实际涉及该二人的问题可另行解决。

（五）法理分析

按照相关法律规定，房屋权利人死亡后，房屋应作为房屋权利人的遗产由所有继承人共有。在本案中，案涉房屋的部分共有人在未取得其他共有人同意的情况下，擅自就房屋签订《搬迁补偿安置协议》，侵犯了房屋共有人和其他继承人的合法权益，该搬迁补偿安置协议应属无效。因现行法律法规并未明确遗产分割前遗产共有人的共有类型，在该经搬迁补偿安置协议剩余全部房屋被继承人追认后，该搬迁补偿安置协议对房屋全体继承人产生效力，相关权益人有权要求根据实际情况对该《搬迁补偿安置协议》对应的合同权益进行分割。

四、陈某某、蔡某某确认合同无效纠纷案[1]

（一）裁判要点

法院认为，历史遗留违法建筑在行政主管部门作出处理之前，如案涉的合同效力涉及该房产的相关财产权利的处理，法院对此不予作出实体处理。

（二）基本案情

2012年2月27日，原告与被告签订《购楼协议书》，约定被告购买原告所有的位于深圳，每层面积约500平方米，总面积约2000平方米，单价为2500元/平方米，购楼总价为500万元。合同第3条约定，原告同意在2012年10月31日前交付被告所购买的写字楼。

合同签订后，2012年2月19日被告向原告支付现金20万元，2012年2月29日被告通过深圳市某实业发展有限公司账户向原告转账130万元，2012年3月10日被告向原告转账350万元，以上共计500万元。

---

〔1〕 参见广东省深圳市龙华区人民法院民事裁定书，(2021)粤0309民初9158号。

双方确认案涉《购楼协议书》中的在建写字楼即为某国际大厦，原告主张案涉房屋于2013年建成，于2014年交付被告。被告主张在2012年底已接收房屋。

原告主张与被告的500万元实为借款，双方签订的《购楼协议书》系为500万元借款提供抵押担保，双方同时签订了一份借款合同，由被告持有。因案涉房屋未取得合法土地使用权、开发许可和销售权，原告要求确认双方签订的《购楼协议书》无效。原告提交房产证及双方于2015年签订的多份《借款合同》、收款收据予以证明，被告不予认可。

被告提交的某创新产业走廊某产业地块土地整备利益统筹项目补偿方案表、房屋主体补偿明细表、临时安置费补偿明细表、腾空交房回执单、搬迁补偿安置协议签约回执单、房屋移交确认书等证据显示，案涉房屋因位于土地整备项目范围内，已于2021年被拆除，被搬迁人为被告及王某、叶某、周某、周某某5人。原告、被告确认该项目尚未完成回迁补偿。

（三）裁判结果

法院判决：驳回原告陈某某的起诉。

（四）裁判理由

法院认为，《购楼协议书》约定的案涉房产未办理产权登记，且案涉房产现已因土地整备项目而被拆除，该项目回迁补偿工作尚未完成，本案合同的效力因涉及案涉房产相关财产权益的处理，依法应当由行政主管部门确权后再予确定，在此之前法院不宜作出实体处理。

（五）法理分析

法院不予受理该类纠纷主要依据最高人民法院《第八次全国法院民事商事审判工作会议（民事部分）纪要》第5条第2款“关于违法建筑相关纠纷的处理问题”“对于未取得建设工程规划许可证或者未按照建设工程规划许可证规定内容建设的违法建筑的认定和处理，属于国家有关行政机关的职权范围，应避免通过民事审判变相为违法建筑确权。当事人请求确认违法建筑权利归属及内容的，人民法院不予受理；已经受理的，裁定驳回起诉”的规定。

五、付某某、巫某2等与深圳市龙岗区龙岗街道办事处房屋拆迁补偿确权纠纷〔1〕

（一）裁判要点

法院认为，行政机关虽然在土地整备项目房屋权属核查意见表上盖章确认权利人核查意见并公示，但是如果当事人提出异议，异议协调工作仍在进行中，且异议人以核查意见确认的权利人为被告就房屋权属、权益问题另案提起了民事诉讼的，行政机关确认、公示的行为应视为阶段性行为，并非终局性的决定，而该非终局性决定对当事人的权利义务不构成实际影响，如当事人主张撤销该行为，应驳回起诉。

（二）基本案情

原告为撤销被告在房屋拆迁补偿确权过程中，将龙岗区龙西社区（儿童医院建设工程）土地整备项目测绘编号6祖屋中的6－2、6－3、6－6号祖屋错误确权给第三人巫某1的确权决定，向深圳市中级人民法院提起诉讼。

法院经审理查明，就案涉深圳市龙岗儿童医院建设工程项目，2018年4月23日被告深圳市龙岗区龙岗街道办事处在《深圳侨报》发布《龙岗区龙西对面岭（儿童医院建设工程）土地整备项目征收房屋权属核查信息公示》，公示测绘编号6－2、6－3、6－6号房屋权利人为巫某1，并载明如对房屋权利人有异议，在公示之日起15日内带齐产权资料到龙岗街道土地某中心办公室核实。2018年4月26日，两原告付某某、巫某2向被告提交书面异议函，对于将案涉房屋权利人确认为巫某1提出异议。2018年6月14日，被告就该异议组织了协调会。之后，两原告以巫某1为被告向深圳市龙岗区人民法院提起民事诉讼，请求确认其对6号祖屋享有55%的拆迁补偿权益，确认巫某1不享有6号房屋共有权益。2020年1月3日，深圳市龙岗区人民法院作出（2018）粤0307民初12184号民事裁定书，裁定驳回两原告的起诉。两原告提出上诉后，2020年11月18日，深圳市中级人民法院作出（2020）粤03民终14851号民事裁定书，裁定撤销一审裁定、发回深圳市龙岗区人民法院

---

〔1〕参见广东省深圳市中级人民法院行政裁定书，（2020）粤03行初93号。

重审。

就案涉房屋，在《龙岗区龙西对面岭（儿童医院建设工程）土地整备项目房屋权属核查意见表》上，巫某1申报为权利人，深圳市龙西股份合作公司对面岭分公司、龙岗街道龙西社区对面岭居民小组、龙岗街道龙西社区居民委员会、龙岗街道土地整备中心等先后盖章确认权利人巫某1拥有该房地产权属份额100%及权利人其他相关情况，2018年5月9日，被告盖章并签署“同意中心意见”。

此外，案涉测绘编号6－2、6－3、6－6号房屋已经拆除，因权利人有争议，相关补偿款项暂未发放。庭审中，被告陈述因原告提起民事诉讼，仍处于处理异议阶段，针对案涉房屋权属并未作出最终结论。案件审理过程中，被告书面确认待原告民事诉讼案件作出最终生效民事判决结果后，被告将对案涉房屋权属核查工作进行后续处理并书面告知原告处理结果。

（三）裁判结果

法院判决：驳回起诉。

（四）裁判理由

法院认为，本案中原告请求撤销被告将案涉房屋确权给巫某1的确权决定，并主张确权决定的载体：一是被告在《龙岗区龙西对面岭（儿童医院建设工程）土地整备项目房屋权属核查意见表》上盖章确认相关部门有关巫某1为权利人的核查意见；二是被告在报纸上刊登《龙岗区龙西对面岭（儿童医院建设工程）土地整备项目征收房屋权属核查信息公示》，确认案涉房屋权利人为巫某1。

根据庭审查明，核查信息公示中载明“如对下列公示房屋权利人有异议的，请在自公示之日起15日内带齐产权资料到龙岗街道土地××中心办公室核实”，原告在公示期内提出了异议。核查意见表则体现的是被告对案涉房屋权利人自行申报，以及居民小组、社区股份合作公司、街道办事处内各工作部门核查意见予以审核的内部工作流程。虽然被告在意见表上盖章并签署“同意中心意见”，但之后仍在开展协调工作。据被告庭审陈述，其仍在处理原告异议过程中，尚未作出最终处理或认定结论；案涉房屋虽已被拆除，但相关补偿款项并未实际发放或确认发放对象；后续将作出最终处理结论。因此，被告针对案涉房屋权利归属并未作出终局性的决定，原告主张的确权决定并不存在；核查意见盖章或核查信息公示，仅是权属核查过程中的阶段性行为，对原告的权利义务不产生实际影响。需要指出的是，相关民事裁定在说理部分虽有案涉房屋“经由行政部门确权认定权利人为巫某 1”“原告应另行通过行政诉讼途径主张”的表述，但是该民事裁定已经二审撤销；并且，对于行政部门是否已作出确认权利人的行政行为，仍应根据行政诉讼中查明的事实及相关法律法规予以判断。

综上所述，原告之起诉依法应予驳回。

（五）法理分析

在本案中，法院认为，行政机关虽然在土地整备项目房屋权属核查意见表上盖章确认权利人核查意见并予以公示，但如果当事人提出异议，处理异议工作仍在进行中，尚未作出最终处理或认定结论，行政机关确认、公示的行为应视为阶段性行为，并非终局性的决定，而该非终局性决定对当事人的权利义务不构成实际影响。最高人民法院《关于适用〈中华人民共和国行政诉讼法〉的解释》第 69 条第 1 款第 8 项规定：“有下列情形之一，已经立案的，应当裁定驳回起诉：……（八）行政行为对其合法权益明显不产生实际影响的……”对于行政相对人合法权益明显不产生实际影响的行政行为，已经立案的，依法应当驳回起诉。

第四节　土地整备利益统筹项目物业权利人核实结果异议的救济途径

根据深圳市住房和建设局、深圳市规划和自然资源局《关于加强对住宅类历史遗留违法建筑交易查处的通知》（深建字〔2021〕137 号）的有关规定，土地整备项目在区政府审批实施方案前，应开展住宅类历史遗留违法建筑物业权利人的核实工作；已完成实施方案审批的土地整备项目，在通知发布之日起 6 个月内补充开展物业权利人核实。

截至 2023 年年底，仅有龙岗区和龙华区针对土地整备利益统筹项目住宅类历史遗留违法建筑物业权利人核实工作出台了相关指引。从工作指引和实践操作来看,历史遗留违法建筑物业权利人核实主要依赖于对房屋权利来源材料和实际控制材料的审查。鉴于历史遗留违法建筑的交易存在隐蔽性,实践中关于物业权利人的核实问题较易引发纠纷。若物业实际权利人无法通过异议申报方式完成权利人更正,则可通过诉讼途径开展权利救济。

前文关于已公开的房屋买卖合同纠纷案件的裁判要点已经表明,对未经行政主管部门确权的历史遗留违法建筑房屋,深圳地区法院一般认定其房屋买卖合同效力待定,合同效力依法应当由行政主管部门确权后再予以确定。因此,进一步探讨历史遗留违法建筑权利人核实结果异议的权利救济具有积极意义。

一、物业权利人公示及异议处理的相关行政行为不具有可诉性

截至 2023 年 6 月,通过公开渠道暂未检索到利益统筹项目相关的行政纠纷案件,但基于土地整备利益统筹项目与城市更新、土地整备项目物业权利人核实主体和程序的相似性,城市更新、土地整备项目相关案例对土地整备利益统筹项目具有参考意义。

根据不同行政行为所处的环节,可以将行政行为分为过程性行政行为和终局性行政行为。过程性行政行为是大行政行为框架中的一部分,在法律效果上对大框架行政行为不具有终局性影响。根据最高人民法院《关于适用〈中华人民共和国行政诉讼法〉的解释》第 1 条第 2 款的规定,行政机关为作出行政行为而实施的准备、论证、研究、层报、咨询等过程性行为,及对公民、法人或者其他组织权利义务不产生实际影响的行为,均不属于法院行政诉讼的受案范围。

司法实践中,法院在审理该类案件时,会先对“核实确认”行为的终局性进行判断,再评价该行为对当事人的影响及合法性。法院通常认为,行政部门对核实意见盖章、核实信息公示、处理公示异议等核实工作,本身并不能作为权属确认依据,既未对案涉物业权利归属作出终局性决定,也未对相关主体的权利义务产生实质性影响,属于过程性行政行为,不具有可诉性。

在付某娣、巫某兰与深圳市龙岗区龙岗街道办事处房屋拆迁补偿确权

纠纷案[1]中，原农村集体经济组织继受单位、社区居民小组、社区居民委员会、街道土地整备中心等主体在《土地整备项目房屋权属核查意见表》上盖章确认后，被告龙岗街道办事处也盖章签署了“同意”意见，确认案外人巫某新为案涉物业权利人。龙岗街道办事处对房屋权属核查信息进行公示，原告二人就此提出异议，被告也就该异议组织了协调会，后原告仍提起行政诉讼并诉请法院撤销被告将案涉物业确权给巫某新的确权决定。一审法院裁定驳回起诉，二审法院裁定撤销一审裁定，发回一审法院重审。重审法院认为，行政机关虽然在《土地整备项目房屋权属核查意见表》上盖章确认权利人核查意见并公示，但当事人提出异议且异议协调工作仍在进行中，同时，异议人以核查意见确认的权利人为被告就房屋权属、权益问题另案提起了民事诉讼，行政机关确认、公示的行为应视为阶段性行为，并非终局性的决定，而该非终局性决定对当事人的权利义务不构成实际影响，遂驳回了当事人主张撤销该行为的起诉。

二、物业权利人核实确认纠纷的权利救济途径

在土地整备利益统筹项目中，物业权利人核实确认相关行政行为虽然不具有可诉性，但按照土地整备利益统筹项目实施流程，在物业权利人核实确认工作结束后，将由原农村集体经济组织继受单位和合作开发主体与经核实确认的物业权利人签订搬迁补偿协议。因此，相关异议主体可以就搬迁补偿权益归属提起民事诉讼进行权利救济。该种路径回避了历史遗留违法建筑的确权问题，仅探讨合同权益归属问题，属于法院的受理范围且目前已有较多对该搬迁补偿协议权益归属进行判决的案例。

具体而言，可由对物业权利人公示结果有异议或者权益受影响的利害关系人作为原告，对搬迁补偿协议签订主体提起民事诉讼，包括经公示确认的物业权利人、原农村集体经济组织继受单位和合作开发主体，诉请确认利害关系人对争议物业享有搬迁补偿权益。

---

[1] 参见广东省深圳市中级人民法院行政裁定书，(2020)粤03行初93号。

第七章 土地整备利益统筹模式的思考和建议

深圳市虽然为土地整备利益统筹模式确立了较为完备的政策体系与较为全面的保障措施，但因实践推进过程中的复杂因素，难免存在不足之处。本章将结合现有的经验和趋势，从不同土地二次开发模式对比及混合使用问题、粤港澳大湾区土地整备政策的借鉴、土地整备利益统筹新政下的趋势和机遇、回迁物业的取得风险等方面进行思考，为破解深圳市土地整备利益统筹项目推进中的难题提出建议。

第一节　不同土地二次开发模式的混合使用问题

在部分政府推动的土地整备项目中，从政策适用、项目实际情况或者推动手段的便宜性等方面考虑，项目的实施方式会呈现变动的局面。在有些项目中甚至会出现土地整备、城市更新、土地整备利益统筹先后适用的情况。这往往与项目启动时间、新政策出台时间等有关，在传统方式难以推动项目进展的情形下，新政策在某些方面的突破或新的便利性规定会推动项目按照新的方式实施。可见，土地整备利益统筹、土地整备、城市更新等不同土地二次开发模式的适用也是为了推动项目取得良好进展所作出的选择。无论适用哪一种土地二次开发模式，其最终目的都是推动项目完成和落地，从该角度出发，方式是实现目的的手段而已，如何用好才是关键。在土地整备利益统筹与城市更新日益趋同的情况下，如果能够灵活加以利用，形成更好的“组合拳”，有效地推动项目，也符合广大参与主体的根本利益。

一、土地整备利益统筹与土地整备

土地整备与土地整备利益统筹方式的混合使用实际已经在深圳市的部分行政区实施。根据《龙岗区“先整备后统筹”土地整备工作规程》第 2 条的规定，“先整备后统筹”是指在补偿标准不超过《深圳市房屋征收与补偿实施办法（试行）》所规定标准的条件下，由区发展改革部门下达资金计划，区财政保障资金，利用征收和利益统筹两种并行补偿方式为公共利益和重大产业项目提前移交建设用地的土地整备工作模式。以土地整备利益统筹标准（建筑物为重置价）补偿完成并已移交政府收储入库的土地计入土地整备利益统筹项目留用土地计算基数，按 6 号文规定核算留用土地指标。

从上述规程的规定可以看出，政府在推进公共利益和重大产业项目时引入了土地整备和土地整备利益统筹两种模式。这种“先整备后统筹”的方式，一是为被搬迁人的补偿提供了选择，即征收标准还是利益统筹标准（含在留用土地上回迁权益的实现，如有），有效解决征收补偿方式单一和补偿金额较低等现实问题；二是通过部分补偿权益实际转移到留用土地的方式，即引入市场主体补偿的方式，极大地减少了政府与被搬迁人针对补偿的直接矛盾;三是为政府高效收储土地并快速推动公共利益项目等实施提供了可能。

截至2023年6月,深圳市采用“先整备后统筹”方式实施的项目包括香港中文大学(深圳)音乐学院和医学院项目、嶂背社区土地整备利益统筹“先整备后统筹”项目、龙坪路二标段(宝龙段)“先整备后统筹”项目、深圳市天然气储备与调峰库二期扩建工程项目、地铁16号线田心车辆段等。

二、土地整备(含土地整备利益统筹)与城市更新

(一)土地整备(含土地整备利益统筹)与城市更新融合适用的必要性

深圳市规划和自然资源局、深圳市发展和改革委员会发布的《深圳市城市更新和土地整备“十四五”规划》在第五章“规划结构与分区指引”的第四节“更新整备融合试点区空间范围划定”中规定:“借助综合授权试点改革契机,以促进城市更新和土地整备[1]两种实施模式融合为目标,开展更新整备融合试点区范围划定。”“更新整备融合试点区实施可参照重点更新单元模式,试点区计划和规划由各区(含新区,下同)政府负责拟定,经市更新整备主管部门审查后,由各区报市政府批准。规划经批准后,由区政府组织以公开方式确定实施方式和实施主体。试点区范围内积极鼓励融合运用城市更新、土地整备等多种实施手段,实现片区整体发展的总体目标。”在第六章“实施保障机制”的第一节“加强更新整备融合”中规定:“以综合授权试点改革为契机,逐步推进城市更新和土地整备政策的全面融合,加强模式创新、规则创新和体制创新,建立融合统一、公平有序、科学高效的存量空间统筹利用新体系。”并从高质量编制更新整备年度计划、探索空间腾挪置换和指标互动政策创新、加强更新整备补偿标准统筹、加强更新整备的规划统筹、创新容积管理规则五个方面进行了具体的规定。可见,基于现实需求、实际运作的必要,政府在规则层面也已经认识到土地整备(含利益统筹)与城市更新融合适用的必要性。

城市更新以经营性用地为主,在市场主导下进行项目开发,因该方式在

[1] 这里的土地整备包括了土地整备利益统筹。

深圳运行多年,各方对其接受度更高。而土地整备以经营性用地和公共基础设施用地为主,由政府主导,并且受限于政策等因素,社区等各个权利主体积极性相对不高,导致土地整备项目推进难度较大。同时,现阶段深圳优质的并且符合政策的合法用地大多数均已立项,其他均存在合法用地达标的问题,难以单独推进。对于城市更新项目而言,得益于其允许市场主体参与土地再开发,项目的补偿标准相较于房屋征收项目更高,因而推进障碍较少。因此,可考虑扩大城市更新拆迁范围,协助房屋征收项目实施。当项目范围内合法用地指标不足时,可考虑与土地整备利益统筹项目联动实施,或完成外部移交用地拆迁工作以使项目合法用地指标符合规定。对于土地整备利益统筹项目而言,当项目范围内留用土地指标难以落实时,可考虑与同一行政区的城市更新项目联动实施,合理分配留用土地指标并协助城市更新项目推进。在此背景下,两者联动实施,将土地整备利益统筹项目的留用土地指标调入城市更新项目,而由城市更新项目来解决土地整备利益统筹的拆迁补偿和安置问题,推动项目实施。

实践中,土地整备利益统筹与城市更新的混合使用主要体现在土地整备利益统筹留用土地指标在城市更新项目中的落地使用。土地整备利益统筹具有更强的政府主导性、公益性以及收回土地的目的性,因此在留用土地上具备更多的补偿机制。利益相关人对土地空间的强烈关注和要求,导致部分项目在实体留用土地落地上非常困难。如何破解这一难题?在城市更新项目这一更加倾向于市场主体的制度上,通过满足其合法用地比例的方式,既满足了土地整备利益统筹项目收回土地的需求,又解决了城市更新合法用地要求问题,同时也推动了村集体、物业权利人和市场主体的回迁需求以及土地开发权益问题的解决,可谓“一举三得”。但是此种方式也要求留用土地上附着的规划指标不宜过高,否则将影响城市更新项目的经济可行性。由此可见,留用土地的调入不是必然有利于项目推动的,需要结合不同项目的实际情形进行优化适用,方可产生积极的效用。经济可行性是项目实施的核心问题,政策如果不具有经济可行性,其制定的出发点再美好,也无法解决现实性的难点问题。在房地产市场低迷,房地产前期和后期成本不断提高的情况下,市场主体不能盲目乐观地仅从形式上判断政策能够带来的所谓优势,将政策落实到具体项目才是一个更加有效的衡量标准。

在介入项目前需要提前筹划,在土地整备利益统筹项目中取得留用土地权益的农村集体经济组织，特别是市场主体需要提前衡量这种方式是否能够在其他项目中予以实现，甚至在项目实施之前就需要确定所需项目，这样才有利于项目的落地；否则，只具备一个悬空的指标，却不知何时实现，对于市场主体的前期投入将是巨大的隐患；再加上对物业权利人长期的过渡补偿资金的承担，如何确定这一周期的长度对于市场主体也是巨大的考验。据此，笔者认为，虽然留用土地的指标落地存在多种选择，但是这一过程是艰难且艰巨的，因此无论是对于土地整备利益统筹的市场主体还是对城市更新项目的市场主体而言，如何相互选择取得最优解才是重中之重。特别提醒，土地整备利益统筹中的市场主体尤其要注意仅有留用土地指标的项目，充分考虑自身承担成本的能力，以及自身实现留用土地落地的能力问题。

（二）土地整备（含土地整备利益统筹）与城市更新融合适用的项目

结合深圳已有的土地开发实践，下文将以光明区轨道 13 号线车辆段片区综合开发项目为例，梳理其不同土地二次开发模式的混合使用。

光明区轨道 13 号线车辆段片区综合开发项目，位于光明区凤凰街道塘尾社区，综合开发范围 195 万平方米，松白路、东明大道、光明大道等多条城市干道穿越，茅洲河、明湖公园等生态资源汇集，是光明区西部板块的重要组团中心，也是都市山水格局关键节点。车辆段使用范围约 38 万平方米，考虑建筑以及权属宗地的完整性，拆除范围达 52 万平方米，需拆迁建筑面积约 51 万平方米。若单纯采用房屋征收方式，耗资巨大，需创新开发模式，结合周边片区统筹开发，实现项目资金自平衡，并同时满足地铁、业主、政府等多方诉求。为保障车辆段用地按时移交，盘活土地资源，强化片区统筹，光明区委区政府提出对轨道 13 号线车辆段及周边片区实施综合开发，实现整体转型发展。

土地二次开发的传统路径难以保障建设时间及用地等需求。本项目建设时间紧、拆迁任务艰巨、涉及物业类型复杂，并要求在规划中落实车辆段用地、市级生态廊道等大片区公共利益用地。项目若采用房屋征收方式，征收资金需求大，且易引发社区股份合作公司及原业主的抵触情绪；若采用城市更新模式，合法权属用地仅占 14.2%，无法满足城市更新的立项要求；若采用土地整备利益统筹方式，股份合作公司难以在短时间内与众多权利人厘清经济关系并完成相关建筑物清拆工作。

该项目积极探索存量用地开发新模式，在深圳市率先探索将“城市更新 + 利益统筹 + 土地整备”等多路径融合模式，根据土地权属分类确定实施路径，因地施策，提出二次开发实施方案，实现综合开发范围内实施路径的全覆盖，打造全市首个以重点更新单元为主要方式落实轨道车辆段用地的范例，为全市盘活存量用地和土地整备工作提供可复制可推广的综合改革试点案例，具体而言：

(1)城市更新方面。以城市更新作为核心路径，将符合建筑年限要求的建成区划入重点更新单元拆除范围，用地面积 128 万平方米，建筑面积 149 万平方米，更新方向为工业、居住和商业等。

(2)土地整备利益统筹方面。将未征转空地、建筑年限不足及光明大道沿线生态线外部分建成区划入土地整备利益统筹范围，用地面积 28.5 万平方米，在政策框架范围内，将土地整备利益统筹留用土地指标调入重点更新单元，保障重点更新单元计划立项和规划实施。

(3)土地整备方面。项目内除已完成移交入库土地和现状保留用地外，存在部分国有已征转未入库空地、城市化转地范围内土地已补偿而建筑物未补偿土地，用地面积 11 万平方米，通过一般土地整备方式完成地上建筑物征收。

三、实务提示

土地二次开发中，各类主体的诉求是多样的，不同土地二次开发模式关注的重点有所区别。土地二次开发的混合使用有其现实需求，但是如何合理高效地使用，如何保障各类主体特别是市场主体的权益，是首先需要考虑的问题。毕竟如果市场主体的权益无法保障，物业权利人回迁权益以及原农村集体经济组织继受单位的合作开发权益的实现也将成为空谈。由于土地二次开发承载的权益和利益巨大，只有提前筹划不同方式的混合使用方式，缩短项目运作周期，控制项目成本，才有利于推进项目的最终落地与各主体权益的实现。土地二次开发始终是由市场调节的市场行为，伴随着风险和收益，不同项目也将表现出较大的差异，因此如何提高辨别和适用的能力是非常复杂和重要的问题，毕竟市场主体需要承担项目实施的后果，既需要有冒险心态，也需要审慎把握。

第二节　粤港澳大湾区主要城市土地整备政策借鉴

一、广州市土地整备政策

（一）概述

广州市已经颁布了《广州市国有土地上房屋征收与补偿实施办法》、《广州市农民集体所有土地征收补偿试行办法》（已失效）、《广州市土地储备管理办法》、《广州市统筹做地推进高质量发展工作方案》、《广州市支持统筹做地推进高质量发展工作措施》等与土地征收、储备相关的基础性规定。与深圳不同，广州尚未制定类似深圳的土地整备利益统筹的专门政策，与之相类似的安排，是在城市更新推进过程中为满足成片连片改造需求而产生的，并主要依托城市更新而开展。土地整备仅是广州城市更新中的环节。

在政策层面，广州亦未对土地整备作出明确定义，亦无系统性、专门性地针对土地整备单独制定的政策仅在城市更新政策中零星提及，例如，广州市住房和城乡建设局于2021年7月7日在其官网中发布的《广州市城市更新条例（征求意见稿）》（以下简称《广州更新条例意见稿》）第23条规定："市、区人民政府应当依据国土空间规划，综合运用'三旧'改造、土地管理、规划管理等公共政策，推动城市更新土地整备，实现土地资源空间重组、产权重构和利益共享，盘活存量低效建设用地。"但从根本上来看，广州土地整备的目的和深圳类似，均属于政府运用公共政策以盘活存量低效建设用地的一种手段。

综合《广州市城市更新办法》，广州市人民政府《关于提升城市更新水平促进节约集约用地的实施意见》，中共广州市委、广州市人民政府《关于深化城市更新工作推进高质量发展的实施意见》，《广州市旧村全面改造项目涉及成片连片整合土地及异地平衡工作指引》等规定，广州市土地整备的开展方式主要包括：（1）整合土地（含收购和置换两种方式）；（2）异地平衡（含联动改造和储备用地支持两种方式）；（3）留用土地统筹利用；（4）边角地、夹心地、插花地（以下简称"三地"）处置；（5）政府征收储备。相关政策沿革详见表7－1。

表 7－1 广州市土地整备开展方式相关政策

政策名称	主要内容	条款
《关于加快推进“三旧”改造工作的意见》附件 2《关于广州市推进“城中村”（旧村）整治改造的实施意见》（穗府〔2009〕56 号，已失效）	允许将连片整体改造涉及的“三地”通过土地位置调换等方式，对原有存量建设用地进行调整使用	（八）土地利用政策。……连片整体改造涉及的边角地、夹心地、插花地等，允许在符合土地利用总体规划和控制性详细规划的前提下，通过土地位置调换等方式，对原有存量建设用地进行调整使用。……
《关于加快推进三旧改造工作的补充意见》（穗府〔2012〕20 号，已失效）	提出因城市基础设施、公共设施建设或实施城市规划进行旧城区改建等需要，对符合一定条件的土地由政府按“应储尽储”原则依法收回、收购	（六）“三旧”改造规划应当与国民经济和社会发展规划、土地利用总体规划、城乡规划和专项规划相互衔接。“三旧”改造旧厂房用地，凡属于下列条件之一，城市基础设施、公共设施建设或实施城市规划进行旧城区改建需要使用土地的，应当按“应储尽储”的原则，由政府依法收回、收购土地使用权，优先用于市政配套设施。
《广州市城市更新办法》（广州市人民政府令第 134 号）	进一步提出市城市更新部门负责运用征收和协商收购等多种方式组织城市更新范围内的土地整合归宗与土地整备，且城市更新项目用地范围内、外地块之间土地的置换应遵循“面积相近、价值相等、双方自愿、凭证置换”的原则（包括集体建设用地与集体建设用地之间、	第 11 条 市政府成立城市更新领导机构。城市更新领导机构负责审议城市更新重大政策措施，审定城市更新规划、计划和城市更新资金使用安排，审定城市更新片区策划方案及更新项目实施方案。 市城市更新部门是城市更新工作的主管部门，负责全市低效存量建设用地的盘活利用和城市危破旧房的更新盘活，统筹协调全市城市更新工作。负责拟订城市更新政策，拟定城市更新规划，组织编制城市更新项目计划和资金安排使用计划；指导和组织编制城市更新片区策划方案，审核城市更新项目实施方案；多渠道筹集资金，运用征收和协商收购等多种方式，组织城市更新范围内的土地整合归宗，土地整备，推进成片连片更新改造；统筹城市更新政府安置房的管理和复建安置资金监管，加强城市更新项目实施监督和考评。 各相关主管部门应当在各自法定职责范围内办理

续表

政策名称	主要内容	条款
	集体建设用地与国有建设用地之间、国有建设用地与国有建设用地之间的土地置换）	城市更新项目的行政审批。 第39条　城市更新项目用地范围内、外地块之间土地的置换，包括集体建设用地与集体建设用地之间、集体建设用地与国有建设用地之间、国有建设用地与国有建设用地之间的土地置换，应遵循“面积相近、价值相等、双方自愿、凭证置换”的原则。
广州市人民政府《关于提升城市更新水平促进节约集约用地的实施意见》（穗府规〔2017〕6号，已失效）	明确指出可采取“由改造主体以协商收购、合作入股等方式实施整备”的方式进行土地权属人的整合归宗	三、坚持利益共享，推动连片更新改造 …… （八）城市更新部门负责纳入更新范围、适用城市更新政策的低效存量建设用地的土地整备工作；统筹组织成片连片用地的整备开发；以及对单个权属人的土地，通过协商收购、征收等方式收回国有土地使用权或征收集体土地。 成片连片用地的整备开发应编制整备开发方案，对地块进行整体规划，并依据城市更新政策确定改造范围内各地块的改造方式，实现成片连片改造。改造方式包括土地权属人自行改造或由政府收回土地使用权。 …… （十七）经批准由改造主体自行改造的项目，涉及多个土地权属人需整合归宗的，可按以下方式之一实施： 1. 由改造主体以协商收购、合作入股等方式实施整备。 2. 由政府作为协商的组织者和监督者，组织改造主体与其他土地权属人进行三方协商达成一致意见后，由改造主体实施整备。 3. 由政府收回土地使用权实施整备。 改造主体自主实施整备的，可凭经批复的改造方案及与其他权属人签订的补偿协议，按照新规划用途办理用地手续。 由政府实施整备收回的土地，规划为经营性用地的，应通过招标、拍卖或者挂牌等方式公开出让；规划为非经营性用地的，可以划拨或协议出让给改造主体，整备费用纳入改造成本。

续表

政策名称	主要内容	条款
广州市人民政府办公厅《关于印发广州市深入推进城市更新工作实施细则的通知》(穗府办规〔2019〕5号)	结合成片连片改造要求,提出成片连片改造项目可按照“价值相等、自愿互利、凭证置换”的原则进行土地置换(包括集体建设用地与集体建设用地之间、国有建设用地与国有建设用地之间的土地置换)	(十九)成片连片改造项目可按照“价值相等、自愿互利、凭证置换”的原则进行土地置换,包括集体建设用地与集体建设用地之间、国有建设用地与国有建设用地之间的土地置换。
中共广州市委、广州市人民政府《关于深化城市更新工作推进高质量发展的实施意见》(穗字〔2020〕10号)	明确农村集体经济组织可将留用地或未兑现的留用地指标纳入城中村改造范围一并改造	15.鼓励土地整合,支持成片连片改造。城中村全面改造项目因用地和规划条件限制无法实现资金平衡或涉及重点区域、重要地段、重要节点需要统筹改造,符合国土空间总体规划的,原则上在本行政村(转制社区)范围内,改造主体可整合收购邻近国有用地用于复建安置和公益设施,或将村集体建设用地与政府储备用地置换。 改造主体整合收购邻近的国有用地用于复建安置和公益设施的,土地整合改造成本可按旧村庄、旧城镇有关的成本核算办法执行;也可参照《广州市深入推进城市更新工作实施细则》关于收回国有旧厂房整宗土地的规定计算改造成本;涉及旧城镇的,也可参照《广州市国有土地上房屋征收与补偿实施办法》的补偿标准计算改造成本。原则上被收购整合的国有用地(不含“三地”)不超过改造范围总面积的10%,且被收购整合的国有用地上的建(构)筑物不再予以复建安置。 政府储备用地与村集体建设用地置换的,依据“面积相等、价值相当、权属清晰、双方自愿”原则置换后纳入改造范围,实现多宗地块整合后统一协议出让。 16.鼓励留用地纳入改造,统筹编制改造方案。农村集体经济组织可将留用地或未兑现的留用地指

续表

政策名称	主要内容	条款
		标纳入城中村改造范围一并改造；城中村全面改造项目因用地和规划条件限制无法实现资金平衡的，可将本村权属范围内符合国土空间总体规划的其他用地纳入城中村改造范围一并实施，并抵扣留用地指标，留用地指标不足的可按规定预支留用地指标。 上述用地的权益按留用地管理规定的用途计算并在改造范围内统筹落实，其具体地块建设用途可结合城中村改造需求统筹研究确定（住宅、商业、商务、科技创新或工业等），供地方式按照城市更新政策办理。
广州市规划和自然资源局《广州市旧村全面改造项目涉及成片连片整合土地及异地平衡工作指引》（穗规划资源规字〔2020〕4号）	对于已纳入《广州市深化城市更新工作推进高质量发展的工作方案》或城市更新储备库的旧村全面改造项目，且符合特定条件的，可开展整合土地和异地平衡工作	一、适用条件 已纳入《广州市深化城市更新工作推进高质量发展的工作方案》（穗府办函〔2020〕66号）或城市更新储备库的旧村全面改造项目，且符合以下条件的，可按本指引开展整合土地和异地平衡工作。 （一）整合土地。 已纳入旧村全面改造范围，因用地和规划条件限制无法实现盈亏平衡，或涉及重点区域、重要地段、重要节点，或需要成片连片统筹的项目，可通过改造主体整合收购邻近的国有建设用地（闲置土地除外）或将政府储备用地与村集体用地（国有性质、有建设用地合法来源文件）置换，实现节约集约用地。 整合收购或进行置换的用地，原则上应在本行政村（或转制社区）范围内，且实施时应符合国土空间总体规划（土地利用总体规划和城市总体规划）；不符合标图建库条件的，只能用于复建安置和公益设施建设。 （二）异地平衡。 对于受白云国际机场、白云山、生态与水源保护、军事用地、历史文化保护等特殊控制区影响，且无法通过整合土地实现盈亏平衡的旧村全面改造项目，可采取联动改造、储备用地支持等方式进行异地平衡。 异地平衡以区内平衡为主。越秀区旧村全面改造

续表

政策名称	主要内容	条款
		项目可以跨区平衡，其他行政区旧村全面改造项目涉及国家、省重点项目、全市重大项目和两区毗邻片区需要同步改造类的项目确实无法实现盈亏平衡的，也可以跨区平衡。各区跨区平衡项目应当提请市政府同意。 涉及跨区平衡的，异地承接地块优先承接产业（商业、办公等）开发，且需符合所在区的有关产业政策要求。
《广州更新条例意见稿》	提出采取土地整合、异地平衡、土地置换、留用地统筹利用方式进行土地整备	第23条　【土地整备】市、区人民政府应当依据国土空间规划，综合运用“三旧”改造、土地管理、规划管理等公共政策，推动城市更新土地整备，实现土地资源空间重组、产权重构和利益共享，盘活存量低效建设用地。 第24条　【土地整合】城市更新项目涉及土地整合、成片连片开发的，应当将改造范围内多个权利主体、市场主体的房地产相关权益转移到单一主体；或者在集体建设用地之间、国有建设用地之间进行土地置换。 按照经批准的项目实施方案，以前款方式实现土地整合的，属于政府征收（收回）房产、土地并出让的行为。 第25条　【异地平衡】城市更新项目因用地和规划条件限制无法实现盈亏平衡，符合条件的，可以按以下方式进行统筹平衡： （一）由实施主体通过与该主体的其他城市更新项目或者建设用地统一规划等方式，将经项目实施方案批准的开发权益等价值转移； （二）由政府采取储备用地支持用作融资的，应当将城市更新项目和储备用地进行整体评估后，通过招标、拍卖、挂牌等公开方式确定实施主体，按照规定办理供地，但储备用地用作安置房、公共服务设施、市政基础设施的除外。 城市更新项目统筹平衡的具体条件由市人民政府另行制定。 第26条　【土地置换】城市更新项目涉及将省

续表

政策名称	主要内容	条款
		"三旧"改造地块数据库范围内的"三旧"用地与其他建设用地实施置换,或者以复垦方式与本项目范围内非建设用地实施置换的,置换后地块按规定纳入省"三旧"改造地块数据库,适用"三旧"改造政策。 第 27 条 【留用地统筹利用】旧村庄全面改造或者混合改造项目可以将村留用地或者留用地指标纳入一并实施,并按照留用地管理规定的用途计算留用地开发权益并在改造范围内落实;改造范围内地块可以结合改造需求统筹确定建设用途,包括居住、商业、商务、工业等。

（二）广州市土地整备政策特点

1. 政府主导色彩浓厚

无论是尚未生效的《广州更新条例意见稿》,还是以往的广州城市更新政策,均强调政府在土地整备中的主导作用。《广州更新条例意见稿》明确由市、区人民政府推动城市更新土地整备,《广州市城市更新办法》规定由市城市更新部门组织城市更新范围内的土地整合归宗与土地整备。以旧村改造为例,广州旧村改造项目的基本思路便是坚持政府主导,项目实施方案以及此前的片区策划方案、控制性详细规划修改方案环节均会涉及土地整备相关内容,而《广州市旧村庄更新实施办法》(此规定已于 2021 年 12 月 31 日失效,但至本书出版时其修订版尚未正式出台)就曾明确在项目实施方案批复前杜绝企业介入。

2. 支持成片连片改造

广州市的城市更新改造已逐步探索并明确了一系列推进成片连片城市更新的政策与举措。例如,《广州市城市更新办法》规定应"加强政府土地储备,推进成片连片更新";《关于深化城市更新工作推进高质量发展的实施意见》规定"鼓励土地整合,支持成片连片改造";广州市增城区人民政府办公室印发的《增城区深化城市更新工作推进高质量发展实施细则》亦规定了推进重点区域旧厂房成片连片改造。

3. 多种土地整备方式组合运用

广州市早期城市更新政策中对土地整备方式的规定较为单一,如《关于加快推进"三旧"改造工作的意见》(已失效)中仅规定了"三地"处置。后续随着一系列政策的出台,广州市的土地整备方式日益丰富。最为直观的体现可参考广州市规划和自然资源局于2022年9月7日发布的《广州市城市更新单元详细规划编制指引》《广州市城市更新单元详细规划成果模板》,根据前述文件,土地整备方式包含"三地"处置、整合土地、留用地统筹利用、异地平衡等。广州市规划和自然资源局于2024年1月发布的《广州市城市更新专项规划(2021-2035年)》则设专条明确统筹更新土地整备,提出以下几种土地整备方式:单一主体整合归宗;置换收购、土地规整;异地平衡、促进实施;连片谋划、规划统筹;增存联动、用地保障。

4. 土地整备政策所依托的城市更新政策体系处于转型期,有待进一步完善

如前所述,广州土地整备主要是基于城市更新项目开展的,城市更新中的片区策划方案、控制性详细规划修改方案和项目实施方案制定环节均要求编制土地整备专章内容便是其重要体现。然而,广州市城市更新部分核心政策如广州市城市更新办法配套文件《广州市旧村庄更新实施办法》《广州市旧厂房更新实施办法》《广州市旧城镇更新实施办法》已于2020年到期、新办法尚在征求意见中。而随着各类城市更新项目的具体情况日益复杂,涉及复杂权属用地处理、利益分配管理等一系列问题,仅靠现有政策难以覆盖各类整备模式与路径,广州市土地整备的可循政策依据不充分。

(三)广州市土地整备方式之整合土地

整合土地是土地整备的方式之一,多用于旧村改造项目。广州市历年城市更新政策都对整合土地作出了规定,鼓励将零星土地整合后纳入"三旧"改造范围。例如,《关于加快推进"三旧"改造工作的意见》(已失效)规定,全面改造项目在旧村用地范围的基础上,可以根据地块特点,结合周边路网情况,整合周边的土地一并进行改造,包括废弃矿山用地、集体经济发展用地、国有土地等类型。广州市后续的城市更新政策,如广州市人民政府办公厅《关于印发广州市城市更新办法配套文件的通知》(穗府办〔2015〕56号,已到期)中关于整合土地的规定也基本沿用了前述内容。但前述政策均

未对整合土地的适用条件、具体操作方式等作出进一步规定。2020年,《关于深化城市更新工作推进高质量发展的实施意见》《广州市旧村全面改造项目涉及成片连片整合土地及异地平衡工作指引》的出台,在一定程度上弥补了这一土地整备方式的政策空白。下文以旧村改造中的整合土地环节为例,对相关政策进行分析。

1. 整合土地的适用条件

结合《关于深化城市更新工作推进高质量发展的实施意见》[1]、《广州市旧村全面改造项目涉及成片连片整合土地及异地平衡工作指引》[2]的相关规定,旧村项目整合周边国有土地至少应满足如下条件:

(1)旧村项目应为旧村全面改造项目,且已纳入《广州市深化城市更新工作推进高质量发展的工作方案》或城市更新储备库;

(2)旧村项目属于因用地和规划条件限制无法实现盈亏平衡,或涉及重点区域、重要地段、重要节点,或需要成片连片统筹的项目;

(3)被整合的邻近国有建设土地不应为闲置土地;

(4)被整合的土地原则上应在本行政村(或转制社区)范围内,且实施时应符合国土空间总体规划(土地利用总体规划和城市总体规划)。

2. 整合土地的主要方式

(1)收购

土地整合中的收购,是指改造主体通过与改造项目周边国有土地原权属人签署收购协议的方式进行土地整合。整合收购的用地可由改造主体凭收购协议、项目实施方案及批复等文件,在完成上盖物拆除并注销原有不动

---

〔1〕《关于深化城市更新工作推进高质量发展的实施意见》第三部分"深化改革创新、推动城市更新工作提质增效"第15点规定:"鼓励土地整合,支持成片连片改造。城中村全面改造项目因用地和规划条件限制无法实现资金平衡或涉及重点区域、重要地段、重要节点需要统筹改造,符合国土空间总体规划的,原则上在本行政村(转制社区)范围内,改造主体可整合收购邻近国有用地用于复建安置和公益设施,或将村集体建设用地与政府储备用地置换……"

〔2〕《广州市旧村全面改造项目涉及成片连片整合土地及异地平衡工作指引》第一部分"适用条件"规定:"已纳入《广州市深化城市更新工作推进高质量发展的工作方案》(穗府办函〔2020〕66号)或城市更新储备库的旧村全面改造项目,且符合以下条件的,可按本指引开展整合土地和异地平衡工作。(一)整合土地。已纳入旧村全面改造范围,因用地和规划条件限制无法实现盈亏平衡,或涉及重点区域、重要地段、重要节点,或需要成片连片统筹的项目,可通过改造主体整合收购邻近的国有建设用地(闲置土地除外)或将政府储备用地与村集体用地(国有性质、有建设用地合法来源文件)置换,实现节约集约用地。……"

产权证后，由改造主体一并实施改造。

在整合收购规模方面，《关于深化城市更新工作推进高质量发展的实施意见》规定，原则上被收购整合的国有用地（不含“三地”）不超过改造范围总面积的10%；《广州市旧村全面改造项目涉及成片连片整合土地及异地平衡工作指引》规定，整合收购的用地（不含“三地”）原则上不超过整合收购前改造范围总用地面积的10%。相较而言，后者的标准更为严格。

在整合收购用地规划方面，《关于深化城市更新工作推进高质量发展的实施意见》规定，广州旧村改造中整合的周边国有土地仅可用于复建安置和公益设施〔1〕；《广州市旧村全面改造项目涉及成片连片整合土地及异地平衡工作指引》规定，不符合标图建库条件的用地必须用于复建安置和公益设施〔2〕。

在补偿标准方面，整合收购可按旧村庄、旧城镇有关成本核算办法计算改造成本；也可参照《广州市深入推进城市更新工作实施细则》（穗府办规〔2019〕5号）关于收回国有旧厂房整宗土地的补偿标准计算改造成本；涉及旧城镇的，可参照《广州市国有土地上房屋征收与补偿实施办法》（穗府规〔2021〕12号）的补偿标准计算改造成本。此外，《广州市深入推进城市更新工作实施细则》亦针对政府征收模式创新了补偿方式，即鼓励旧村改造采用先收购房屋后回购的方式实施补偿，在规定时间内完成签约的，可按本村村民（户籍人口）人均建筑面积不高于25平方米给予回购住房奖励。〔3〕

---

〔1〕《关于深化城市更新工作推进高质量发展的实施意见》第三部分“深化改革创新，推动城市更新工作提质增效”第15点规定：“……改造主体整合收购邻近国有用地用于复建安置和公益设施……”

〔2〕《广州市旧村全面改造项目涉及成片连片整合土地及异地平衡工作指引》第一部分“适用条件”下“（一）整合土地”规定：“整合收购或进行置换的用地，原则上应在本行政村（或转制社区）范围内，且实施时应符合国土空间总体规划（土地利用总体规划和城市总体规划）；不符合标图建库条件的，只能用于复建安置和公益设施建设。”

〔3〕《广州市深入推进城市更新工作实施细则》第三部分“推进旧村全面改造”规定：“（五）鼓励旧村改造采用先收购房屋后回购的方式实施补偿。对采用政府征收方式改造的，可由征收主体按照市场评估价收购村民既有合法房屋（含符合‘三旧’改造补偿政策的房屋），本村村民（户籍人口）按照人均建筑面积50平方米的标准、建安成本回购住房；在规定时间内完成签约的，可按本村村民（户籍人口）人均建筑面积不高于25平方米给予回购住房奖励。村集体物业由村民按照股份分享。收购价由区政府（广州空港经济区管委会）结合实际情况研究后确定。”

（2）置换

《广州市城市更新办法》对土地置换的对象和原则进行了规定。在置换类型方面，土地置换包括集体建设用地与集体建设用地之间的置换、集体建设用地与国有建设用地之间的置换、国有建设用地与国有建设用地之间的置换三种；在置换原则方面，土地置换需要遵循“面积相近、价值相等、双方自愿、凭证置换”的原则来开展。《广州市深入推进城市更新工作实施细则》亦对土地置换作出规定，但置换类型仅包括集体建设用地与集体建设用地之间、国有建设用地与国有建设用地之间的土地置换，置换原则为“价值相等、自愿互利、凭证置换”。《关于深化城市更新工作推进高质量发展的实施意见》规定，政府储备用地和村集体建设用地置换应依据“面积相等、价值相当、权属清晰、双方自愿”的原则进行，置换后的土地应纳入城市更新改造范围。

在上述基础上，《广州市旧村全面改造项目涉及成片连片整合土地及异地平衡工作指引》针对旧村成片连片改造中遇到的土地问题制定了更详细的规定，在土地置换操作模式方面，“与政府储备用地置换的原村集体用地，属国有建设用地的可直接置换；属集体建设用地的，应由村集体经济组织按规定办理集体建设用地转为国有建设用地手续后置换。置换前双方均应完成上盖物的拆除、原有不动产权证的注销和土地平整”。在地价评估方面，“用地置换时，地块价值原则上参照《广州市深入推进城市更新工作实施细则》（穗府办规〔2019〕5 号）收回国有旧厂整宗土地的补偿标准，由区政府依法组织评估。已完成储备的用地，评估价值不低于土地储备成本。涉及市本级土地储备用地的，评估结果应经市土地储备机构同意。置换用地的评估价存在差异时，由区政府组织置换用地双方协商一致”。在实施方面，“置换后的用地作为调入地块一并纳入旧村实施改造，原村集体用地作为调出地块不纳入旧村改造范围。涉及标图建库范围调整的，由标图建库主管部门按规定办理”。置换的用地，“实施时应符合国土空间总体规划（土地利用总体规划和城市总体规划）；不符合标图建库条件的，只能用于复建安置和公益设施建设”。

此外，广州市增城区人民政府于 2022 年 12 月 16 日发布《增城区有序推进旧村全面改造工作的实施意见》，根据该实施意见第 2 条的规定，该实施意见适用于增城区行政区域内的旧村全面改造项目（包括旧村整合周边旧城、旧厂混合改造)。根据该实施意见第21条的规定,增城区行政区域内旧村全面改造项目进行土地置换的前提为"符合规划、权属清晰、双方自愿、价值相当、面积相近",置换类型包括"标图入库范围内的建设用地之间或标图入库范围内建设用地与标图入库范围外建设用地之间进行空间位置互换","各类用地(包括旧村场用地、留用地、整合周边用地、政府储备地等)空间位置互换后,按批复生效的项目实施方案确定的规划用途办理供地手续"。

实践层面,如旺村南旧村改造便将建新范围内5.34万平方米用地由政府先行收储后,再与建新范围外已完善和可完善历史用地手续的用地按照毛用地面积相等的原则进行置换;同时,建新范围内0.33万平方米农用地,由项目标图建库内用地复垦为农用地后挪出建设用地指标用于建新范围农用地。

3. 整合土地的审批程序

市级层面,对于整合土地的审批程序,《广州市旧村全面改造项目涉及成片连片整合土地及异地平衡工作指引》仅作出了原则性规定,即整合土地应由区政府负责组织编制整合土地的专章内容(含必要性、可行性论证),按程序纳入片区策划方案、控制性详细规划修改方案和项目实施方案,报有审批权的机构同意后实施。

区级层面,部分地区政策进一步细化用地整合的实施程序,以黄埔区、开发区为例,根据2021年6月10日实行的《广州市黄埔区广州开发区旧村改造城乡建设用地规模及指标调配工作指引》(穗开更新〔2021〕20号,试行2年)第11～13条规定,广州市黄埔区、广州开发区范围内的用地调配程序如下:

(1)改造主体向街道办事处(镇政府)提出申请。

(2)街道办事处(镇政府)向区规划和自然资源局申请复垦立项,同时上报经区城市更新局初审的复垦方案等申请材料。

(3)复垦方案通过区自然资源主管部门审批后,旧村庄更新改造方案在符合其他审查要点的前提下,可采取"先批复改造方案后实施复垦"的审批模式。如调出地块未完成复垦验收但调入地块为规划城乡建设用地的,区规划与自然资源局可按经批复的项目实施方案,将政府的新增建设用地计划指标、增减挂钩节余指标或复垦周转指标落到调入地块,先行为改造主体办理农用地转用报批手续,同时要求改造主体出具1年内建设用地复垦验收合格的承诺函和相应的银行履约保函。如调出地块未完成复垦验收但调入地块为急需立即开展建设的农用地或未利用地的，街道办事处（镇政府）可按经批复的项目实施方案向区政府申请同意先行使用跨省域增减挂带规模指标等区级预留规模落到调入地块。区政府同意后，由区规划和自然资源局先行审查并报区政府批准改造主体的预留规模使用方案，同时由改造主体出具1年内建设用地复垦验收合格的承诺函和相应的银行履约保函。（见图7－1）

（四）广州市土地整备方式之异地平衡

异地平衡是土地整备的方式之一，多用于旧村改造项目，下文以旧村改造为例对异地平衡相关政策进行梳理。

1. 异地平衡的适用条件

根据《广州市旧村全面改造项目涉及成片连片整合土地及异地平衡工作指引》第一部分“适用条件”下“（二）异地平衡”的规定，旧村项目实施异地平衡至少应满足如下条件：（1）旧村项目应为旧村全面改造项目，且必须为已纳入《广州市深化城市更新工作推进高质量发展的工作方案》或城市更新储备库的旧村全面改造项目；（2）旧村项目属于受白云国际机场、白云山、生态与水源保护、军事用地、历史文化保护等特殊控制区影响的项目；（3）无法通过整合土地实现盈亏平衡；（4）异地平衡原则上以区内平衡为主，仅越秀区旧村全面改造项目，或其他行政区旧村全面改造项目涉及国家、省重点项目、全市重大项目和两区毗邻片区需要同步改造类的项目确实无法实现盈亏平衡的，方可跨区平衡。涉及跨区平衡的，异地承接地块优先承接产业（商业、办公等）开发，且需符合所在区的有关产业政策要求。

2. 异地平衡的主要方式

（1）联动改造

联动改造方式倾向于同一改造主体的内部联动，即对于符合异地平衡适用条件的旧村全面改造项目，应优先选择同一改造主体的其他“三旧”改造项目或建设用地实施联动改造，并统一编制片区策划方案和控制性详细规划修改方案，将不能在本村权属范围内平衡的开发权益（经依法批准的旧村全面改造项目中的融资和复建安置建筑面积），按“价值相当”的原则转移至其他“三旧”改造项目或建设用地上。

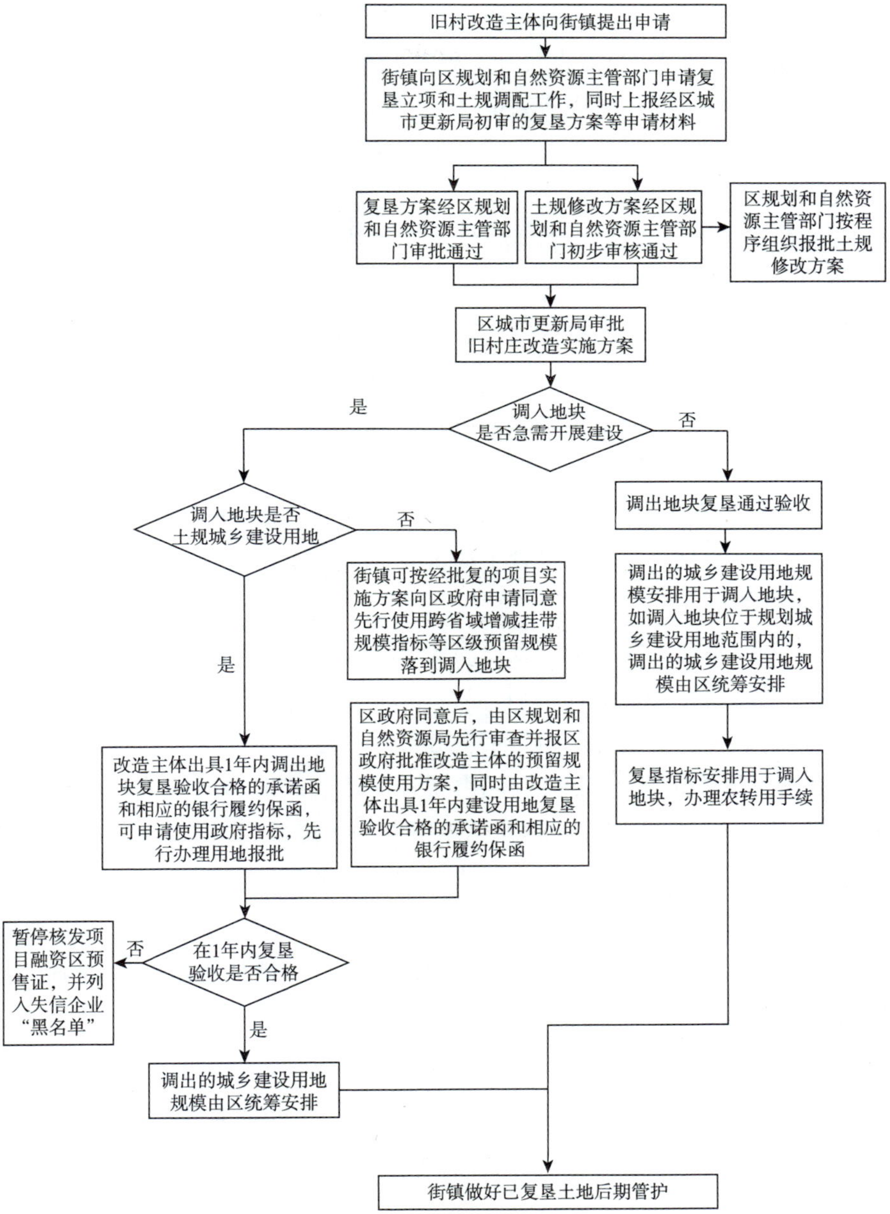

图7-1　广州市黄埔区广州开发区旧村改造城乡建设用地规模及指标调配工作流程

资料来源:《广州市黄埔区广州开发区旧村改造城乡建设用地规模及指标调配工作指引》

原则上，村民和村集体的安置房在本村权属用地上安置，融资建筑面积可进行开发权益转移。经村集体经济组织依法表决同意将村民和村集体安置房转为国有性质的，也可进行开发权益转移。由区政府依法组织，按提交有审批权机构审议项目实施方案前 12 个月内的市场评估价，测算转移的开发权益价值并折算为平衡地块需承接的建筑面积。

(2)储备用地支持

《广州市旧村全面改造项目涉及成片连片整合土地及异地平衡工作指引》提出了将储备用地作为融资地块与旧村改造项目组合，通过招标、拍卖、挂牌等公开出让方式确定中标人、竞得人的模式。在储备用地类型上，采取储备用地支持，应优先使用区本级的储备用地；区本级的储备用地不足的，可按程序申请市本级储备用地。其中，使用区本级储备用地，经区政府按程序审定后，由区土地储备机构提供；使用市本级储备用地，由区政府向市政府提出申请，按程序审定后，由市土地储备机构提供。经梳理《广州市旧村全面改造项目涉及成片连片整合土地及异地平衡工作指引》，储备用地支持的大致流程如下：

①改造村属地区政府组织进行地块摸查、测算、评估。

②经组织摸查、测算、评估后，认为确需使用储备用地作为融资地块平衡改造成本的，改造村属地区政府应先取得土地储备机构的同意意见。其中，涉及使用区本级储备用地的，应由属地区政府选取辖区内符合规划的储备地块纳入旧村改造实施范围；涉及使用市本级储备用地的，应由市城市更新主管部门选取符合规划的储备用地纳入旧村改造实施范围。

③经有审批权的机构按规定批复项目实施方案后，由有出让权的规划和自然资源主管部门将旧村改造项目和储备用地整体按土地出让评估技术规范组织委托评估。

④有出让权的规划和自然资源主管部门通过招标、拍卖、挂牌等公开出让方式确定中标人、竞得人，并与中标人、竞得人签订土地使用权出让合同。对于使用储备用地用作复建安置和公益设施的，可以通过划拨或协议出让方式供应土地。

⑤改造用地办理确权登记前，土地储备机构、村集体经济组织等权利人应分别办理改造用地范围内储备用地、集体土地使用权及上盖物所有权注销手续。

3. 异地平衡的审批程序

审批程序方面，实施异地平衡应由政府负责组织编制异地平衡的专章内容（含必要性、可行性论证），按程序纳入片区策划方案、控制性详细规划修改方案和项目实施方案，报有审批权的机构同意后实施。其中，位于同一行政区的联动改造或者采用区本级储备用地支持的异地平衡项目，由属地区政府负责组织编制；位于不同行政区的联动改造或采用市本级储备用地支持的异地平衡项目，由市城市更新主管部门负责组织编制。

（五）广州市的其他土地整备方式

1. 留用地统筹利用

留用地统筹利用是土地整备方式之一，主要用于解决广州城市更新中"地不够用"的问题。根据《广州更新条例意见稿》的规定，旧村庄全面改造或者混合改造项目可将村留用地或者留用地指标纳入一并实施，并按照留用地管理规定的用途计算留用地开发权益并在改造范围内落实。

广州市的市级和多个地区政策文件均提出鼓励留用地纳入城市更新程序，根据中共广州市委、广州市人民政府发布的《关于深化城市更新工作推进高质量发展的实施意见》，广州市黄埔区人民政府、广州开发区管委会发布的《广州市黄埔区广州开发区集体经济发展留用地管理办法》等的规定，留用地统筹利用中可纳入改造的对象不仅包括未开发留用地，还包括未兑现的留用地指标，特殊情形下村集体还可申请预支或调剂留用地指标。广州市规划和自然资源局《关于加快推进留用地落地兑现工作的通知》（穗规划资源规字〔2019〕3 号，2024 年 6 月 26 日到期）第二部分"工作措施"下"（六）鼓励留用地纳入'三旧'改造"明确了留用地指标纳入旧村改造的几种方式：单独改造的集体旧厂房、村级工业园，旧村局部改造的"三旧"用地以及纳入旧村全面改造的农用地（"三地"以及政府征收用于安置和公益设施的除外），应按广州市城市更新和留用地管理相关规定抵扣留用地指标。如村域范围内全部土地（包括建设用地和农用地）纳入改造范围的，原有留用地指标清零，今后征地不再安排实物留地。政府征收旧村改造范围内现状农用地用于安置和公益设施的，不安排留用地指标，用于其他用途的，安排的留用地一并纳入改造范围兑现。另需注意的是，对于旧村全面改造范围内的"三旧"用地完善手续，无须抵扣留用地指标。

此外,对于留用地统筹利用的具体流程,《关于深化城市更新工作推进高质量发展的实施意见》仅原则性地提出“统筹编制改造方案”,广州市暂无其他详细规定。

2. “三地” 处置

与留用地统筹利用相似,“三地”处置作为土地整备方式之一,亦主要用于解决广州城市更新中“地不够用”的问题。广东省的城市更新文件都鼓励将“三地”纳入城市更新范围一并改造,广州市的城市更新政策对“三地”纳入改造范围的条件等也在逐渐完善中。根据《广州市城市更新办法》第38条的规定,更新项目改造地块与城市更新片区不一致时,应当将“三地”纳入改造范围;属于自行改造的项目,由土地权属人将“三地”进行土地归宗或与相关土地权属人联合改造。

对于“三地”处置的程序,广州市级政策并无详细规定,以南沙区为例,《广州市南沙区旧村更新改造项目“三地”认定报批工作指引(试行)》对旧村更新改造项目中的“三地”认定报批程序作出了初步规定,具体如下:

(1)旧村更新改造项目应通过基础信息核查、土地确权及土地整备方案的编制,制定“三地”的认定方案,并明确“三地”(含超标“三地”)的面积和范围。

(2)在满足特定要求,如已根据政策明确需认定的“三地”(含超标“三地”)的面积和范围并完成勘测定界工作、已完成土地确权、土地整备方案已经市规划和自然资源局南沙区分局初步审核通过等的情况下,用地单位方可向市规划和自然资源局南沙区分局申请开展“三地”(或超标“三地”)认定报批工作。

(3)区政府批复(如为超标“三地”的,区政府审核同意并出具意见后10个工作日内由市规划和自然资源局南沙区分局上报市住房和城乡建设局)。

(4)“三地”(含超标“三地”)认定报批完成后,可开展图斑补录和相关用地报批手续。(见图7-2)

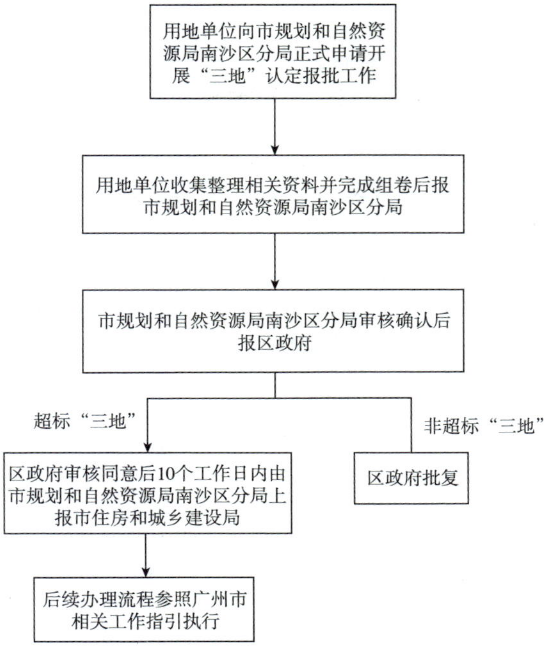

图7-2　“三地”认定报批流程

资料来源:《广州市南沙区旧村更新改造项目“三地”认定报批工作指引(试行)》

但需注意的是,前述文件所述“超标三地”系原广东省国土资源厅于2018年4月发布的《关于深入推进“三旧”改造工作实施意见》中提出的概念,而该实施意见已于2023年4月到期,广东省自然资源厅于2022年12月1日发布的《关于深入推进“三旧”改造工作的实施意见(修订征求意见稿)》删除了“超标三地”的相关概念。因此,对于后续超标“三地”如何纳入改造,仍待进一步明确。

3. 做地

广州市出台的《广州市统筹做地推进高质量发展工作方案》(穗规划资源字〔2023〕5号)和《广州市支持统筹做地推进高质量发展工作措施》(穗府办函〔2023〕12号)第一部分“做地范畴”提出了“做地”的概念,是指在政府指定范围内,由政府认定的国有企业筹集资金,配合属地政府实施征收补偿安置工作、实施道路、供水、供电、供气、排水、通信、照明、绿化、土地平整等配套设施建设(以下简称“通平”工作)后将土地统一交由政府收储。土地整理各项前期具体工作,包括征收补偿、产权注销、“七通一平”等工作独立开展，待形成净地后向土地储备机构申请交储。做地主要适用于位于市、区预收储范围和市政府确定的重点城市更新片区范围。根据《广州市统筹做地推进高质量发展工作方案》的规定，做地主要工作流程见表7－2。

表7－2　做地主要工作流程及工作事项

流程	工作事项
做地范围划定及做地方案审批	(1)市规划和自然资源局负责划定拟推进的片区做地范围； (2)做地主体组织编制片区做地方案，框定片区做地范围、用地规模、建设需求总量，明确片区功能定位、土地整备、开发及运营模式、收益测算及分配、实施计划、资金筹措安排、工作分工等； (3)做地主体将片区做地方案报市规划和自然资源局审查，提请市土地管理委员会审议，报市政府批准后实施。地方性法规授予或市政府委托权限的按有关规定办理
单元详细规划编审报批	市规划和自然资源局组织单元详细规划编审报批，通过规划设计、专项评估、专家论证、意见征询等方式，确定用地布局和规划指标
做地年度计划编制与报批	市规划和自然资源局组织编制做地年度计划，确定年度做地规模、项目库、项目实施周期等，提请市土地管理委员会审议，报市政府批准
做地项目实施方案编制与报批	依据市政府批准的做地年度计划，做地主体组织编制做地项目实施方案，对做地项目范围内土地权属、面积、现状用途、地上建(构)筑物及附属物等情况进行详细调查，明确做地模式、征收补偿安置、土地前期开发、成本测算、收益测算、可行性分析、项目投融资模式、资金使用计划和做地进度安排等，按程序报批
项目实施	(1)做地主体配合项目属地政府实施征收补偿安置工作； (2)清场拆平、注销产权后，做地主体开展土地前期开发，完成项目范围内道路、供水等“通平”工作，形成“净地”
储备入库	达到储备土地入库标准的，做地主体向土地储备机构申请交储入库。土地储备机构依做地主体申请对做地项目进行验收，验收通过的实施储备地入库管理，并与做地主体签订土地收储补偿协议，明确收储补偿款支付安排
土地供应	市规划和自然资源局按程序组织土地供应，完成年度供应计划编制报批、地价评估、出让方案制定、出让公告与交易等
资金拨付	土地储备机构按土地收储补偿协议向财政部门申请土地储备资金，并按协议约定支付给做地主体

与传统政府收储模式下储备机构与权属人直接签订收地补偿协议并向权属人给予补偿奖励不同；在做地模式下，系土地储备机构与完成做地的做地主体签订土地收储补偿协议并给予做地主体以收储补偿。可见，政府收储模式与做地模式存在较大差异，对于广州市以往采取政府收储模式但未完成的城市更新项目如何继续推进等问题，仍有待政策的进一步解答。

二、东莞市土地整备政策

（一）概述

和深圳不同，东莞市并未采用“土地整备利益统筹”这一术语，亦未出台和6号文同类的覆盖土地整备利益统筹全流程的地方规范性文件，截至2023年年底仍以《东莞市土地储备管理实施办法》为基础，并配套出台一系列指导意见、操作指引，旨在以原有土地收储整备政策为基础，加强对于特定类型土地收储工作的开展、优化产业布局，并统一补偿标准。根据《东莞市土地储备管理实施办法》第5条的规定，土地储备是指政府依法取得土地，并进行前期开发整理、储存以备土地供应的行为，包括预备、收储、供应三个环节。土地储备的用地范围主要包括：（1）依法应当回收的土地；（2）根据城市发展需要，为实施土地整理协商收购的土地；（3）根据法律法规规定行使政府优先购买权收购的土地；（4）办理农地转用和征地手续后的新增建设用地；（5）其他应当依法收储的土地。截至2022年年底，东莞市与土地整备或收储相关的规定主要见表7－3。

表7－3　东莞市涉及土地整备或收储的相关规定

文件名	发文部门	发文时间
《东莞市土地储备管理实施办法》（东府〔2015〕90号）	东莞市人民政府	2015年
《东莞市人民政府关于拓展优化城市发展空间加快推动高质量发展的若干意见》（东府〔2019〕1号）	东莞市人民政府	2019年
《东莞市人民政府办公室关于进一步加强土地收储整备工作的指导意见》（东府办〔2020〕16号）	东莞市人民政府办公室	2020年

续表

文件名	发文部门	发文时间
《东莞市人民政府办公室关于进一步完善土地收储整备补偿和利益共享机制的意见》(东府办〔2020〕17 号)	东莞市人民政府办公室	2020 年
关于印发实施《东莞市标准化产业片区土地整备操作指引》的通知(东自然资〔2022〕252 号)	东莞市自然资源局	2022 年
《东莞市标准化产业片区土地整备工作方案》(东拓总〔2022〕2 号)	东莞市拓展优化城市发展空间总指挥部	2022 年
《东莞市标准化产业片区土地整备征拆补偿工作指引》(东拓总〔2022〕3 号)	东莞市拓展优化城市发展空间总指挥部	2022 年
《东莞市城市更新市属企业土地整备开发操作规范(试行)》	东莞市人民政府办公室	2021 年

2020 年 3 月,东莞市人民政府办公室《关于进一步加强土地收储整备工作的指导意见》(以下简称《东莞市土地收储整备指导意见》)出台,旨在推动和加强政府土地收储整备、全面盘活土地资源、优化重构资源布局,同时改善东莞市土地收储整备统筹机制未完善、补偿标准不统一、具体操作待规范等问题。根据《东莞市土地收储整备指导意见》,东莞市土地收储整备政策的原则和思路为“市级主导、规划引领、多管齐下、利益共享、综合保障”,并采用市级统筹、镇街实施的两级工作机制,即市土地储备中心统一承担全市土地收储整备工作,各镇街政府受市土地储备中心委托负责组织实施本辖区内土地收储整备工作,接受市土地储备中心的业务指导和监管。

根据《东莞市土地收储整备指导意见》,在原有土地储备政策的基础上,东莞市现行土地收储整备项目有三种模式,分别为市级主导、市镇联合和镇街主导,但轨道交通站点周边土地收储整备运作机制按照既有规定和政策执行。前述模式的适用范围、操作要点如下:

(1)市级主导模式主要适用于“重点地区”,即包括市统筹的轨道站点

TOD[1]综合开发区及所有轨道站点 TID[2]地块、沿江海山湖万里生态美丽廊道等为核心的市重大空间廊道和节点、重大公共配套设施、重大产业平台、重大城市治理修复区域、重大土地储备区域、重点城市更新单元及周边用地等。该等项目的实施方案由市土地储备中心编制，经市政府审定后由市土地储备中心统筹指导属地镇街具体落实并监督实施；土地收储整备资金由市镇共同出资或一方单独出资，收储整备后的土地作为市级储备土地，由市土地储备中心主导供地，土地出让收入扣除计提资金、相关税费、土地收储成本等资金后，由市、镇按照一定规则进行分成。

(2)市镇联合模式适用于重点地区内其他土地、市镇联合统筹的轨道站点 TOD 综合开发区土地(TID 地块除外)。实施方案由市土地储备中心会同属地镇街编制，经市政府审定后由市土地储备中心统筹指导属地镇街具体落实并监督实施；土地收储整备资金由市镇共同出资或一方单独出资，收储整备后的土地作为市级储备土地，由市土地储备中心与属地镇街协商供地，土地出让收入扣除计提资金、相关税费、土地收储成本等资金后，由市、镇按照一定规则进行分成。

(3)镇街主导收储整备模式适用于重点地区之外的土地、市镇联合统筹的轨道站点 TOD 综合开发区土地(TID 地块除外)。实施方案由属地镇街编制，土地收储整备资金由属地镇街全额出资，收储整备后的土地纳入市土地储备库，由属地镇街主导供地，土地出让收入经市级扣除计提资金后全部归属地镇街所有。镇街主导收储整备工作中需要规划、指标、资金等政策支持的，可申请转为市镇联合收储整备。

(二)东莞市土地收储整备政策特点

1. 强调政府主导

无论是 2019 年出台的东莞市人民政府《关于拓展优化城市发展空间加

---

[1] TOD(Transit - Oriented Development)，是公共交通导向型开发，是指以轨道交通站点为核心、800 米半径范围内(约 15 分钟步行路程)，通过优化周边土地规划，实施高效复合、功能混合的土地利用，建立集交通、商务、商业、文化、教育、居住为一体的城市功能区，营造更为宜居生活环境的可持续发展模式。

[2] TID(Transportation Integrated Development)，即站城一体化发展，是需综合考虑交通站点换乘对接，以及与周边物业互通的开发理念。

快推动高质量发展的若干意见》(以下简称《东莞市城市发展若干意见》),还是《东莞市土地收储整备指导意见》,均强调政府在土地收储整备项目中的主导地位。例如,在《东莞市城市发展若干意见》中,明确强化土地收储整备年度任务的督查、考核与奖惩,专项划定并动态发布市、镇街(园区)政府主导土地收储区;又如,在《东莞市土地收储整备指导意见》中,明确了"市级主导,全力推进"的总体思路,赋予市土地储备中心对土地储备五年中期规划、三年滚动计划和年度土地储备计划的编制权和市政府的审批权,同时调动和发挥公有制企业、机关事业单位以及镇属企业等政府控股或直投企业的力量,推进土地收储工作。

2. 侧重保障公共服务设施和重大产业项目用地

《东莞市土地收储整备指导意见》和《东莞市城市发展若干意见》均强调土地储备规划和计划应优先落实公共服务设施、重大基础设施等项目用地,通过设施连片共建、互补共享等方式,探索经营性项目配建公共设施或由建设主体承担配套公共设施建设义务,实现公共设施规模效益与合理统筹,保障和改善民生,全面提升城市服务水平。大力保障产业项目落地,严控工业保护线内项目调整为非工业用途,鼓励分宗建设的旧工业项目用地合宗连片,促进产业用地新业态混合用途综合开发,拓展整体产业空间,加强对实体经济的扶持引导,全面支撑产业立市、产城融合。特别地,《东莞市城市发展若干意见》提出了"市、镇街(园区)每年新增收储用地总量中,作为工业用途的比例原则上不低于30%"的要求,并强调"建成一批高品质的城市客厅、城市阳台、公共连廊和城市倒影工程""加快建设东莞火车站、虎门高铁站、常平火车站等10个以上轨道上盖综合体"的任务,其对公共服务和产业扶植的力度可见一斑。

3. 鼓励大片区连片收储整备

《东莞市土地收储整备指导意见》参考滨海湾新区经验,提出实施大片区连片收储整备统筹补偿,即将划定的连片大片区整合为一个收储整备单元,整体规划、集中配套、有序开发,以整体核算、统筹统分、逐宗补偿的方式实现增值共享。

4. 可收储、整备用地范围来源多样

根据《东莞市土地收储整备指导意见》,纳入收储整备的用地类型丰富,公有低效用地、司法拍卖处置土地、镇属企业经营性闲置土地、城市更新项目土地等都可纳入收储整备范围，且对于该类用地的收储、整备流程可进行一定程度的简化和政策倾斜。

5. 民营社会资本主要以前期服务商形式参与

根据《东莞市土地收储整备指导意见》，在储备阶段，储备土地的前期开发整理和日常管理工作，可由土地收储整备部门委托属地镇街或具有代建条件的市属国有全资企业实施，或采取公开招投标的方式确定实施单位，即民营社会资本可以服务商身份参与土地收储整备项目。另根据《东莞市城市发展若干意见》，东莞政府鼓励市属企业、镇街属企业以及园区控股公司参与土地物业整备前期工作，企业完成地块前期土地整备后移交市储备机构的，收储价格可按整备成本和资金成本核算；鼓励引入咨询顾问公司等第三方从业机构，并提出将探索通过信托和基金等途径，引导社会资本和集体资本参与土地收储整备工作。但《东莞市土地收储整备指导意见》和《东莞市城市发展若干意见》并未将民营社会资本参与前期工作和后续二级开发联动，亦未明确赋予民营社会资本在二级拿地和开发阶段的优先权，以及将项目资本化或“村企合作”的操作路径。据此，笔者认为，从法律层面，后续民营社会资本仍需通过招拍挂、与集体经济组织合作开发等方式分享土地整备项目二级开发阶段的红利。

（三）东莞市土地收储整备项目的补偿和利益共享模式

根据东莞市人民政府办公室《关于进一步完善土地收储整备补偿和利益共享机制的意见》（以下简称东莞市17号文），原则上按照“基础补偿＋增值共享”的思路开展土地收储整备补偿工作，土地收储整备补偿和利益共享可分为基础补偿和增值共享两部分；特殊情形下，可不区分基础补偿和增值共享，将两者包干结算进行补偿。其中，“基础补偿”，是指依据省、市相关补偿政策和标准，在土地收储整备工作中给予农村集体经济组织、村民或原土地使用权人的补偿，包括土地补偿费、安置补助费、青苗补偿费、地上建（构）筑物和附着物补偿费、搬迁费、临时安置费、停业停产损失补偿、留用地补偿费、社会保险金等费用。“增值共享”，是指将土地出让收入扣除计提资金（按省、市规定计提的农业土地开发资金、农田水利建设资金、教育资金、住房保障资金、国有土地收益基金、轨道交通建设发展专项资金）、相关税费（市统筹收入和印花税等）、土地收储成本等资金后，按照一定规则核算的补偿。按“基础补偿+增值共享”思路核算的土地收储整备补偿和利益共享货币总额，以等价值为原则，可综合采用货币、物业、股权等多种方式进行补偿，丰富土地收储整备补偿方式与路径。

不同类型的用地，补偿标准也不同。

（1）规划为经营性用地项目的，土地补偿费和安置补助费不得低于该地块所在片区对应的广东省征地补偿保护标准，青苗补偿费和地上建（构）筑物、附着物补偿费等费用参照《东莞市公共基础设施建设项目土地和房屋征收补偿市镇包干结算标准规定》（东府办〔2017〕111号，该文件有效期至2022年8月22日）执行。位于重点地区的项目，农村集体经济组织获得的增值共享按照不低于镇街所得土地出让纯收益的20%且不高于50%进行核算，以支农补贴等形式补偿出让宗地原所属农村集体经济组织，由市农业农村局会同市财政局另行制定操作细则，结合长远发展和近期利益进行科学分配；位于重点地区以外的项目，村集体经济组织获得的增值共享按照不低于镇街所得土地出让纯收益的20%且不高于50%进行核算，以支农补贴等形式补偿出让宗地原所属农村集体经济组织，具体按照市农业农村局会同市财政局制定的操作细则执行。

（2）规划为工业用地（含新型产业用地）、仓储用地、科研用地等产业项目的，土地补偿费和安置补助费不得低于该地块所在片区对应广东省征地补偿保护标准，青苗补偿费和地上建（构）筑物、附着物补偿费等费用参照《东莞市公共基础设施建设项目土地和房屋征收补偿市镇包干结算标准规定》的标准执行。农村集体经济组织获得的增值共享按照镇街所分得土地出让纯收益的一定比例进行核算，以支农补贴补偿农村集体经济组织，具体按照市农业农村局会同市财政局制定的操作细则执行。对于普通工业用地项目和不可分割销售的新型产业用地、科研用地项目，原则上按照100%进行核算；对于可分割销售的新型产业用地、科研用地项目，原则上按照不低于镇街所得土地出让纯收益的50%进行核算。

（3）大片区连片收储整备项目范围内，采用统筹补偿模式，按各农村集体经济组织在该范围内交储土地面积的比例，将新增出让国有建设用地的农村集体经济组织应得增值共享统筹统分，在土地出让后逐宗分摊计算，不受地块所处位置的原有权属影响，以支农补贴等形式补偿出让宗地原所属农村集体经济组织，具体按照市农业农村局会同市财政局制定的操作细则执行。

同时，东莞市 17 号文还明确了国有划拨用地、收储规划为公共服务设施项目和产业项目的国有已出让土地、收储规划为经营性项目的国有已出让土地、闲置土地等类型土地的补偿标准。

另外，由于东莞市土地收储整备项目采取市级统筹、镇街实施的两级工作机制，因此东莞市 17 号文亦明确了土地出让收入市、镇的分配比例，但由于该分成安排对具体项目指导意义有限，此处不再赘述。

(四)标准化产业片区土地整备项目实施流程

鉴于东莞市土地收储整备项目的重点目标之一为提升产业发展空间，2022 年 6 月，东莞市自然资源局推出了《东莞市标准化产业片区土地整备操作指引》（以下简称《东莞市土地整备操作指引》），下文将对标准化产业片区土地整备流程作简要梳理。

根据《东莞市土地整备操作指引》，标准化产业片区土地整备项目主要包括前期谋划、规划编制、整备实施、征地报批和土地供应五个阶段，各阶段主要工作要求见表 7－4。

表 7－4　《东莞市土地整备操作指引》各阶段工作具体要求

阶段	事项	具体要求
前期谋划	初划片区范围	市自然资源局会同镇（街、园区）、村（社区）结合东莞市国民经济和社会发展规划、国土空间规划、产业规划、现状、权属等，以规划（现状）道路、自然山体、河流等为界，综合考虑片区功能完整性、系统性和可操作性，初步划定各拟整备片区范围
	开展前期研究	市自然资源局会同镇（街、园区）、村（社区）统筹开展前期研究工作，研究内容主要包括：开展资源调查、规划研究、经济概算
	审定工作方案	由市自然资源局根据前序步骤成果，编制市标准化产业片区土地整备工作方案，报总指挥部审定
	发布土地整备公告	土地整备工作方案审定通过后，镇（街、园区）在现场发布土地整备公告，并对各片区范围实施管控，固化土地片区现状
	成立现场指挥部	各产业片区成立现场指挥部，并可根据实际情况采购第三方服务机构

续表

阶段	事项	具体要求
规划编制	编制总体规划管控方案和概念性城市设计方案	现场指挥部组织编制总体规划管控方案和概念性城市设计方案，市自然资源局负责指导，征求市相关职能部门意见后报总指挥部审定。总体规划管控方案和概念性城市设计方案应统筹协调产业规划、资金测算、整备实施等各专项工作的空间要求，明确产业片区的功能结构、用地布局、空间形态、交通体系、市政支撑、公共服务配套和各地块空间形态控制要求，明确底线管控内容及下层次规划允许优化调整的方向
	衔接国土空间总体规划	属地镇(街)将产业片区的总体规划管控方案内容纳入到在编镇级国土空间总体规划，并将落实情况作为镇级国土空间总体规划批准的前提之一
	控制性详细规划编制和审批	现场指挥部结合整备时序和土地出让计划统筹开展控制性详细规划的编制或调整。符合总体规划管控方案和概念性城市设计方案要求的，由属地镇人民政府(街道办事处)按程序上报审批
整备实施	编制土地整备实施方案	现场指挥部以各方充分协商谈判为基础，组织编制本片区土地整备实施方案。实施方案应包含整备地块的数量、面积、位置、权属、现状、规划等基本情况；地块整备的实施主体、实施方式，以及地块收储方式；地块成本效益测算，收储整备成本包括收储整备补偿费用、拆迁费用、前期开发费用、安置建设费用、相关税费和其他费用等；市镇共建共享机制，包括市镇出资比例、资金来源、市镇村利益分配规则、核算规则和结算规则等；地块整备开发时序以及其他需要说明的事项。实施方案编制完成后，由现场指挥部征求市相关职能部门意见后报总指挥部审定。审定通过后，纳入全市土地整备计划，现场指挥部统筹指导属地镇(街、园区)具体落实并监督实施。市人民政府或功能区管委会代表市人民政府依据经批准的实施方案，与镇政府(街道办事处)签订土地整备合作协议，明确整备范围、整备方式、实施时序、资金支付及管理、出资比例、收益分成、土地交付等相关内容
	设立市级土地整备专项资金	签订土地整备合作协议后，市财政局设立市级土地整备专项资金，根据合作协议和属地镇(街、园区)申请，采用土地整备周转金、市镇共同出资等方式，按照土地整备进度分期拨付至属地镇(街、园区)，并由属地镇(街、园区)统一管理，专项用于土地整备工作
	集体土地整备	包括测绘及权属确认、信息核查及公示、指定补偿执行方案、开展集体签约和表决、补偿款项支付、土地移交及产权注销几大步骤
	国有土地整备	包括测绘及权属确认、信息核查及公示、制定补偿执行方案、签约及支付补偿款项、房屋移交拆除及产权注销几大步骤
	安置房建设	若产业片区范围内有回迁安置需要，由现场指挥部根据本产业片区土地整备实施方案编制安置执行方案，报总指挥部审定
	档案管理	现场指挥部根据档案管理相关规定对项目实施过程中资料进行收集、保存、归档和管理，并报市土地整备中心备案

续表

阶段	事项	具体要求
征地报批	土地征收成片开发方案编制与报批	包括编制方案、征求意见、专家论证和申请审批
	编制土地收储项目实施方案	按土地整备实施方案进行收储的地块，原则上不再编制土地收储项目实施方案
	集体土地征地报批	包括发布土地征收预公告、发布征地补偿安置方案公告、开展集体表决、签订征地补偿安置协议、土地征收审批及实施、核发建设用地告知函
土地供应	土地储备	市土地储备中心或功能区土地储备承担部门负责办理储备土地入库。完成入库后，由属地镇（街、园区）负责前期开发及在库土地管理
	土地出让	市土地储备中心和属地镇（街、园区）结合总体规划管控方案、概念性城市设计方案、控制性详细规划、产业片区土地整备实施方案、土地供应计划等分别负责产业片区内市级储备土地和镇级储备土地的供地材料组卷，并向市（功能区）自然资源局提交土地出让申请。 市（功能区）自然资源局结合供地材料编制土地出让方案。对于经营性项目，经市自然资源开发利用委员会审议通过后，报市人民政府审批；对于产业类项目，土地出让方案经书面征求市自然资源开发利用委员会成员单位意见，无不同意见的，报市人民政府审批
	设计方案审查	建设单位提交建设工程设计方案及相关材料，报市（功能区）自然资源局审查后，由市（功能区）自然资源局核发《建设工程规划许可证》

三、广州、东莞和深圳土地整备利益统筹政策对比

（一）广州市和深圳市的土地整备利益统筹政策对比

广州市和深圳市的土地整备都是为了对存量土地资源进行整合和挖掘，以满足城市发展的用地需求，且因土地整备过程往往涉及用地权属及用地性质的变化，而用地权属及用地性质变化的审批机构是政府，故两地土地整备的政府主导色彩浓重。政府是土地整备的主导者、审批监督方，而村集体经济组织、合作企业是土地整备的执行方。但基于土地现状差异等原因，两地的土地整备亦存在诸多不同，具体包括以下几方面：

1. 土地整备与城市更新的关系不同

在与城市更新的关系上，深圳市的土地整备与城市更新是两种并行的挖掘存量土地的方式，而广州市的土地整备仅是城市更新中的一个环节。

2. 适用范围不同

深圳市土地整备利益统筹适用于以原农村集体经济组织继受单位及其成员实际掌控用地为主要实施对象的土地整备利益统筹项目，项目以街道为界限（大鹏新区以新区为界限），项目范围内至少有一块3000平方米以上集中成片的未完善征（转）地补偿手续规划建设用地；纳入违法建筑空间管控专项行动的未完善征（转）地手续未建设空地通过土地整备实施的，也可参照适用6号文。广州市土地整备的实施并无前述要求，对于城市更新项目中难以推进或难以高效推进的地块，如符合规定的，可在相关环节采取土地整备方式。

3. 土地整备的补偿方式不同

深圳市土地整备利益统筹项目的补偿方式主要包括现金和留用地补偿；而广州市土地整备涉及的利益分配因整备方式的不同而存在较大差异，可能涉及货币和物业基础补偿、共享开发收益等。

（二）东莞市和深圳市的土地整备利益统筹政策对比

如前所述，东莞市土地收储整备整体仍采取传统土地整备思路，且相关政策多为纲领性、原则性规定，具体的实施细则仍待进一步完善。根据东莞市现有主要政策，东莞市和深圳市就土地整备利益统筹相关政策的主要区别包括以下几个方面：

1. 适用范围不同

深圳市土地整备利益统筹项目适用范围见广州市与深圳市政策对比，此处不再赘述。而东莞市土地收储整备政策并未要求整备范围内必须包含一定面积的未完善征（转）用地，符合法定土地收回要求的用地、公有低效用地、镇属经营性闲置土地、城市更新项目土地等都可纳入收储范围。

2. 市场主体参与模式不同

根据深圳市土地整备利益统筹和集体资产相关政策的规定，市场主体除可作为前期服务商参与土地整备利益统筹项目以外，6号文亦明确，原农村集体经济组织继受单位所获补偿的留用地可以通过合作开发、作价入股形式与市场主体合作，使市场主体能够参与二级开发工作并获得相应利益。留用土地以合作开发方式实施的，可由原农村集体经济组织继受单位与开发主体一并向规划和自然资源主管部门派出机构申请办理土地使用权出让合同变更手续，签订土地使用权出让合同补充协议；留用土地以作价入股方式实施的，可由原农村集体经济组织继受单位与开发主体共同成立的房地产项目公司，向规划和自然资源主管部门派出机构申请办理土地使用权出让合同变更手续，签订土地使用权出让合同补充协议。但如前所述，东莞市土地收储整备相关政策仅明确市场主体可作为前期服务商参与项目，并未明确市场主体在二级开发阶段的角色和参与路径。

3. 补偿方式不同

根据6号文的规定，深圳市土地整备利益统筹项目的补偿方式主要包括现金和留用地补偿，其补偿金额或标准的核定主要参考用地现状、合法用地面积等因素。而东莞市土地收储整备项目中，由于其项目开展模式包括了市级主导、市镇联合和镇街主导三种，因此东莞市17号文除了规定对于被搬迁人的补偿外，还规定了政府部门内部的收益分配原则。根据东莞市17号文的规定，针对集体经济组织原则上按照“基础补偿＋增值共享”的方式核算补偿，其中“增资共享”部分将参考后续土地出让的收益。

4. 申报或参与主体不同

根据6号文的规定，深圳市土地整备利益统筹项目主要采取“政府主导、社区主体、社会参与”的原则，虽同为“政府主导”，但集体经济组织作为主要的被搬迁人（对于实际用地权益人而言，则为搬迁人）和土地提供方，在项目中参与程度较高。也就是说，项目申报、实施方案编制等工作主要由街道办事处牵头，实施方案（包括补偿方案）确定后，由区土地整备事务机构、街道办事处、规划和自然资源主管部门派出机构与原农村集体经济组织继受单位签订利益统筹土地整备项目实施协议书，明确项目实施时序、土地整备资金、移交政府土地范围、留用土地安排方式和留用土地指标规模等相关内容。而《东莞市土地整备操作指引》所规定的标准化产业片区整合项目的项目合作协议（范本）所载合作主体仅包括东莞市政府和镇政府，并仅约定二者的权责和利润分配。

第三节　土地整备利益统筹项目中回迁物业的取得风险

在实践过程中，无论是城市更新、“三旧”改造或土地整备利益统筹的流程，都可能会存在货币补偿或者物业回迁或部分货币部分物业回迁，因为土地整备利益统筹的回迁物业需要关注的回迁风险与其他类型所实现的回迁并无太大差别，因此回迁物业需要关注的风险适用但不限于土地整备利益统筹项目，可以合并进行探讨和思考。

回迁物业，一般指的是在城市更新、“三旧”改造或土地整备利益统筹项目中，实施主体、开发商与被拆除房屋的相关权益人（以下简称“原业主”或“权益人”）签订《搬迁补偿安置协议》后，通过产权置换方式补偿给原业主的未来一段时间才交付的物业。

《搬迁补偿安置协议》是双方在平等、公平和自愿的原则下，就项目范围内的拆迁房屋的补偿、拆除和回迁等问题，通过协商达成的一份民事协议。司法实践中，有法院认为该协议为双方约定以回迁物业与权益人房屋相互交换从而转移房屋所有权的以物易物的合同。

由于项目实施时间比较长，所以无论是对拟取得回迁物业的权利人，还是对拟购买回迁物业的购房者来说，都存在着一定的法律风险。前者包括了房屋产权证办理、不能如期交付等风险，后者则涉及一房多卖、抵押、诈骗等导致钱房两空、造成重大损失的情况。

一、基于《搬迁补偿安置协议》对回迁物业享有的权利的法律性质

《搬迁补偿安置协议》约定的补偿方式，一般包括产权置换、货币补偿或两者的组合；而对于选择产权置换的权益人来说，在签署《搬迁补偿安置协议》后，物业回迁至自己名下需要较长时间，其间可能存在如回迁物业被转卖、被设定抵押权或开发商破产等情形，导致对回迁物业的物权归属存在纷争，如买受人主张善意取得、抵押权人行使抵押权或被法院裁定查封。而此时权益人基于《搬迁补偿安置协议》享有的对回迁物业的权利究竟属于何种性质，将对保障权益人的合法权利起着决定性作用。

(一)法律性质的争议

关于权益人基于《搬迁补偿安置协议》对于回迁物业享有的权利究竟是何种性质的问题,最高人民法院《关于审理商品房买卖合同纠纷案件适用法律若干问题的解释》(法释〔2003〕7号)第7条第1款曾作出规定:"拆迁人与被拆迁人按照所有权调换形式订立拆迁补偿安置协议,明确约定拆迁人以位置、用途特定的房屋对被拆迁人予以补偿安置,如果拆迁人将该补偿安置房屋另行出卖给第三人,被拆迁人请求优先取得补偿安置房屋的,应予支持。"虽然上述解释在2020年修正时删除了本条规定,但本条在现行有效的《深圳市中级人民法院关于房屋买卖合同纠纷案件的裁判指引(2014修订)》中仍有体现,在实践中仍有参考意义。

实践中主要有以下几种观点:

1. 债权说

该主张认为,权益人基于《搬迁补偿安置协议》对于回迁物业享有债权,该债权是基于合同所产生的,考虑到债权的平等属性,该等权利将不具有优先性,即权利人仅可依据《搬迁补偿安置协议》主张违约责任,而无法对抗善意相对人或抵押权人。

2. 享有物权性质的特种债权说

笔者通过公开渠道检索相关案例,发现广东省高级人民法院依据2003年最高人民法院《关于审理商品房买卖合同纠纷案件适用法律若干问题的解释》第7条第1款的规定认为,我国法律对被拆迁人给予特别的保护,被拆迁人对回迁地块上的安置房产享有的是物权性质的特种债权。

3. 物权说

该主张认为,权益人基于《搬迁补偿安置协议》对回迁物业享有物权,《搬迁补偿安置协议》可理解为以回迁物业与权益人的房屋相互交换,转移房屋所有权的合同。从我国法律规定来看,回迁物业拥有一定的保障特性,在《民法典》物权编涉及征收的相关规定中,为满足公共利益的需要征收个人住宅的,要考虑对被征收人居住条件的保障,针对现实生活中补偿不到位和侵占补偿费用的行为,规定了禁止性条款。在公共利益征收和补偿之间尽最大的可能,保障权益人的合法权益与基本生活,故基于回迁物业的此种保障特性,将权益人对回迁物业享有的权利视为物权,以对抗抵押权人或者买受人等第三人,可有效保护权益人的合法权益。在辽宁省清原满族自治县人民法院作出的(2022)辽0423民初1490号民事判决书中,一审法院认为,基于法律对拆迁户生存权的特殊保护,原告就回迁安置房屋享有的权利优先于抵押权。

4. 准物权说

该主张认为,权益人基于《搬迁补偿安置协议》对于回迁物业享有的权利属于一种"准物权",在搬迁人将回迁物业抵押或转卖等搬迁人违约情形下,权益人基于《搬迁补偿安置协议》对于回迁物业享有的权利虽不属于法定物权,但属于"准物权",可以对抗抵押权人或买受人等善意第三人。

5. 优先权说

该主张认为,从文义及制度目的来看,权益人通过《搬迁补偿安置协议》对回迁物业取得是的一种优先权,该优先权因法律规定而具有高于第三人的普通债权的法律效力。虽然我国现行《民法典》中没有建立统一的优先权制度,但对于某些特殊社会关系的保护,通过在特别法或司法解释中设定具体的优先权而加以规定是有必要的,如《海商法》中规定的船舶优先权及建设工程价款优先受偿权等。故在权益人处于弱势地位时,为充分保障物业权利人的合法利益,维护社会稳定,将其认定为优先权较为适宜。

笔者更认同第二种和第五种观点。第一种观点将权益人享有的权益认定为普通债权显然不利于保障权益人的生存权,不利于维护社会稳定;物权说或准物权说的缺点则在于,根据《民法典》第209条第1款[1]规定的物权法定原则,当事人不得通过合同约定任意创设法定物权之外的物权,而回迁物业属于不动产,不动产物权须经登记才发生法律效力,在未经登记之前,将基于《搬迁补偿安置协议》对回迁物业享有的权利认定为物权或准物权,均不符合现行法律规定。

(二)司法裁判倾向

实务中,法院对此也有自己的裁判倾向,笔者检索整理了部分代表性案例并汇总了法院的裁判观点,具体如表7-5所示。

---

[1] 《民法典》第209条第1款规定:"不动产物权的设立、变更、转让和消灭,经依法登记,发生效力;未经登记,不发生效力,但是法律另有规定的除外。"

表 7－5　部分代表性案例的司法裁判观点

案号	审理法院	裁判观点原文摘录
(2020)最高法民终1117号	最高人民法院	《最高人民法院关于审理商品房买卖合同纠纷案件适用法律若干问题的解释》第七条第一款规定：“拆迁人与被拆迁人按照所有权调换形式订立拆迁补偿安置协议，明确约定拆迁人以位置、用途特定的房屋对被拆迁人予以补偿安置，如果拆迁人将该补偿安置房屋另行出卖给第三人，被拆迁人请求优先取得补偿安置房屋的，应予支持。”根据该规定，在拆迁补偿安置协议与其他商品房买卖合同发生冲突时，应对拆迁补偿安置协议的被拆迁人予以特殊保护，即对被拆迁人享有的补偿安置房屋的权益赋予了对抗第三人物权的优先权。
(2022)辽0423民初1490号	辽宁省清原满族自治县人民法院	本院认为原告就案涉房屋享有的权利优先于望花支行抵押权，应支持其请求涂销案涉房屋抵押登记的主张，理由如下： 一、《最高人民法院关于审理商品房买卖合同纠纷案件适用法律若干问题的解释》第七条第一款：“拆迁人与被拆迁人按照所有权调换形式订立拆迁补偿安置协议，明确约定拆迁人以位置、用途特定的房屋对被拆迁人予以补偿安置，如果拆迁人将该补偿安置房屋另行出卖给第三人，被拆迁人请求优先补偿安置房屋的，应予支持”。依据该规定拆迁户就回迁安置补偿取得房屋所享有的权利优先于商品房购房者的权利。《最高院关于建设工程价款优先受偿问题的批复》第一条规定：“人民法院在审理房地产纠纷案件和办理执行案件中应当依照《中华人民共和国合同法》第二百八十六条的规定，认定建筑工程的承包人的优先受偿权优于抵押权和其他债权。”第二条规定：“消费者交付购买商品房的全部或者大部分款项后，承包人就该商品房享有的工程款优先受偿权，不得对抗买受人。”因此权利保护顺位在逻辑上，回迁户就回迁房屋安置补偿的权利优先于消费者购买商品房的权利，消费者购买商品房的权利优于承包人就商品房享有的工程款优先受偿权，承包人就商品房享有的工程款优先受偿权优于商品房设定的抵押权。因此原告就回迁房屋安置补偿的权利优先于抚顺银行望花支行抵押权。 …… 三、因原告安置回迁的案涉房屋存在的抵押权未涂销，导致其无法完成房屋权属变更登记，无法取得完整的所有权，从而使案涉房屋产权仍处于不确定状态。在原告作为回迁户的民生权益和银行债权两种法益发生冲突时，基于法律对拆迁户生存权的特殊保护，原告的民生权益应优于望花支行主张的抵押权，其享有就案涉物权的权利应能够排除权属变更登记时因抵押权存在而设置的阻碍，以定分止争明晰回迁房屋产权。 综上所述，基于法律对于拆迁户生存权的特殊保护，原告就回迁安置房屋享有的权利优先于抚顺银行望花支行抵押权……

续表

案号	审理法院	裁判观点原文摘录
（2020）粤执复962号	广东省高级人民法院	我国法律对被拆迁人给予特别的保护，被拆迁人对回迁地块上的安置房产享有物权性质的特种债权。《最高人民法院关于审理商品房买卖合同纠纷案件适用法律若干问题的解释》第七条第一款："拆迁人与被拆迁人按照所有权调换形式订立拆迁补偿安置协议，明确约定拆迁人以位置、用途特定的房屋对被拆迁人予以补偿安置，如果拆迁人将该补偿安置房屋另行出卖给第三人，被拆迁人请求优先取得补偿安置房屋的，应予支持。"
（2020）粤01民终14012号	广东省广州市中级人民法院	四通公司与尹某签订的《广州市城市房屋拆迁补偿协议书》，经广州市城市房屋拆迁管理办公室备案。此后，四通公司已依约将涉案回迁房屋交付尹某使用，而现涉案房屋未办理转移登记并非尹某的过错。故，上述协议大部分已履行，尹某应对涉案回迁房屋享有准物权权益。四通公司虽将涉案房屋抵押给广州银行，但该抵押于上述拆迁补偿协议书签订及备案之后，尹某对涉案房屋享有的准物权权利应优先于广州银行享有的抵押权。
（2015）南法民初字第07853号	重庆市南岸区人民法院	本院认为，原告和被告南发公司签订的《城市房屋拆迁补偿安置协议》，系双方当事人真实意思表示，合法有效。《最高人民法院关于审理商品房买卖合同纠纷案件适用法律若干问题的解释》第七条规定："拆迁人与被拆迁人按照所有权调换形式订立拆迁补偿协议，明确约定拆迁人以位置、用途特定的房屋对被拆迁人予以补偿安置，如果拆迁人将该补偿安置房屋另行出卖给第三人，被拆迁人请求优先取得安置房屋的，应予支持。"拆迁安置协议是拆迁人和被拆迁人约定，以安置房屋与被拆迁人房屋相互交换，转移房屋所有权的互易合同。在拆迁安置协议中，被拆迁人丧失的是现存的房屋所有权，而拆迁人提供的安置房则是尚未建成的房屋，如果将之理解为一般债权，其可能存在的履行风险对被拆迁人来说极为不利，也极不公平。为保护被拆迁人的基本生存权利，司法解释的该条规定对采取所有权调换形式，并对拆迁安置房屋的位置、用途作出明确约定的拆迁补偿安置协议的被拆迁人进行侧重保护，赋予安置权具有准物权的优先效力。此权利是一种法定的优先权，无需进行公示即具有对抗第三人之效力。

（三）提示

结合上述案例，尽管我国当前并未有相关的现行有效的明确规定，但基本确立了权益人基于《搬迁补偿安置协议》对回迁安置房产享有的权利拥有对抗第三人物权的优先权的司法裁判倾向。也就是说，在权利保护顺位逻辑上，回迁户就回迁房屋安置补偿的权利优先于消费者购买商品房的权利，消费者购买商品房的权利优于承包人就商品房享有的工程款优先受偿权，承包人就商品房享有的工程款优先受偿权优于商品房设定的抵押权，这样的权利顺位逻辑将有利于保护权益人的合法权益，保障权益人的基本生存权利，维护社会稳定，减少了原业主在取得回迁物业的过程中的法律风险。

二、投资回迁物业的情形及风险提示

（一）情形一：在签订《搬迁补偿安置协议》前进行回迁物业投资

1. 概述

这种情况通常是指在项目实施之前或者正式确权之前，购房者通过各种流转文件，如房屋买卖合同、以房抵债合同、合作建房合同等，直接向权益人购买被搬迁房屋，并经有关单位的公示或确权，如村股份合作公司通过登报公示、盖章的方式予以确认，使自身成为被搬迁房屋的被搬迁人，从而成为《搬迁补偿安置协议》的签署主体。此种情形与一般情形的二手房买卖具有相似性，但将来能否实际取得回迁物业仍存在不确定性。

2. 法律风险分析

购房者除需要面对项目本身的不确定性，实施周期的不确定性，交付和办证的不确定性，房屋交付标准、配合设施与合同约定严重不符，以及市场价值的波动等诸多风险外，若原业主存在“一房多卖”等恶意违约行为，购房者可能难以通过司法途径主张其权利，主要存在如下法律风险：

（1）合同无效的法律风险

实践中，存在因房价上涨导致卖方违约诉请合同无效的情形，故双方签署关于小产权房的买卖或转让合同的效力将涉及两方当事人的权利义务分配以及某个具体回迁房屋所有权的归属。

主张合同有效的学者认为，合同效力确定的主要依据是《民法典》第三编合同编的规定。通常情况下在双方当事人自愿、合法，不存在欺诈、胁迫等情形的基础上建立，并对回迁物业转让的标的物、价款等作出约定的转让合同都是有效的合同。除合同编规定的具有效力瑕疵的情形外，对回迁物业转让合同效力的认定应当充分重视合同订立的意思自治。

主张合同无效的学者认为，《民法典》第 153 条第 1 款规定，“违反法律、行政法规的强制性规定的民事法律行为无效”。《城乡规划法》第 40 条第 1

款规定,"在城市、镇规划区内进行建筑物、构筑物、道路、管线和其他工程建设的,建设单位或者个人应当向城市、县人民政府城乡规划主管部门或者省、自治区、直辖市人民政府确定的镇人民政府申请办理建设工程规划许可证"。购房者与原业主的交易标的系未取得报批报建手续的违法建筑,可能被法院认定为法律及政策禁止流通的房产,导致房屋转让协议无效。

在司法裁判中,对于未办理房地产权登记的房屋,法院可能因交易标的为历史遗留的违法建筑而判决购房者与原业主的房屋转让协议无效,例如,在黄某1、黄某2农村房屋买卖合同纠纷案[1]中,一审法院认为,因房产出售方自始未能向购买方出示相关的权属证明或合法性审批材料,可确信该房产的交易违反强制性规定,合同依法无效。二审法院认为,本案双方就案涉房产签订《房屋转让认购协议》违反了法律法规的禁止性规定。双方房屋交易中,案涉房产从未交付占有使用。协议被确认无效后,仅涉及房款返还的相关问题,不涉及案涉房产本身合法性及权属的认定,故可以作为民事诉讼受理。

由此可见,合同的无效将使购房者订立合同的目的落空,且需花费诸多精力追索已支付的款项。

(2)法院驳回起诉或不予受理的法律风险

购房者通过司法途径主张其权利时,法院可能依据相关规定驳回起诉或不予受理,具体依据见表7-6。

表7-6 法院驳回起诉或不予受理的相关依据

规定	文号	内容
《第八次全国法院民事商事审判工作会议纪要》	法〔2016〕399号	第五部分"关于物权纠纷案件的审理"下"(二)关于违法建筑相关纠纷的处理问题"第21条规定:"对于未取得建设工程规划许可证或者未按照建设工程规划许可证规定内容建设的违法建筑的认定和处理,属于国家有关行政机关的职权范围,应避免通过民事审判变相为违法建筑确权。当事人请求确认违法建筑权利归属及内容的,人民法院不予受理;已经受理的,裁定驳回起诉。"

[1] 参见广东省深圳市中级人民法院民事判决书,(2020)粤03民终693号。

续表

规定	文号	内容
广东省高级人民法院《全省民事审判工作会议纪要》	粤高法〔2012〕240 号(已失效)	第八部分“关于涉农纠纷案件”“(一)关于案件受理问题”第 69 条规定:“当事人因农村宅基地或房屋买卖合同引发的纠纷,属于平等主体之间的民事法律关系,应作为民事案件受理。但如当事人的诉讼请求涉及违法用地或违法建筑,需先由行政主管部门处理后才能确定其财产权益关系的,不予受理,告知当事人先向行政主管部门申请处理。”
深圳市人民代表大会常务委员会《关于农村城市化历史遗留违法建筑的处理决定》	—	该决定规定,行政主管部门对于违法建筑将区分情况而分别采取确认产权、依法拆除或者没收、准许临时使用等方式进行处理。

有鉴于此,法院可能以房产的合法性问题应当由行政主管部门先行确定为由,认为购房者的案件不属于法院民事诉讼受理范围,而驳回起诉或不予受理。笔者检索整理了其中的代表性案例,分析说明如下。

在黄某燕与张某和、刘某芳宅基地使用权纠纷案〔1〕中,案涉房产已进行处理历史遗留违法建筑信息普查申报,目前暂未完成处理。至于黄某燕主张政府部门已经接受了其申报并有申报回执,且水电部门均登记使用权人为黄某燕,已是对案涉房产的初步处理,法院认为,这并不代表有相关行政权力的部门对案涉房产进行了实体处理。鉴于行政主管部门尚未对案涉房产作出处理决定,在其合法性未能确定的情况下,法院不宜对案涉房产的实体权益进行处分。双方当事人应就案涉土地及地上建筑物先行向相关行政主管部门申请处理。

而在李某鸿、徐某元房屋买卖合同纠纷案〔2〕中,法院认为,因案涉房屋没有权属证书,也未经建设工程规划许可建造,根据《城乡规划法》第 64 条及深圳市人民代表大会常务委员会《关于农村城市化历史遗留违法建筑的处理决定》的相关规定,行政主管部门对于违法建筑将区分情况而分别采取

〔1〕 参见广东省深圳市中级人民法院民事判决书,(2019)粤 03 民终 6911 号。

〔2〕 参见广东省深圳市中级人民法院民事判决书,(2019)粤 03 民终 28558 号。

确认产权、依法拆除或者没收、准许临时使用等方式进行处理。李某鸿虽持有《深圳市农村城市化历史遗留建筑普查申报表》,但该申报表仅证明行政机关已经受理该项处理申请,不能证明行政主管部门已对案涉房屋建造及用地合法性作出确认。在主管部门未就案涉房产作出相应处理前,无法对案涉房产的归属及转让合同效力作出正确认定,故李某鸿提起的本案诉讼应予驳回。

3. 实践操作建议

(1)实际控制房屋

通过此种类型购买回迁物业的,应尽可能实际控制房屋,在房屋未拆除前,通过掌握钥匙、门禁卡、水电卡、实际居住等方式,并以签署抵押协议、租赁协议或见证书等形式完善证据、实际控制。

在杨某全与深圳市罗湖区住房保障事务中心案[1]中,一审法院认为,本案中,黎某早在2009年即与案涉房产所在楼宇其他房屋的管理人一起向街道办事处申报历史遗留违法建筑普查登记,并通过了罗湖区住房保障事务中心的两次核查且实际向罗湖区住房保障事务中心移交的案涉房产,罗湖区住房保障事务中心据此认定黎某系案涉房产管理人并将其作为补偿安置对象订立补偿协议依据充分,法院予以支持。二审法院认为,本案中,案涉房屋属于历史遗留违法建筑,未办理过房地产登记,不存在经依法公示的产权人。黎某作为案涉房屋的实际控制人和占有使用人,早在2009年即与案涉房产所在楼宇其他房屋的管理人一起向街道办事处申报历史遗留违法建筑普查登记,并在案涉棚户区住房保障事务中心移交的案涉房产,案涉房产所在同单元上下楼层管理人亦通过统一签署《联合购房协议书》的形式认可黎某作为案涉房屋管理人的身份,罗湖区住房保障事务中心据此认定黎某系案涉房产管理人,并将其作为补偿安置对象订立补偿协议,依据充分。杨某既非案涉房屋的建设人,其提交的证据亦不足以证明其是案涉房屋的管理人,其提出的撤销案涉补偿协议的诉讼理由不能成立,法院不予采纳。

在王某1、王某2等与深圳市罗湖区住房保障事务中心案[2]中,法院经审理认为,深圳市罗湖区住房保障事务中心和吴某具有签订案涉协议书的

---

〔1〕 参见广东省深圳市中级人民法院行政判决书,(2020)粤03行终1491号。

〔2〕 参见广东省深圳市盐田区人民法院行政判决书,(2018)粤0308行初1223号。

主体资格，在案涉房屋核查权利人过程中，吴某就案涉房屋提交的《协议书》《见证书》等材料证明王某某已将案涉房屋的转让给吴某，并且王某1、王某2亦曾签字确认。深圳市罗湖区住房保障事务中心据此确定吴某为被补偿安置对象，与其签订案涉协议书对补偿款项的支付和抵扣、安置房等内容进行约定，不违反法律规定也不损害公共利益，因此，深圳市罗湖区住房保障事务中心与吴某签订的案涉协议书不存在《行政诉讼法》规定的应予撤销情形。

(2)及时跟进项目推进情况

因为城市更新或土地整备利益统筹项目需在立项前完成确权手续或存量项目补充完成确权手续，所以购房者在项目立项前介入，将会面临项目能否立项和项目周期长且不确定等重大风险，故需及时跟进项目推进情况，并在协议中约定原业主保证购房者通过新确权流程被确认为被搬迁物业的权利人。

(3)签署搬迁补偿安置协议并关注备案进度

在购房者通过确权流程被确认为被搬迁物业的权利人后，建议在项目部现场核查签约，以确保与项目的真正开发主体签署协议，避免中介私刻开发商公章加盖搬迁补偿安置协议的风险，同时在签署后及时关注相关备案进度。

(4)合理设计争议解决条款

因存在法院不予受理争议案件的法律风险，故可通过约定仲裁的争议解决方式固定购房者的相关权益。

(二)情形二：在《搬迁补偿安置协议》签署后购买未来回迁物业

1. 概述

此种情形主要是指在等到业主取得回迁物业补偿(回迁物业先登记在业主名下)后，再由业主将回迁物业以二手房买卖的形式过户给投资者。

笔者理解，《搬迁补偿安置协议》项下的权益转让并没有法律禁止性规定，且回迁物业系具有完全产权的房屋，其作为交易标的亦未违反法律、行政法规的强制性规定，只要双方存在真实的意思表示，法院一般会认定协议有效。例如，在郑某谦、林某平房屋买卖合同纠纷案[1]中，法院认为，依据

〔1〕 参见广东省深圳市中级人民法院民事判决书，(2019)粤03民终29187号。

《房产交易合同》约定，原告与被告交易标的为拆迁后开发商拟补偿的38平方米的房产，而并非拟拆迁的小产权房，《房产交易合同》系原告与被告的真实意思表示，未违反法律、行政法规的强制性规定，确认其效力，双方应严格按照合同约定履行，并酌定由被告赔偿原告经济损失50万元。

在这种情况下，签订协议的要点如下：(1)购房者仅对回迁物业的所有权与原业主进行约定，其中最重要的一条就是原业主要履行将回迁物业交付并过户至其名下的义务。(2)除了与购房人就回迁物业进行产权交易外，还与购房人达成了协议，让购房人获得《搬迁补偿安置协议》中相应比例的临时安置费，并获得回迁物业的选房权等。

需注意的是，此种类型交易周期较长，且购房者不同于原业主对回迁物业享有具有物权性质的特殊债权，购房者仅基于双方的协议享有一般的债权请求权，且基于合同的相对性原则，购房者无权要求开发商履行交付回迁物业和过户义务，故在原业主"一房二卖"或者陷入债务危机导致回迁物业进入执行程序被查封后，购房者的合法权益保护面临法律风险。

2. 法律规定

按上文所述，当原业主存在以上特殊情形时，购房者的合法权益可能无法得到保障，这是法院基于相关法律规范的规定来进行裁判的，所涉及的相关依据见表7-7。

表7-7 特殊情形下购房者合法权益难以保障的相关依据

规定	内容
《民法典》	第214条规定："不动产物权的设立、变更、转让和消灭，依照法律规定应当登记的，自记载于不动产登记簿时发生效力。" 第215条规定："当事人之间订立有关设立、变更、转让和消灭不动产物权的合同，除法律另有规定或者当事人另有约定外，自合同成立时生效；未办理物权登记的，不影响合同效力。"
最高人民法院《关于人民法院办理执行异议和复议案件若干问题的规定》	第24条规定："对案外人提出的排除执行异议，人民法院应当审查下列内容：(一)案外人是否系权利人；(二)该权利的合法性与真实性；(三)该权利能否排除执行。" 第25条第1款规定："对案外人的异议，人民法院应当按照下列标准判断其是否系权利人：……(五)其他财产和权利，有登记的，按照登记机构的登记判断；无登记的，按照合同等证明财产权属或者权利人的证据判断。" 第28条规定："金钱债权执行中，买受人对登记在被执行人名下的不动产

续表

规定	内容
	提出异议，符合下列情形且其权利能够排除执行的，人民法院应予支持：（一）在人民法院查封之前已签订合法有效的书面买卖合同；（二）在人民法院查封之前已合法占有该不动产；（三）已支付全部价款，或者已按照合同约定支付部分价款且将剩余价款按照人民法院的要求交付执行；（四）非因买受人自身原因未办理过户登记。”
最高人民法院《关于人民法院民事执行中查封、扣押、冻结财产的规定》	第15条规定：“被执行人将其所有的需要办理过户登记的财产出卖给第三人，第三人已经支付部分或者全部价款并实际占有该财产，但尚未办理产权过户登记手续的，人民法院可以查封、扣押、冻结；第三人已经支付全部价款并实际占有，但未办理过户登记手续的，如果第三人对此没有过错，人民法院不得查封、扣押、冻结。”

3. 法律风险分析

（1）在原业主违约时，购房者可能无法要求其强制履行协议义务，更无法要求开发商直接将回迁物业办证至购房者名下

在秦某某、郭某某房屋买卖合同纠纷案[1]中，法院认为，案涉协议系各方当事人的真实意思表示，没有违反法律、行政法规的强制性规定，故法院对上述协议的效力予以确认。各方当事人均应按照协议约定，诚实信用履行各自的义务，且综合考虑案涉房产已具备办证条件、购房者已支付全部购房款且具备购房资格且实际占有，因此法院判决作为第三人诉讼主体地位的开发商先过户至原业主名下，再由原业主过户至购房者名下。换言之，若购房者不充分满足上述条件时，购房者要求强制履行协议的主张能否得到支持仍具有不确定性。

同时，受限于合同相对性原则，购房者更无法要求开发商直接将回迁物业办证至购房者名下。

（2）原业主陷入债务纠纷，购房者或无法排除强制执行

根据最高人民法院《关于人民法院办理执行异议和复议案件若干问题的规定》第28条的规定，若买受人未满足相应条件，在原业主存在债务纠纷导致回迁物业作为执行财产被查封时，其将难以提出异议排除强制执行。

---

〔1〕参见广东省深圳市中级人民法院民事判决书，（2018）粤03民终10838号。

4. 实践操作建议

城市更新与土地整备利益统筹项目的操盘难度大,历时周期长,参与主体多,潜在法律风险较多。笔者认为需注意以下事项:

(1)合理设计合同文本

协议内容既要保障购房者权益,又要考虑相关约定在法律上是否具有可操作性。

①关于权利义务的约定。协议双方的权利义务应采用"列举+概括兜底"的方式,以方便在合同履行过程中,双方对于未明确的内容负有协助、配合义务。

②关于违约责任的约定。协议中一般约定高额违约金,该等违约金应明确约定包含投资者的可得利益损失,但过高的违约金可能难以得到法院支持,需要在起草协议文本时考虑。

③关于付款周期的约定。将付款周期与交易流程进行绑定或约定资金监管,避免前期全款支付而后期回迁物业悬空的风险。

(2)及时关注项目施进度与开发商主体风险

无论是城市更新还是土地整备利益统筹项目,都存在着立项难、专规难、拆迁难,以及融资难等问题。在这一轮房企的流动资金危机之下,有相当多的项目陷入停滞、停工的状态。因此,已经购买了相关项目回迁不动产的购房者要及时关注项目进展和开发主体的经营风险,以避免由于项目的改造开发和建设缓慢而造成的回迁安置房迟迟无法获得的风险。

第四节　深圳土地整备利益统筹政策的完善建议

深圳市在开展土地整备利益统筹项目的过程中,对土地整备利益统筹政策进行了积极探索和实践,已形成了较为成熟的工作模式,并取得较好成效。如本书前文所述,虽然《深圳市土地整备利益统筹办法》(征求意见稿)因为6号文续期而不再适用,但笔者认为,征求意见稿中存在政策创新,对完善深圳土地整备利益统筹政策有参考意义,因此笔者结合现有政策及《深圳市土地整备利益统筹办法》(征求意见稿)对深圳市的土地整备利益统筹政策提出以下几点建议,以供参考。

一、关注实施土地整备时补偿规则的制定

相较于6号文,《深圳市土地整备利益统筹办法》(征求意见稿)允许区政府在项目实施方案及土地整备单元规划审批通过后,进行搬迁补偿方案制定、开展搬迁谈判、搬迁补偿协议签订等工作,该变化将对房屋征收这一传统土地整备方式产生较大影响。以往土地整备利益统筹项目与土地整备方式的补偿标准存在很大差异,但因为实施主体不同(土地整备利益统筹项目的搬迁补偿安置工作由原农村集体经济组织继受单位组织开展,土地整备项目由政府主导)弱化了前述补偿标准差异的影响。《深圳市土地整备利益统筹办法》(征求意见稿)将政府纳入实施主体的范畴,由政府实施的土地整备项目将因整备方式的不同(利益统筹项目与土地整备方式之征收)而造成补偿标准差异巨大,征收方式下被征地权利人与利益统筹项目做比较,迫使土地整备项目征地补偿标准水涨船高,项目的实施将更加困难。有鉴于此,无论当下还是未来可能出台与征求意见稿类似新政策,都需关注补偿规则对于推进项目实施的影响,进而制定配套措施。

二、借鉴“强制征收”“签约奖励”等相关内容

相较于6号文,《深圳市土地整备利益统筹办法》(征求意见稿)将政策对象扩大到各类产权的存量低效用地,其中便包括已出让年限不少于15年的国有已出让用地。[1] 虽然征求意见稿目前未能生效使用,但由此可见政策制定者已对利益统筹项目实施对象的划定有所关注,不排除之后出台相关将实施对象扩大到各类产权的存量低效用地的新规的可能。如果政策调整,项目中的国有出让用地比例上升,谈判难度将增加。而结合目前正在实施的土地整备利益统筹政策,谈判难已是老生常谈的问题,有鉴于此,为避免因少数权益人拒绝签约而导致项目整体难以推进,建议如下:其一,参照

〔1〕《深圳市土地整备利益统筹办法》(征求意见稿)第2条【适用范围】规定:“本办法适用于以未完善征(转)地补偿手续用地、已征未完善出让手续用地、国有已出让用地等存量低效用地为主要实施对象的土地整备利益统筹(以下简称‘利益统筹’)项目。其中,国有已出让用地已出让年限原则上不得少于15年,位于市级以上重大项目范围内、市土地整备专项规划确定的产业空间整备区、综合功能整备区的除外。利益统筹项目应纳入全市土地整备年度计划,相关项目应有计划、有步骤,分批、稳妥有序推进。”

《深圳经济特区城市更新条例》相关规定[1]，在签约人数达到一定比例且无法继续协商签约时，即启动"强制征收"程序；其二，参照《广州市深入推进城市更新工作实施细则》的相关规定[2]，在被征地权利人按时签约时，给予一定签约奖励。

三、建议制定土地整备利益统筹项目相关税收指引

广州市基于不同改造场景对主要环节涉及的税务问题作出了明确规定并发布了《广州市城市更新税收指引(2021 年版)》。但在深圳市，因完全落地的土地整备利益统筹项目数量较少，在项目涉税问题上尚缺乏明确指引。例如，土地整备利益统筹项目补偿包括资金和留用土地两部分，两者是否均可进行项目成本抵扣？房地产开发商承担了拆迁义务的，能否因此享受税收优惠？又如，原农村集体经济组织继受单位在一级土地整备阶段由政府主导收回土地并给予留用土地和土地整备资金一揽子补偿时，其能否享受土地收回的相关税收优惠？再如，在留用土地指标与其他土地整备项目或城市更新项目统筹时，原土地整备范围内的权利人在统筹范围内落实的补偿是否可以作为市场主体的获地成本？前述涉税问题目前均无明确指引，对此，深圳市相关部门可借鉴广州市的做法，对土地整备利益统筹项目中的涉税问题作出进一步指引。

---

〔1〕《深圳经济特区城市更新条例》第 35 条规定："已签订搬迁补偿协议的专有部分面积占比或者物业权利人人数占比不低于百分之九十五时，市场主体与未签约业主经充分协商仍协商不成的，可以向项目所在地的区人民政府申请调解，区人民政府也可以召集有关当事人进行调解。"

第 36 条规定："旧住宅区已签订搬迁补偿协议的专有部分面积和物业权利人人数占比均不低于百分之九十五，且经区人民政府调解未能达成一致的，为了维护和增进社会公共利益，推进城市规划的实施，区人民政府可以依照法律、行政法规及本条例相关规定对未签约部分房屋实施征收。城中村合法住宅、住宅类历史违建部分，已签订搬迁补偿协议的物业权利人人数占比不低于百分之九十五的，可以参照前款规定由区人民政府对未签约住宅类房屋依法实施征收。"

〔2〕《广州市深入推进城市更新工作实施细则》(穗府办规〔2019〕5 号)第三部分"推动旧村全面改造"下"(五)鼓励旧村改造采用先收购房屋后回购的方式实施补偿"。规定："对采用政府征收方式改造的，可由征收主体按照市场评估价收购村民既有合法房屋(含符合'三旧'改造补偿政策的房屋)，本村村民(户籍人口)按照人均建筑面积 50 平方米的标准、建安成本回购住房；在规定时间内完成签约的，可按本村村民(户籍人口)人均建筑面积不高于 25 平方米给予回购住房奖励。村集体物业由村民按照股份分享。收购价由区政府(广州空港经济区管委会)结合实际情况研究后确定。"